中外文化聚焦系列
主编　陶黎铭

Chinese and Western Cultural Highlights
中西文化聚焦

陶黎铭　厉　琳　编著

图书在版编目(CIP)数据

中西文化聚焦/陶黎铭,厉琳编著.—北京:北京大学出版社,2010.8

(中外文化聚焦系列)

ISBN 978-7-301-17381-7

Ⅰ.中… Ⅱ.①陶…②厉… Ⅲ.①汉语-对外汉语教学-教材②比较文化-中国、西方国家 Ⅳ.①H195.4②G04

中国版本图书馆CIP数据核字(2010)第118779号

书 名:	中西文化聚焦
著作责任者:	陶黎铭 厉 琳 编著
责任编辑:	沈 岚
标准书号:	ISBN 978-7-301-17381-7/G · 2037
出版发行:	北京大学出版社
地 址:	北京市海淀区成府路205号 100871
网 址:	http://www.pup.cn
电子邮箱:	zpup@pup.pku.edu.cn
电 话:	邮购部 62752015 发行部 62750672 编辑部 62752028 出版部 62754962
印 刷 者:	三河市北燕印装有限公司
经 销 者:	新华书店
	787毫米×1092毫米 16开本 14.5印张 360千字
	2010年8月第1版 2017年3月第2次印刷
定 价:	36.00元

未经许可,不得以任何方式复制或抄袭本书之部分或全部内容。

版权所有,侵权必究 举报电话:010—62752024

电子邮箱:fd@pup.pku.edu.cn

前言

摆在读者面前的是一套关于中外文化比较的系列丛书,从对外汉语教学的视野向大家介绍有关中外文化比较的想法由来已久。大概是2003年的夏天,我们承担了国家汉办委托我们的一项任务,即对来自美国、加拿大、德国等欧美国家从事汉语教学的教师开展培训,在和他们的交往中我们得到了一个重要信息,他们不满足于语言交际中通常出现的中外文化差异的有关知识,迫切需要有一种在全球化背景下,更为广阔、更有深度的不同文化比较的知识,能够在较大程度上解答人们在文化冲突中产生的困惑。可以说这是撰写本丛书的最直接的起因。

当今世界,被广泛采用的比较方法已经不再是普通研究中的某种手段,而是全球化时代一种用于文化研究的思维方式。在相当长的一段历史时期内,文化比较常常注重的是两极性的对立、不同文化的冲突,这种对立与冲突成了沟通与交流的障碍。比较典型的是美国学者塞缪·亨廷顿的"文明冲突论",他认为整个世界陷入了认同危机之中,这种认同不是意识形态的,而是对于文明的认同。事实上,对抗、冲突不是世界文化的全部属性,也不是文化比较的全部内容,本丛书取名"聚焦",体现了我们对文化比较的意义取向。"比"有多层含义,首先是"密","密"是指距离离得近,"密"与"比"的意义是一样的,都是指空间位置的接近。第二是"同",从空间的邻接、关系的亲近达到互相之间的沟通与认同。第三是"和合",中国古代经典中用"比"做"和合"的意义相当普遍。用"聚焦"来比较中外文化,那就要把不同国家之间的文化接触、碰撞、差异、冲突、交融、会通作为我们关注的全部。在全球化的今天,揭示、解读文化中的和而不同,你中有我、我中有你的交融趋势可能显得更为重要。需要说明的是,"聚焦"不是单方面的,必须把中外文化的"共存"作为文化比较的基本出发点,以确认人类生存发展的共同性。中外文化聚焦将根据这种共同性,重新定向、重新发掘、重新组织各种文化素材,把研究纳入对话的渠道,实现双方视域的融合。

为了使中外文化有效地实现对话,本丛书尽可能地把物态文化作为比较的切入点。文化可以分为不同的层次,目前人们接受比较多的是四分法,四分法把文化分成物态文化、行为文化、制度文化、精神文化。对文化的认识、把握、传递与推广,对不同地区、不同国别之间的文化交流、比较与认同,中西方人的方式有很大不同,中国人比较关注精神文化的层面,较少关注物质文化的层面;比较习惯于从抽象到具体、从一般到个别的认识方式。而西方人常常把文化这一研究对象切割成一个个部分,一个个具体的物质形态,逐一地加以认识,体现的是一条从具体到抽象的认识路线。因此,外国人会研究不同地区的人的牙齿大小、形状、排列、间隙,还会关注钥匙、打印机、可口可乐等形形色色的物品,并赋予其文化的内涵,而传统的中国人喜欢谈大话题,修身齐家治国平天下,老庄孔孟、名实义利,都在研究之列。这种不在一个层面上讨论问题的做法常常是自说自话,不利于观点的成熟与完善及全面客观地认识中西文化。解决这个问题,我们认为一个比较好的方法就是从物态文化着手,因为它提供了可供讨论的平台,有利于比较研究的深入和扩展,为文化的研究提供了新的知识空间。实际上,在国门大开的今天,人们已经逐渐认识到文化交流的有效性必须与交流的方式有关,2007 年由新浪网、中国网、人文中国网等媒体单位主办,近百家媒体共同发起推出的"寻找中国 100 元素"大型网络调查活动,目的就是通过可以代言中国的各种元素,来展示中国上下五千年文明发展史,通过网络调查得出的"中国 100 元素"大多属于物态文化的范畴,而其中的有些内容例如京剧、故宫、《孙子兵法》、秦始皇陵兵马俑、毛笔、中国象棋、水饺、旗袍、算盘等与我们的话题不谋而合。当然,这些物态不只是物态而已,它更多的是文化象征。筷子与刀叉,不止是要告诉人们,它们是什么形状,有哪些种类,用什么材料做的,更主要的是说明使用的习俗,有哪些规范,与人的思维方式有什么关系等。

本丛书的撰写注重案例(物态)与评析两部分的合成。案例选自外国人生活中常常遇到甚至相当熟悉的物品与事件,用这些物品与事件与中国相类似的进行比较,并用通俗的语言加以描述;评析是对感性知识的升华,以简明扼要、恰到好处的点评使学习者的知识上升到理论高度,这种点评,不一定给出一个完美的或者是全部的答案,而是给人一个视角,以引起更深的思考。点评的具体内容涉及思维方式、语言文字、礼仪习俗、建筑文化、戏剧文化、饮食文化、休闲文化、管理文化、服饰文化、宗教文化、科学文化、婚姻家庭、消费观念等等。本丛书所讲的物态,主要涉及人们在社会生活、生产实践中遇到的食品、服饰、餐具、乐器、建筑、文具、玩具、体育用品等物质现象。为了更好地把握物态,更真实地反映中国与外国文化的关联,本丛书将结合案例适当选择一些图片;为了更准确地把握重点,选择认识文化关联的切入点,本丛书在每篇的最后提供了两三个思考题。我们将尽可能地将物态与点评有机地结合起来,通过对物的一系列追问,完成从具体到抽象、从某一个别文化现象进入到深层文化精神的转变,从而体现不同文化在物质、精神、风俗、制度的具体内涵,使文化比较具有世界的品格。

"中外文化聚焦"是一个系列,目前先行推出的有《中西文化聚焦》、《中日韩文化聚焦》,以后将继续撰写《中国东南亚文化聚焦》、《中印文化聚焦》、《中俄文化聚焦》等。本丛书可作为汉语作为第二语言教学及文化教学的参考书,也可作为外国留学生汉语言专业三年级以上或对中外文化感兴趣、具有中等以上汉语水平的外国朋友的学习参考书,还可供从事国际文化交流工作的人员阅读。

本丛书的出版要感谢北京大学出版社的大力支持,感谢曾担任加拿大驻华使馆参赞的 Charles Burton 先生,加拿大卡尔加里大学的Joanna Chang女士,他们为丛书的设计提出了不少建议,特别要感谢沈岚编辑,她仔细地审读了书稿,提供了不少参考资料,并给出很好的意见,为全书的完成付出了辛勤的劳动。由于我们学力有限,涉及的范围又相当广泛,在内容选择上难免挂一漏万,在对各种文化现象的解释上也有不够准确与完善之处,在此敬请读者不吝赐教。

主编
2009年4月

目 录

一、饮食 ·· 1
　饺子与汉堡包 ······································ 1
　大枣、百合、枸杞、红薯与维生素 ·············· 6
　茶与咖啡 ·· 11
　黄酒与葡萄酒 ······································ 17
　"芙蓉鸡片"与"芝士焗生蚝" ··················· 22
　八仙桌与长桌 ······································ 27
　筷子与刀叉 ··· 32

二、服饰 ·· 37
　旗袍与女西装 ······································ 37
　弓鞋与高跟鞋 ······································ 41
　红盖巾与白婚纱 ··································· 47
　开裆裤与纸尿裤 ··································· 52

三、交际 ·· 59
　"他妈的"与"Shit" ································ 59
　"男左女右"与"女士优先" ······················ 63
　伯父与 UNCLE ···································· 67
　张三、李四与马修·福克斯（一） ············· 72
　张三、李四与马修·福克斯（二） ············· 77

四、科技生活 ·· 82
　算盘与计算器 ······································ 82

刻漏与机械钟 …………………………………… 86
"妈妈的爱"与"健力士啤酒" ………………… 91
长命锁与弹子锁 ………………………………… 95
椅子与沙发 ……………………………………… 99
郑和下西洋与哥伦布大发现 …………………… 104

五、文学艺术与典籍 ………………………………… 110
福娃与瓦尔迪 …………………………………… 110
泥人阿福与芭比娃娃 …………………………… 114
"卧虎藏龙"与"壮志千秋" …………………… 119
京剧与歌剧 ……………………………………… 124
《愚公移山》与《老人与海》 ………………… 129
《孙子兵法》与《战争论》 …………………… 133
《四库全书》和《百科全书》 ………………… 138

六、棋琴书画 ………………………………………… 144
古琴与钢琴 ……………………………………… 144
毛笔与钢笔 ……………………………………… 149
中国象棋与国际象棋 …………………………… 153
《灸艾图》与《杜尔普博士的解剖课》 ……… 158
"牧牛图"与"最后的审判" …………………… 162

七、旅游 ……………………………………………… 168
大雁塔与巴黎圣母院 …………………………… 168
泉州的老君岩与米洛斯的维纳斯 ……………… 172
平遥古城与罗马城 ……………………………… 177
故宫与凡尔赛宫 ………………………………… 182
秦始皇陵与先贤祠 ……………………………… 187
安徽的棠樾牌坊群与巴黎的凯旋门 …………… 194

目 录

八、体育与其他 …………………………………………… 199
　麻将与扑克 ………………………………………… 199
　蹴鞠与足球 ………………………………………… 203
　人斗牛与牛斗牛 …………………………………… 208
　皇帝乾隆与总统乔治·华盛顿 …………………… 212

一、饮　食

饺子与汉堡包

饺子又称水饺,是中国最为世人熟悉的食物之一,特点是皮薄馅嫩,味道鲜美,形状独特,百食不厌。饺子多用面皮包馅水煮而成,人们习惯将面和水和在一起,揪或均成一个个小面团,之后将这些小面团擀成中间略厚周边较薄的圆皮,包裹馅心,捏成月牙形或角形,包成后下锅煮至饺子浮上水面即可。皮子和馅儿都是实实在在的材料,皮子面可以看做主食,荤素搭配的馅儿是副食,营养全面均衡。民间有俗语称"好吃不如饺子",在中国的大江南北,饺子颇受人欢迎。现在一般家庭都在冰箱冷冻格里备有饺子,或者是自己动手和面拌馅,一次性做很多,吃不完的冻在冰箱里,或者是直接从超市买来的速冻饺子。需要的时候,不需解冻,水开下饺子,水沸腾后再加两次凉水烧开,等饺子浮上水面,就可以盛饺子上桌了。饺子好吃不好吃,饺子皮有讲究。和面时要掌握好面粉与水的比例,不要太软也不能太硬。水要用温的,还得加一点盐,这样可以使面皮有劲道,有嚼头。如果加入少许

1

蛋清，面皮则会更口感滑爽，而且煮的时候不容易破皮。饺子馅则是饺子味道好坏的关键。馅可以分为肉馅、素馅和荤素混合三大类，肉一般以肥瘦相间的猪肉为主，也可以是牛肉、羊肉或者鸡肉，鸡蛋、虾仁等也是不错的选择。素馅则是单纯的素菜，大白菜、韭菜、芹菜、荠菜、豆腐、胡萝卜等都可以，而混合馅则有肉有蔬菜。肉或者菜都要剁成泥，如果蔬菜含水量较高，则要先挤掉一些水分，以免馅儿太稀。然后根据口味加入葱花、姜末、花椒面或五香粉、盐、酱油、料酒，肉如果本身油不多，可以再加些植物油。这些材料混合在一起后，最重要的就是搅拌了。搅拌一定要沿着一个方向进行，才能使馅儿黏稠而有弹性。

饺子源于中国，已有2600多年历史，儒家经典之一的《礼记》，是专门研究秦汉以前各种礼仪的论著，其中讲到："稻米二、肉一，合以为饵，煎之。"但饺子究竟源自何朝何代谁人之手，缺乏较为准确翔实的史料记载。不过至少可以说三国时期就有了。魏国的张揖在《广雅》一书中，就提到这种食品，隋朝的时候颜之推说馄饨的形状像偃月，偃月即半月形，正是目前饺子的形状。1968年，考古工作者在新疆吐鲁番的一座唐朝墓葬地里发掘出一个木碗，碗里盛的饺子和今天饺子的形状完全相同，这不但是中国最早的饺子实例，同时表明，在唐代吃饺子的习俗已经流传到少数民族地区。

汉堡包是西方五大快餐之一，风味可口、营养全面，现在已经成为畅销世界的方便主食之一。典型的美国汉堡包，是将烘烤出来的热面包横向切开，再夹上一块刚煎好的牛肉饼及生菜、西红柿、酸黄瓜等，然后趁热吃下。也有人在汉堡包里夹上葱、蒜和番茄酱，也有人爱在汉堡包里夹上一块鸡肉饼或者鱼肉，浇上酱油来食用。一个汉堡包，有面包有肉饼有生菜，提供足够多的能量和热

量。乔什·奥泽斯基(Josh Ozersky)是《纽约》杂志的美食专栏作家,耶鲁大学出版社新近出版了他的著作《汉堡包的历史》。在他眼里,汉堡包是美国文化的象征,是众多食物中的佼佼者。在世界的任何角落,总能找到汉堡包的踪影,无论哪个民族,哪个地区,都能找到爱吃汉堡包的人。汉堡包制作简单,食用方便。在快节奏的城市里,步履匆匆的上班族边走边吃汉堡包,成为现代生活的一种符号,确实方便而且节省时间。据介绍,西方国家的汉堡食品主要有两种形式,一是像麦当劳、肯德基式的快餐连锁店售卖的现做现卖的热汉堡;另一种是冷冻的汉堡包,在食品店销售,顾客买回家中,微波加热后食用。汉堡包的起源也很早,原始的汉堡包是剁碎的牛肉末和面做成的肉饼,故称牛肉饼。古代鞑靼人有生吃牛肉的习惯,随着鞑靼人的西迁,先传入巴尔干半岛,而后传到德意志,逐渐改生食为熟食。德国汉堡地区的人将其加以改进,将剁碎的牛肉泥揉在面粉中,摊成饼煎烤来吃,遂以地名而称为"汉堡肉饼"。1850年,德国移民将汉堡肉饼烹制技艺带到美国。1932年有人将这种油炸牛肉饼夹入表面撒有芝麻的小圆面包中作为主食或点心食用,后来花样翻新,逐渐与三明治合流,将牛肉饼夹在一剖为二的小面包当中,得名汉堡包,意为有汉堡牛肉饼的面包。借助于工业化时代的机械脚步,查理·纳格林(Charles Nagreen)在美国的威斯康星州设立作坊,专门生产汉堡包,开创了美国汉堡包商品化经营的先河。1955年,作为麦当劳连锁店的代理人,雷·克雷克(Ray Kroc)在芝加哥创立了麦当劳系统公司,以麦当劳兄弟原先制定的麦当劳营运方式为基础,并在增进效率和系统一致的营运工作中做出了一系列变革,制定出了麦当劳连锁店连锁运营方案及机制,将麦当劳推向连锁的辉煌。而麦当劳主营的汉堡包,用料考究、标准统一,由此汉堡包快速走向世界各地,销量大增。

延伸与点评

饺子与汉堡包都是食品,做一比较可以发现不少有趣的东西。在生活方式上,饺子与农业社会密切相关,汉堡包体现的是工业化的特征。

吃饺子讲的是个热闹,它相当注重吃饺子的家庭环境和整个过程。中国人几乎家家都会包饺子。过去吃饺子是件隆重的事,尤其是春节期间,一家人齐心合力,和面的、剁馅的、擀皮儿的、包馅儿的、烧水下锅的,热热闹闹乐融融。饺子上桌时,大家围坐在一起,热气腾腾,交融着自己的情绪与感受。人们根据各自的口味,调制不同味道的馅。馅经过精心制作,连同心愿一起,小心地封闭在皮子里面。而且,每道环节都有含义,剁馅儿时说碎碎(岁岁)平安了,包饺子时说杂事都包上了,开锅时说喜事都开花了,饺子破了说粮仓都撑开了,盛饺子时说元宝入库了。这些含义常常是家庭的共同体验。因此,吃饺子在很多程度上属于家庭行为。而吃汉堡包讲究的是简单、快捷与营养。

汉堡包作为一种西式快餐,是一种由食品工厂生产或大中型餐饮企业加工的已经烹饪好了的,能随时供应的成品或半成品,它注重效率与结果,把分散的、互不联系的个别生产过程,转变为互相联系的社会生产过程,把传统的餐饮业、一家一户单兵作战的饮食状态,改造成为具有专业化社会分工的行业,用机械代替手工,用流水线作业代替个体生产,让人们从家务劳动中解放出来,以满足人们现代生活节奏和营养与保健的需要。

在思维方式上,饺子体现的中国传统重混沌的思维特征,汉堡包体现的则是精确。饺子,还有春卷、包子、馄饨、汤圆、月饼等,都是皮子包着馅儿,如果不问不尝,从外表看不出里面是什么。馅儿里有肉有菜有姜末有葱末有料酒有五香粉,混成一团,你中有我,我

一、饮 食

中有你,用眼睛已不容易区别馅心的具体成分,只能靠味蕾来一一辨析,就像俗语所说"瞎子吃馄饨心中有数"。这种混沌状态与中国古人的宇宙观相连。道家就认为,创世以前的混沌状态是以天地合为一体的有机整体为特征,具体形象为葫芦,从混沌到世界的创世过程,看做是葫芦从中央剖开,把葫芦一刀分成两半,成了两只瓢。这个神话是老子道生一,一生二的原型。庄子后来用了"混沌开窍"的故事来说明真正的知识不是无所不知、无所不明,而是一种不知之知,是那些知道区别、但又忘记区别的知识。而汉堡包就不同了,做一个汉堡包所需要的材料是分别制作的,烘烤面包、煎炸肉饼、新鲜蔬菜,只有到顾客购买时,才把几样材料夹在一起,组合成一个完整的汉堡包。所以汉堡包馅儿是开放式的,肉饼、蔬菜看得清清楚楚,焦黄的肉饼、鲜绿的生菜、火红的番茄酱,虽然夹在一块儿,却还能你是你,我是我地区别开来。这种状况绝不是个别的,一盘"法式羊排",一边放土豆泥,旁倚羊排,另一边配煮青豆,加几片番茄便成。色彩上对比鲜明,但在滋味上各种原料互不相干,各是各的味,简单明了。这种饮食与西方注重分类的思维方式有关。在相当长的一段时间里,西方人习惯从自我的角度,把对象与自身对立起来加以切割,分门别类,认为知识的本质就是区分,区分得越具体、越细微,对事物的认识就越深刻、越全面,对事物的把握就越明晰,认识就越正确。饺子的混沌与汉堡包的精确,在中国人与西方人性格上也多少有所体现。听越剧《梁山伯与祝英台》里的一场十八里相送,祝英台对梁山伯的一路爱情暗示,中国人会随着剧情的进展与其一同缠绵悱恻;而西方人则听得心力交瘁,不明白祝英台为什么不能直截了当告诉梁山伯真情实意的爱。英国女作家简·奥斯汀的小说《傲慢与偏见》中的男女主角伊丽莎白和达西,求婚与拒婚都干脆利索,行就行,不行就不行,而不是转弯抹角。

还有一点值得一提。与汉堡包相比,饺子的象征意义强烈得多,一个小小的饺子,承载着不轻的分量。说什么吃饺子是"六六大顺",表达着沸腾、热闹、乐和、喜庆、吉利、顺遂的心愿。很多地方有

"破五"的习俗。正月初五吃饺子,可以去除"五穷"即智穷、学穷、文穷、命穷、交穷等五种穷鬼。因为饺子的形状是扁圆的,它和古代象征财富的元宝的样子很相似,"破五"就寓意着在新的一年里可以发财致富。至于饺子馅,含义更深,人的所有愿望都在这个饺子世界中。所以有人说饺子里面有乾坤,阴阳、天地、男女都是乾坤。饺子的这种象征意义,是汉堡包所不具备的。

 讨论与思考

1. 饺子与汉堡包是怎样做成的?
2. 为什么说饺子和汉堡包与中西方人的思维方式有关?
3. 怎样理解饺子与汉堡包两种食品生成的文化原因?

大枣、百合、枸杞、红薯与维生素

大枣、百合、枸杞、红薯都是中国常见的食品。

大枣又名红枣、干枣、枣子,起源于中国,至今已有四千多年的种植历史,大枣可以生脆鲜吃,但更多的是晒干后食用。干枣呈卵圆形或椭圆形,表面暗红色,带光泽,有不规则皱纹,含有丰富的蛋白质、脂肪、糖类、胡萝卜素、B族维生素、维生素C、维生素P以及钙、磷、铁和环磷酸腺苷等营养成分,有维生素王之美称。

百合为百合花的球根,因其根茎由多数肉质鳞片抱合得名。百合含有丰富的淀粉质,在中国常作为蔬菜食用。除了淀粉质,百合还含有蛋白质、脂肪及钙、磷、铁、维生素B1、B2、C等营养素和一些

一、饮　食

特殊的营养成分,这些成分综合作用于人体,不仅具有良好的营养滋补功能,而且还对秋季气候干燥而引起的多种季节性疾病有一定的防治作用。

枸杞是一种双子叶植物所结的果实,成熟后呈锤形或椭圆形,表面呈红色或暗红色,含有非常丰富的营养成分,其中包括粗蛋白、粗脂肪、碳水化合物、类胡萝卜素、硫胺素、核黄素、抗坏血酸和丰富的钾、钠、钙、镁、铁、铜、锰、锌等元素,以及22种氨基酸和多种维生素。枸杞有滋补肝肾,明目,益面色,长肌肉,坚筋骨之功效。久服有延年益寿,延缓衰老之效果。

红薯,又称甘薯、蕃薯、山芋等,原产美洲,欧洲第一批红薯是由哥伦布(Christopher Columbus)于1492年带回的,引入中国则是在明代万历年间。红薯含有丰富的淀粉、维生素、纤维素等人体必需的营养成分,还含有丰富的镁、磷、钙等矿物元素和亚油酸等。这些物质能保持血管弹性,对防治老年习惯性便秘十分有效。

大枣、百合、枸杞、红薯被中国人列为秋季进补之"宝",中国人认为,秋季是一个从炎夏向寒冬过渡的季节,是人们抵抗力相对较弱的时候,因此,在秋季应该多吃大枣、百合、枸杞、红薯,它们能够增强人体抵抗力和免疫力。

维生素又名维他命(vitamin),是维持人体生命活动必需的一类有机物质,也是保持人体健康的重要活性物质。维生素在体内的含量很少,但在人体生长、代谢、发育过程中却起着重要的作用,一旦缺乏就会引发相应的维生素缺乏症,对人体健康造成损害。维生素以维生素原(维生素前体)的形式存在于食物中,例如,维生素A存在于动物肝脏、蛋类、乳制品、胡萝卜、南瓜、香蕉、橘子和一些绿叶蔬菜中;维生素B1存在于葵

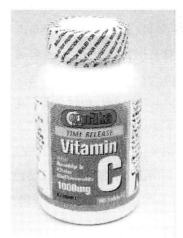

花籽、花生、大豆、猪肉、小米、玉米中;维生素C存在于柠檬、橘子、苹果、酸枣、草莓、辣椒、土豆、菠菜中;维生素D存在于鱼肝油、鸡蛋、人造黄油、牛奶、金枪鱼中。维生素大多不能在体内合成,必须从食物中摄取。目前人体必需的维生素达13种。20世纪的伟大发现之一就是维生素的发现。1897年,荷兰医生C.伊克曼(Christian Eijkman)在印度尼西亚发现,只吃精磨的白米有可能患脚气病,未经碾磨的糙米能治疗这种病。1913年波兰化学家C.丰克(Cashmir Funk)从1吨米糠中提炼出不到6克的能对抗脚气病的物质,经过分析发现它是胺类有机化合物,它是维持生命所必需的,所以建议命名为"Vitamine",即Vital(生命的)amine(胺),中文意思为"生命胺"。以后陆续发现许多维生素,它们的化学性质不同,生理功能不同,有的维生素根本不含胺,于是,延续使用了丰克的命名,但去掉了最后字母"e",改成了Vitamin(维他命)。维生素的家族十分庞大,功用也千差万别,维生素A主要用于眼科,维生素B可治脚气病,维生素C是坏血病的对头。

延伸与点评

服用大枣、百合、枸杞、红薯与维生素都是对机体元素的补充,都可以用来治病,不过方式不同,前者讲的是食疗。中国古人很早就有用食物来防病、治病的观念,唐代名医孙思邈在其医书《千金方》专列"食治篇",他说:"为医者,当洞察病源,知其所犯,以食治之,食疗不愈,然后命药。"这种先食疗后医疗的思想,对后世的中国人影响很大。"药食同源"、"寓医于食"的说法说明食疗早已成为中国文化的一部分,也是中医的基础理论之一。中国病人及家属往往会问医生:"有什么忌口的?""该多吃什么食物? 少吃什么食物?""凉的东西可以吃吗?"等问题,说明食疗这一观念已在中国人的脑海中根深蒂固。中国第一部医学专著《黄帝内经》将食物分为五类,并与五脏相关，菠菜、芹菜、小南瓜、黄瓜、银杏等利于肝脏；生牛肉片、辣椒酱、红萝卜等利于心脏；凉粉、蛋黄、核桃、松子等黄色食品利于脾脏；萝卜、黄豆芽、栗子、蛋白是白色食品，利于肺脏；桔梗、海带、香菇等黑色食品则利于肾脏。中医理论还把食物跟药物一样，分为热、温、凉、寒四种不同的性质，称之为"四气"或"四性"。食物的四气主要指食物对人体的影响，如冬天吃了羊肉让人感到全身暖和，可以祛寒，夏天吃羊肉，使人口干舌燥、口舌生疮，因为羊肉是热性的。大热天吃西瓜能消暑去热，因为西瓜是寒性的。中医认为，健康的饮食方式是"寒者热之，热者寒之"。例如，住在炎热地方要少吃温热性食物，住在寒冷地区要少进食寒凉食物。根据这个道理，就能理解饮食生活中的很多现象，春天来了，对一些"发物"如虾、蟹等，有慢性疾病或过敏体质的人一定要忌口；夏天到了，可以多吃苦瓜、苦菜，多喝苦丁茶、绿茶、绿豆汤、莲子汤，这样既清热防暑，又健脾利胃；秋风来了，可以将红枣与银耳、百合、山药共同炖食，可以滋阴润燥、益肺补气。冬天到了，吃羊肉、鹌鹑和海参可以给身体加温，促使体内阳气升发。

与中国食疗不同的是西方的药疗，西方人习惯从各种食物中提取维生素的有效成分，制成药片，用来补充人体生命活动必需物质的不足，认为这是相当有效的治疗手段，美国早些年许多新生儿发生脊柱裂，就是由于孕妇绿叶蔬菜摄入不够而缺乏叶酸，后来就把叶酸提取出来制成药片，作为孕妇的普遍用药。西方严格区分食物与药品的关系，认为治疗属于药品的范围，所以对药品的研究很细，很具体，针对性很强。在美国非常普遍的，由 Bayer Healthcare 公司出品的"One A Day"维生素补充药丸，分男用、女用两种瓶装，分别用五色图表标明药丸所含成分及其作用，如在女用的绿色块上标着"维他命 A、维他命 C、铜及铁有助于皮肤健康"，橘黄色块上标着"维他命 A、维他命 C、维他命 E 及铁、锌还有硒有助于改善免疫力"，紫色块上只标着"维他命 D 有助于乳房健康"，粉红色块上则标着"叶酸、钙、镁及锌有助于生殖系统"，蓝色块上成分较多，有"钙、镁、锌、维他命D、维他命K、铜及锰有助于骨骼强壮"。标签一侧特别注明"含有更多的钙和维他命D",是普通善存片中钙和维他命D含量的两倍。如此一目了然的说明与清楚明晰的每片含量及一日需要量等关键数据的显示,十分利于不同体质的人选择品种并掌握药量。除了维生素,其他如卵磷脂、螺旋藻、羊胎素、松果体、鱼油等等品种繁多的滋补药物流行全球。在北美和欧洲,目前约有0.8亿至1.6亿人经常服用维生素及其他富含抗氧化剂的保健品。

食补与药补首先与社会的生活方式相关。中国是传统农耕社会,一年四季中国人的菜谱跟着季节的变化多姿多采。中国的第一部农耕专著叫《齐民要术》,书名中的"齐民",指平民百姓,"要术"指谋生方法。书中收集了谷类、豆类植物10多类,约200余种;蔬菜20多类,100多个品种;鱼、肉、蛋约百余种。农耕文明使我们有百多种菜可以选择吃,所以形成了"主副食"之分,以谷物、豆类杂粮为主食,进食足量蔬菜,以动物性食物作为补充,兼食水果这样一种传统膳食结构。这种膳食结构内涵丰富,保健养生功效明确,也保证了营养的平衡。使人相信"食五谷治百病",平时以食补身,病时以食疗身,愈后复以食补身,是中国人世世代代相传的养生之道。而西方许多国家多为畜牧业国家,流动性强,蔬菜少,饮食以肉食为主,人们摄入的动物性食物比重较大,而蔬菜品种单调,造成蔬菜摄入量不足,欧美人均蔬菜摄入量200克/日,相当于中国人的三分之一。为弥补不足,从化合物中筛选出来,讲究其安全性、有效性的药片疗法就应运而生了。

如今,食疗与药补已经互相交融,中国人常常在平时吃一些专门的维生素片剂,而为数不少的西方人则开始研究中国人的食疗之道并加以实践,食疗与药补成了全人类的共同财产。

一、饮　食

1. 结合生活实际说明什么是食疗,什么是药疗?
2. 形成食补与药补的根本原因是什么?

茶与咖啡

茶是一种双子叶植物,在漫长的社会进程中,茶成了中国人日常生活中不可缺少的东西。按民间的说法,开门有七件事,"柴米油盐酱醋茶"。中国茶的品种很多,也有不同的分类,如果以色泽或制作工艺进行分类,中国茶可以分为绿茶、黄茶、黑茶、白茶、红茶、青茶六类。在中国古代,称茶的字有五个,即茶、槚、蔎、茗、荈。"茶"则源于"荼","荼"是一种苦菜,因为茶叶也有苦涩味,便先用"荼"来称呼,后来才又有了"茶"字,把苦茶与苦菜的"荼"区分开来。而世界上很多种语言的"茶",都是从产茶并出口茶的广东、福建等地区的"茶"的方言音译过去的。茶最初被发现是因为具有清毒的作用。据说远古时代神农尝百草中毒晕倒在茶树下,恰好有水从茶树叶子上滴下,流入神农口中,神农饮后起死回生。也有说是神农煮水,有茶树叶子飘落锅中,神农饮后,发觉这种味苦回甘的叶子可提人精气神。据中国茶圣唐朝陆羽所著的世界上第一部茶叶专著《茶经》所说,茶作为饮品发端于神农。从神农以茶清毒开始,饮茶的益处越来越多地被人们挖掘。经过现代科学的分离和鉴定,茶叶中含有机化学成分达450多种,无机矿物元素达四十多种。中医认为,茶叶上可清头目,中可消食滞,下可利小便,是天然的保健饮品。不过不同茶叶也有寒热温凉性味的差别。中国人一般认为春天宜饮花茶,夏天宜饮绿茶,秋天宜饮青茶,冬天则饮红茶,不同季节饮不同的茶,不同体质的人也要选适合自己身体的茶。

中国人尤其是汉族人饮茶,往往只以煮沸的清水冲入放置了茶叶的杯中,不加其他配料,寻求茶固有之味。茶最初是生嚼的,后来像煮菜汤一样煮了喝。到三国魏时开始了简单的制茶工艺,采摘茶叶,做成茶饼,然后晒干或者烘干,以便保存。唐代已经开始设有专门的贡茶院制茶,组织官员研究制茶的技术,使得制茶技术得以更快地发展。北宋时流行龙凤团茶,后来为了保留茶叶的香气和真味,出现了清蒸散茶,并讲究散茶的鉴赏和品质。宋元年间,饼茶、

团茶及散茶并存。直到明代太祖,下令废龙团兴散茶。饼茶、团茶及散茶都是以蒸为基础制成的。但蒸青并不能很好地保留茶的香味,即便蒸青散茶也还会破坏很大一部分香味。于是越来越讲究色香味的制茶业发扬光大了唐代已经出现的炒青技术,经过一代代的摸索,明代时炒青技术日臻完善。在制茶的过程中,由于注重确保茶叶香气和滋味的探究,通过不同加工方法,从不发酵、半发酵到全发酵一系列不同发酵程序所引起茶叶内质的变化,探索到了一些规律,制茶工艺越来越精良。从唐朝开始,茶流传到我国西北各个少数民族地区,成为当地人民生活的必需品,藏民有谚语说:"一日无茶则滞,三日无茶则病。"这一时期,茶也传入了日本、朝鲜以及中亚、西亚一带。世界其他各国的饮茶习惯及茶的生产和贸易,则多是16世纪以后,特别是近200年以来才传入发展起来的。

中国人喜欢喝茶,西方人喜欢喝咖啡,咖啡是西方人的主要饮料之一。咖啡树上的果实成熟后除去果皮所得的种子称生咖啡或咖啡豆,生咖啡经焙炒后研细成咖啡粉,即可制作饮料。咖啡味苦,具特异香味,含咖啡醇和1.3%的咖啡因生物碱,为麻醉、利尿、兴奋和强心药物。焙炒的咖啡不仅有助消化的功效,还有提神的功效。咖啡的种类很多,有哥伦比亚咖啡、桑托斯咖啡、摩卡咖啡、曼丁咖啡、蓝山咖啡等。与中国是茶树的家乡也是茶叶的出产大国不同的

一、饮　食

是,咖啡的故乡并非在欧洲或者北美洲,而是在非洲大陆;咖啡的生产也以南美洲和中美洲及中亚地区为主,还有南亚的印度尼西亚等地。世界上第一株咖啡树很可能是在埃塞俄比亚(Ethiopia)的卡发省(Kaffa)发现的。当地部落原住民经常把咖啡的果实磨碎,再把它与动物脂肪掺在一起揉捏,做成许多球状的丸子。这些部落的原住民将这些咖啡丸子当成珍贵的食物,专供那些即将出征的战士享用。战士们食用了这些小丸子后便会无比亢奋,当时的人们不知道这是因为咖啡因的作用,而以为是这些小丸子引起了战士们高昂的宗教热情,由此把这种咖啡豆看得非常神秘,成了牧师和医生的专用品。关于咖啡发现及传播有不少传说,其中有一个比较熟悉的与牧羊人有关:公元6世纪,在非洲埃塞俄比亚高原的卡发(Kaffa)地区,有个名叫卡迪(Kaldi)的牧羊人,到新草原去放牧,突然发现羊群蹦蹦跳跳,兴奋异常,即使入夜也不肯睡觉,于是跑到阿比西尼亚修道院求救。经修道院院长及修士调查发现,山羊是吃了矮树丛上的红色果实才特别兴奋的,于是将红果子采摘回去煮成汤汁饮用,果然也一夜无法入眠。于是院长把这种汤分派给做晚礼拜打瞌睡的僧侣饮用,效果极佳。这种提神药由此流传开来,这就是"咖啡"的起源。现在所有的历史学家似乎都同意咖啡的诞生地为埃塞俄比亚的卡发,至于咖啡这个名称则是源自于阿拉伯语"Qahwah",即植物饮料的意思。18世纪正式以"coffee"命名。

延伸与点评

　　茶以学习、传授、研究的方式和平地传遍世界各地,而咖啡从发现到此后很长时间里被严格控制在阿拉伯半岛内。阿拉伯半岛上的也门很早就已经开始种植咖啡树,生产咖啡,但仅在伊斯兰清真寺内作为禁止外传的秘药,是通宵进行宗教仪式消除困倦的灵丹妙药,百年间没有一棵咖啡树的幼苗或者一颗种子走出过半岛。奥斯曼帝国取代了阿拉伯帝国的统治权后,也垄断了咖啡的供应。16世纪末期,拥有种植权和销售权的奥斯曼帝国才以秘密交易的方式,渐渐把咖啡出口到意大利的新兴城市。直到17世纪初,荷兰人成功地偷运走活的咖啡树及种子,然后在对外殖民的过程中,把咖啡树引种到所属的殖民地印度及印尼等地。后来荷兰人又把咖啡传到中美洲和南美洲,英国人把它带到牙买加。到了20世纪初期,种植咖啡成为中美洲和南美洲的传统。咖啡从最初被发现的公元6世纪,到传遍适合栽种的咖啡种植带(北纬25度和南纬25度之间的热带区域中),经历了一千多年,其间充满了冒险与艰难。咖啡传入中国则是最近百年的事情。

中国人饮茶注重品,"品茶"不但是鉴别茶的优劣,也带有神思遐想和领略饮茶情趣之意。择雅静之处,或自斟自饮,或与好友细啜慢饮,谈古论今,海阔天空,是人生的一大享受。茶,饮之则清淡微苦,闻之则清香盈鼻,饮后则回味略甜,这份淡泊契合了佛儒的宁静无欲和道家的飘然高远。所以中国的文人雅士尤其钟情于茶,人说"君子之交淡如水",这水就是茶水。中国人饮茶讲究茶道,茶道就是饮茶的一系列礼仪文化。自唐朝开始中国便有宫廷茶道、僧侣茶道、文人茶道等不同风格的中国茶道,饮茶成为以茶为媒的生活礼仪,成为修身养性的一种方式。客来敬茶是汉族人的待客习俗,三茶六礼是旧时婚礼中特有的习俗:民间男女订婚以茶为礼,茶象征至性不移的品德。一家不吃两家茶,女方接受男方聘礼叫下茶,结婚是定茶,同房是合茶,如今的婚礼中仍有敬茶之礼。中国的茶与佛教密切相连,它协助佛教徒的修行。在精神上,禅讲求清净、修心、静虑,以求得开悟生命的道理;而茶"清淡"、"苦尽甘来"的性状与禅的追求境界颇为相似,于是"禅茶一味"、"茶意禅味",茶与禅形成一体,饮茶即是禅的一部分,甚至可以说"茶是简单的禅"。佛教二祖慧可(487—593)曾卓锡(居留)安徽太湖县狮子山。太湖且出产茶叶。多年担任中国佛教协会会长的赵朴初先生,出于对家乡的热爱和支持,为太湖县出产的茶叶命名为二祖禅茶,并且题写了名标。茶是寺院生活的一部分,名寺出名茶。禅宗寺院大多数都建于名山胜地、绿水青山之间,制茶是寺僧的一项重要工作;修行生活——诵经、坐禅、饮食、纳凉、休息、吟诗、下棋等,都离不开茶。无数的寺僧为后人留下了不可胜数的茶史资料。

咖啡是西方人生活中的一部分。欧洲在17世纪末出现了最早的咖啡厅。从这一时期起,咖啡从单纯的嗜好进入了欧洲人的生活。18世纪初英国贵族们在家举办咖啡沙龙享受咖啡时光。对社交和艺术活动充满热情的很多近代巴黎名人的诞生地也是在咖啡馆。咖啡馆是法国的骨架,一条路上随机写个门牌号,十之八九都是咖啡馆,拆了它们,法国就会散架。按照徐志摩的说法,巴黎如果少了咖啡馆,恐怕变得一无可爱。意大利人从早到晚咖啡杯不离手,意大利人还有句名言:"男人要像好咖啡,既强劲又充满热情。"恰如中国人以茶水喻君子之交。在奥地利,咖啡、音乐和华尔兹是"维也纳三宝";在咖啡消耗量最大的国家——美国,咖啡的香气随处可闻,彰显着美国人的随性和自我。西方的很多公司都会给职员提供免费咖啡,既可调和员工间及员工与老板间的关系,也可最大限度地挖掘员工的精力和潜力来更好地工作。尽管中国有茶馆,西方有咖啡馆,但就普及性而言,中国人是比不上欧洲人的。"我不在家,就在咖啡馆,不在咖啡馆,就在去咖啡馆的路上。"已经成为西方很多人的生活方式。

咖啡与西方人的精神生活密切相关,出现了所谓的"大学生咖啡馆"、"画家咖啡馆"、"记者咖啡馆"、"音乐咖啡馆"、"议员咖啡馆"、"工人咖啡馆"、"演员咖啡馆"、"心理学家咖啡馆"这种具有职业特征的咖啡馆,几乎成了思想文化交流专业场所。法国塞纳河左岸的咖啡馆曾是法国前卫艺术的心脏,而维也纳老城的"作家咖啡馆"则是开一代风气的奥地利现代文学之最,客人中囊括了当时文化界叱咤风云的人物:卡夫卡(Franz Kafka)、弗洛伊德(Sigmund Freud)和分析哲学奠基人维特根斯坦(Ludwig Wittgenstein),都是咖啡桌上的知交好友。他们每天下午在固定咖啡馆里相聚,切磋争辩最新的哲学命题;或者独坐一隅埋头写作,来催稿或是来喝咖啡的编辑们就坐在旁边桌上跟其他作家倾谈,讨论新的稿题。

茶与佛教水乳交融,但西方人接受咖啡不是一帆风顺的。咖啡刚进入意大利时,许多神甫认为咖啡是异教徒穆斯林的饮料,也就是"魔鬼撒旦的饮料",教皇应下令禁止。幸而教皇克雷蒙八世(Pope Climent Ⅷ)尝过这种饮料后,出人意料地赞赏到:"为何撒旦的饮品如此美味! 如此美味的饮料不能被魔鬼独享,上帝的子民也应享用!"经他的大力推崇,咖啡才被欧洲基督教世界接受。咖啡魔性的魅力,使得它初始遭遇了很多禁令,因为执政者害怕大众借此聚集在一起讥讽时政,因为男人泡在咖啡屋不回家而造成的女人的抱怨,因为葡萄酒商担忧咖啡成为酒的头号敌人。然而禁令遭到了人们的抵制,巴赫(John. S. Bach)曾经写过一首《"咖啡"康塔塔》(*Coffee Cantata*)的曲子,曲中填写了"喝咖啡是最大的快乐,咖啡,咖啡,它比葡萄酒更甜美!"的歌词,用以讽刺咖啡的禁令。禁令最终走向流产,咖啡的浓香醇纯几乎改造了所有的对手,中国大陆地区最早的咖啡种植地云南,就是法国传教士将咖啡苗带到云南来的。如今的世界,中国人喝咖啡,西方人饮中国茶,已经司空见惯了。

讨论与思考

1. 茶与咖啡有什么不同?
2. 为什么说茶和咖啡与中西方人的精神生活密切相关?

一、饮 食

黄酒与葡萄酒

黄酒是中国的最古老的饮料酒,全球三大古酒之一。因为酒的颜色呈澄黄色或琥珀色,清澈透明,所以它被称为黄酒。黄酒香气浓郁,甘甜味美,风味醇厚,种类很多,绍兴酒、元红酒、加饭酒、竹叶青、花雕酒、即墨老酒、兰陵美酒、沉缸酒等都是相当有名的。黄酒是以糯米和黍米等黏性较大的谷物为原料,经过特定的加工酿造过程,通过酒药、酒曲等的共同作用而酿成的一类低度原汁酒。它的主要成分是乙醇,浓度很低,一般为8%~20%,适于多类人群饮用。黄酒饮法多种多样,冬天可以热饮,放在热水中烫热或隔火加热,会使黄

酒变得温和柔顺,更能享受到黄酒的醇香,驱寒、祛湿、暖身的效果也更佳;夏天在黄酒中加冰块或冰冻苏打水,可以降低酒精度,清凉爽口,消食化积,有镇静作用。黄酒还可以跟其他食物或者药物掺杂在一起来饮用,如南方人常为产妇做的营养点心,把黄酒、鸡蛋、核桃、红糖一起煮沸,利于产妇补中益气。除了乙醇外,黄酒还含有麦芽糖、葡萄糖、有机酸、多种氨基酸、酯类、甘油、维生素等营养物质,营养价值比有"液体面包"之称的啤酒还高,也被称为是"液体蛋糕"。饮用黄酒可帮助血液循环,促进新陈代谢,具有补血养颜、活血化瘀、通经活络的作用,能有效抵御寒冷刺激,预防感冒,对腰背痛、手足麻木或者跌打损伤等都有作用。在中式菜肴的烹制过程中,黄酒常常是主要调味品之一。烹调时加入黄酒,能把食物固有的香气诱导挥发出来,使菜肴香气四溢、满座芬芳,具有腥膻味的物

质遇到黄酒,能随着酒精的挥发而被带走。在烹饪肉、禽、蛋等菜肴时,调入黄酒能渗透到食物组织内部,溶解微量的有机物质,令菜肴质地松嫩。中医还用黄酒作药引子,引发黄酒的补养气血、活血、祛风等效用,以提高药物的疗效。黄酒与寒性药物配伍,可以缓解寒性,与滞性药物配伍,可以加强药性的窜走,利于舒经活络。

葡萄酒也是世界三大古酒之一,是用新鲜的葡萄或葡萄汁经全部发酵或者部分发酵得到的酒精度在7到22度之间的饮料。通常分红葡萄酒和白葡萄酒两种。前者以带皮的红葡萄为原料酿制而成,后者以去了皮的白葡萄汁或者红葡萄汁为原料酿制而成。用于酿制葡萄酒的葡萄,与日常鲜食的皮薄汁多而甜的葡萄不同,通常皮厚水分少,酸而且涩。新鲜葡萄采摘以后,经历了去梗、压榨、发酵、藏酿、装瓶等酿造过程。决定葡萄酒质量高低的因素在于葡萄品种、气候、土壤、湿度、葡萄园管理以及最后的整个酿造过程中的酿造技术。鉴赏葡萄酒常常从眼睛开始,葡萄酒的外观和颜色是葡萄酒的品质特性及酿造程度的一个重要指标。观色以后则是闻香,感受葡萄酒特有的果香、花香等芳香气味。品味是鉴赏的最后一个环节,让味蕾充分感知甜酸苦咸的味道,不同品质的葡萄酒会给人柔顺、圆润、芳醇、活泼等不同的口感。葡萄酒中除了跟黄酒一样含有少量乙醇外,目前已测得的有多达六百多种的营养成分,如多种维生素、微量元素、矿物质和酚类物质、氨基酸、蛋白质、白藜芦醇,它们具有抗氧化作用,可以预防心血管病,降低胆固醇,预防动脉硬化和心血管病,抑制肿瘤,对缺血性心脏病、高血脂等症也有防治作用。法国人喜欢吃高脂肪食品,如肥鹅肝,但法国人动脉硬化和心血管病的患病率在欧洲国家中最低,这要归功于法国人对葡萄酒的钟爱。葡萄酒可以帮助消化并促进新陈代谢。吃饭时饮用葡萄酒可以提高胃酸含量,促进人体对食物中钙、镁、锌等矿物质的吸收。葡萄酒的美容养颜作用,更是得到了全球女性的赞美。因为葡萄酒的营养,它也被称为"生命之水"。

黄酒与葡萄酒产生的历史都很长,是反映东西方生活的一种文化符号。中国《左氏春秋国语》"越语"篇中记载,越王勾践为增加国家人口补充兵力和劳力,曾采用黄酒作为奖励生育的主要政策和措施,由此可见黄酒在当时的地位和作用。《吕氏春秋》记载,越王勾践在出师伐吴时,父老乡亲纷纷向他献酒,但还是酒少兵多,不能人人畅饮,于是范蠡便建议越王把酒倒入河中,与将士们一起迎流共饮,鼓舞士气,同仇敌忾奔赴战场。这在历史上称为"投醪劳师",这条河便是如今浙江绍兴市的"投醪河"。这"醪"指的就是汁糟没有分离的米酒,也就是黄酒。这是最早记录有黄酒的历史典籍。而黄酒更与中国文人墨客、与中国文学艺术结有不解之缘。如东晋永和九年,王羲之借着酒兴写下《兰亭集序》,名震千古;唐朝著名诗人李白"斗酒诗百篇"也是诗界佳话。可见,黄酒作为一种文化在古代国人生活中扮演了非常重要的角色,这与黄酒酒精含量适中的特点也是密切相关的,否则无法让人尽情海饮。中国白酒的历史远不如黄酒,更不用说近代才传入中国的啤酒了,所以唐宋以前已经渗透至政治、经济、军事、生活等各个方面的酒,通常指的都是黄酒。在《红楼梦》《三国演义》等名著中,饮酒场面形形色色,常常出现温酒、煮酒、烫酒的场景,这能温能煮能烫的酒也只能是黄酒。因为是黄酒,曹操才能"青梅煮酒论英雄"。所以黄酒早已成为中国人的一种物质享受,也早已成为上至帝王将相下至平民百姓的一种精神寄托。

  葡萄酒起源通常被追溯到公元前 6000 年的古波斯,因为那时已经有了葡萄种植和葡萄酒酿造。记录公元前 11 世纪到 9 世纪古希腊历史的《荷马史诗》(*Homer's Epic Poem Iliad and Odyssey*)中也多次提到葡萄酒。当奥德赛(Odyssey)误入独眼巨人洞内面临死亡威胁时,他发动手下人四处采集野葡萄,用脚

踩出葡萄汁,酿成葡萄酒,将独眼巨人灌醉,乘机逃脱……这是《荷马史诗》最早关于酿造葡萄酒的记载。古希腊人将葡萄酒视为人类智慧的源泉,各种装饰物中随处可见葡萄、葡萄园和盛满葡萄酒的各种泥陶酒具。古希腊戏剧的起源也与纪念酒神狄奥尼索斯(Dionysus)有关。每当春季葡萄藤长出新叶或秋季葡萄丰收的季节,人们都要举行群众性的化妆歌舞会,向酒神狄奥尼索斯祈祷和庆祝。酒神的表征是一个由常春藤、葡萄蔓和葡萄果缠绕而成的花环,一支杖端有松果形物的图尔索斯杖和一只叫坎撒洛斯的双柄大酒杯。希腊国家博物馆的古币馆中陈列着一枚铸有狄奥尼索斯头像的古希腊钱币。酒神面带希腊众神所共有的平静表情,他的头发用葡萄蔓结成发髻,葡萄叶装饰着他的前额,犹如头戴王冠。在希腊考古发掘的一座古墓窟里,发现墓壁上有一幅公元前2世纪的浮雕:"最具希腊气质的神明"太阳神阿波罗(Apollon)和胜利女神(Victoire)一起向造物主敬献葡萄的景象。可见葡萄及葡萄酒在古希腊文明中所占的地位。古罗马的技术帝国的军队征服欧洲大陆的同时也推广了葡萄种植的范围和葡萄酒酿造的技术。公元1世纪时,古罗马人征服了高卢(今法国),法国葡萄酒就此起源。与邻国的意大利,成为日后世界四大陆上栽种葡萄和酿造葡萄酒最发达的国家。

延伸与点评

中国的粮食酒黄酒和西方的葡萄酒,分别成为东西方最具有代表性的饮料酒,无疑与地理环境及气候因素有着密切的关系。中国新石器时代文化的几处代表,如华北地区距今约8000年—7000年的裴李岗文化、距今约7300年—7200年的磁山文化,考古挖掘已经表明在当时的生产劳动中农业占有主要地位,主要农作物是粟。黄河中游仰韶文化距今约5000年—7000年,大多坐落在河流两岸经

一、饮　食

长期侵蚀而形成的阶地上,或在两河汇流处较高而平坦的地方,这些地方土地肥美,有利于农业生产。长江流域下游地区河姆渡文化距今约7000年－5300年,主要分布在杭州湾南岸的宁绍平原及舟山岛,在农业上以种植水稻为主。因此中国很早就成为农业大国,五谷杂粮品种多、产量大,先人也就自然而然采用粮食酿造黄酒以及后来的白酒,从北方所产的小麦、高粱、粟到南方所产的稻谷,先后成为酿酒的主要原料。而西方国家大多以畜牧业或者商业为主,农业不占主要地位。许多地方的气候和土壤都不适宜很多农作物的生长,如西方文明的摇篮古希腊位于巴尔干半岛南部,三面环海,境内多群山岛屿,土地贫瘠,以褐土为主,适合种植旱作物;冬季温暖多雨,降水充沛,而夏季炎热干燥,高温少雨,阳光充足。这样的土壤及气候,恰好适合耐旱能力极强的葡萄生长,而且,形成葡萄酒品质的精华特别需要葡萄根大量吸收深层土壤中的矿物质,贫瘠的土壤使葡萄根不得不扎入土壤深处汲取养分,从而结出适合酿酒的优质果实。西方的葡萄酒以及白兰地原料几乎百分之百为葡萄,而开胃酒、利口酒、鸡尾酒等也多以葡萄酒为酒基。加之西方由于饮食结构中动物性食品所占的比重较大,饮用葡萄酒有助于消化,适量饮用能预防心血管疾病的发生,这也就在一定程度上促进了葡萄酒在西方的普及。

酒总是与人的文化品性有关。黄酒被看成是中国的国粹,很大程度上是因为黄酒生性温和、风格雅致,与传统中国占主流地位的儒家思想有着异曲同工之妙。儒家讲中庸,主张执其两端取其中,过犹不及,并把中与和联系起来,主张"和为贵",说君子和而不同,小人同而不和,而黄酒以"柔和温润"著称,恰与中庸调和的儒家思想相吻合,它集甜、酸、苦、辛、鲜、涩六味于一体,兼备协调、醇正、柔和、幽雅、爽口的综合风格,恰如国人"中庸"的秉性。中国人在饮酒时,常常"醉翁之意不在酒",在意的是喝了以后所获得的各种心理感受以及酒友间的心理认同,所以有"酒逢知己千杯少"之说。几杯酒下肚,把人与人之间的距离拉近了,和合就有了基础,黄酒就获得了处理人伦关系的意义。而葡萄酒在西方人的眼里,显得十分神圣,《圣经》(*Bible*)有521次提及葡萄酒。耶稣(Jesus)在最后的晚餐上说:"面包是我的肉,葡萄酒是我的血。"基督教因此把葡萄酒视为圣血,是生命的一部分。教会人员把葡萄种植和葡萄酒酿造作为工作。如法国传统葡萄酒的典范,便源自于西多教会。到十五六世纪,欧洲最好的葡萄酒被认为出产在遍及欧洲各地的西多会修道院。葡萄酒在西方人眼里还是一种特殊的艺术品,因为不同的葡萄酒都有自己独特的温度与味道,饮酒时则会配备相应的杯子和菜肴,饮用时还会仔细观色、闻香、品味,极力体会葡萄酒渗透到口腔及体内的所有感觉,以不辜负葡萄酒的美妙。注重葡萄酒本身是西方人喝酒的乐趣。显然,黄酒与葡萄酒留下的是不同文化的印记。

讨论与思考

1. 分别介绍黄酒与葡萄酒的特性。
2. 黄酒、葡萄酒与地理条件的关系?
3. 黄酒与葡萄酒的文化意义有什么不同?

"芙蓉鸡片"与"芝士焗生蚝"

芙蓉鸡片是一道中国名菜,位列国宴,在川菜、鲁菜、湘菜等菜系中都有这道芙蓉鸡片。芙蓉是一种花,颜色为白色或粉红色,到夜间变深红色。但芙蓉鸡片并不是真的用芙蓉花与鸡肉放在一起烹制的,而是以鸡肉与蛋清来作为主辅料的。做这道菜要选好的鸡脯肉,去筋去皮去骨,用刀背将其砸成鸡泥。鸡泥砸好后,兑入部分鸡蛋清,用筷子沿同一方向搅动,边搅边加入剩余鸡蛋清、淀粉及葱姜水。把炒锅放在火上,下猪油烧热,用炒勺舀鸡糊顺锅边倒入锅内,然后迅速将锅向反方向倾斜,使油没过鸡糊,待其成形离锅后,捞出放入鲜汤中漂起,就成为鸡片。鸡泥倒入锅中时会先沉底,凝固成片形后就会浮在油面上,所以鲁菜也把它称为"浮油鸡片"。这道菜既有鸡肉的细嫩又有蛋清的滑爽,口味清醇鲜香并兼有各自的配料,不油不腻,清爽可口。按传统方法,芙蓉鸡片的配菜只有冬笋和青豆。现在还有在配料里加上西红柿酱,把白汁变成了红汁,取名"茄汁芙蓉鸡片",做成另一种口味。

芙蓉鸡片是一道细菜,一看外形,二尝口感,讲究一个"清爽"。做这道菜环节多,难度大,如果鸡泥砸得不细,影响口感;汆鸡泥的时候不用猪油或油温过高,鸡片颜色会不白或起泡;火头大小很重要,火大了油温高就变成炸,火小油温太低不易成形。鸡片汆好后如果没有漂净,又会因为"窝油"而有油腻感。最后烧制时火大或搅动太多,把鸡片弄碎了,又会影响外形美观。正因为做好芙蓉鸡片需要一定的功夫,所以这个菜也就成为厨师的考级菜。能做正宗芙蓉鸡片的厨师,做别的菜手艺也不会差。明明是用蛋清作材料,却用芙蓉来命名,所以如此是因为芙蓉花以白色居多,厨师借用花的娇嫩色白、高雅素淡的品格来比喻菜的外形之美和口感之嫩。不只是芙蓉鸡片,用蛋清为副料来加工的精致的熘烩菜多可以冠之以芙蓉,如芙蓉鸡片、芙蓉虾仁、芙蓉干贝、芙蓉青蛤等,这类菜颜色洁白,口感细腻,口味清爽。

西餐中有个菜叫芝士焗生蚝(Royster au Gratin),供 4 人使用所需要的材料有生蚝 16 只、芝士 200 克、牛油 60 克、面粉 60 克、牛奶 500 毫升、蒜头两粒,还有盐及胡椒

粉等少许调味料。该菜的具体制法为,先将牛油放入锅内煮融,搅

入面粉,然后慢慢注入牛奶,搅匀成汁状,然后加上切碎的芝士慢火煮至充分融化,加入蒜蓉,和以食盐、胡椒粉、辣椒粉、鸡蛋黄搅匀,随后,将其分别均匀铺放每只生蚝面,放入预热焗炉内,用中火焗五至十分钟,至材料熟及表面呈焦黄色即成。可以说,芝士焗生蚝这个菜名把这个菜的主要材料和核心程序描述得相当明白。

延伸与点评

中西方对菜的命名方法有不少相似之处,比如双方都大量地采用写实手法来命名。以原料来命名的,如中式的"鱼头炖豆腐",西式的"stewed fish slices with tomato sauce"(茄汁烩鱼片);以原料结合菜的烹饪方法、味道、形状、颜色等命名,如中式的"油爆大虾",西式的"cold roast duck"(冷烤野鸭),中式的"红烧牛肉",西式的"kidney with red wine"(红酒烩腰花),中式的"糖醋排骨",西式的"steamed fish with lemon sauce"(柠檬汁蒸鱼),中式的"茄汁鱼卷",西式的"fried prawn roll with cheese"(炸奶酪虾卷),中式的"青团",西式的"black caviar"(黑鱼子酱);还有就是以菜的制作地来命名,如中式的"北京烤鸭"、"连山回锅肉",西式的"Provence T Bone Steak"(普罗旺斯丁骨牛排)、"Hungarian Goulash"(匈牙利红烩牛肉)等。按照这种命名原则,芙蓉鸡片就是"slice chicken with egg white",它清楚地表明了鸡片和蛋白是芙蓉鸡片的两种基本原料。

然而,确切地说,中西方之间存在的差异大于相似,这主要体现在对写意性命名法的认识及其使用的程度与范围。虽然中式菜肴用写意法命名的菜点数量没有写实性的多,但独特性却大大超过写实性的菜名,引起人们的强烈关注。这类菜名不仅使盘中有菜,而且使盘中有画,盘中有诗,盘中甚至还有哲理,让人在品尝美味的同时,还能食有所思,思有所得。写意性命名的具体方式很多,中国人会用具有特殊意义的人名、事件来命名。如"东坡肉"给人的就是关

一、饮 食

于苏东坡的一些传说,传说之一讲到苏东坡被贬于黄州时,在贫困的生活中,仿制前人的做法改良,将烧猪肉加酒做成红烧肉,小火慢煨而成。后来广为传播,最后成了杭州名菜。其他的如麻婆豆腐(四川名菜)、佛跳墙(福建名菜)等等都蕴含着某种意义。中国写意性的命名法特别注重吉祥语的使用,如"甜甜蜜蜜"(用蜂蜜制作的银耳果羹,常用于婚宴,体现了对美好生活的追求),"早生贵子"(用大枣、花生、桂圆、栗子制作而成)。在婚宴上有"百年好合"(西红柿、百合)"龙凤呈祥"(对虾、鸡脯肉),在寿宴上有"松鹤延年"(菜松、白萝卜、鸡蛋、黄瓜等造型菜)、"寿比南山"(香菇、蛋黄),在开业庆宴上有"一帆风顺"(鱼、虾仁、海参),在除夕宴上有"年年有余"(鱼)"年年高"(年糕),店家送上祝福,食客讨得口彩,皆大欢喜。中国人还喜欢用夸张想像的方式命名,只看菜名,很难知道是什么原料。如"堆金积玉"(用蟹黄和鱼翅制作,蟹黄代表金,鱼翅代表玉),"蚂蚁上树"(肉末粉丝)。这类夸张、想象,十分幽默而传神。可以来自名人名言,如山东孔府"兼善汤",取名于"穷则独善其身,达则兼济天下"的名言;可以用歌词,如"穿过你的黑发的我的手"(海带炖猪蹄);可以是政治,如"一国两制"(油炸花生和煮花生),可以是现实世界,如"渤海风情"(渤海海鲜),可以是童话世界,如"银芽盖被"(掐头去尾的豆芽上盖着摊鸡蛋),可以是谐音,如"绝代双骄"(青椒与红椒,椒、骄谐音),可以是成语,如"游龙戏凤"(鸡与鱿鱼为主料)、"花好月圆"(粤式造型菜)等。有时一道平常的菜出现在一个特殊的酒席上,就会被赋予新的名字,如婚宴上的蛋炒饭,可以名为"金玉满堂结良缘"(金黄的鸡蛋与碧绿的葱花凸显为"金"和"玉"),清蒸鱼可以名为"如鱼得水"(寓意生活顺利美满),红烧狮子头可以名为"喜庆团圆",如此一改,既是对新人的祝福,也散发出浓浓的文化之香。西式菜点也有写意式命名法,但数量极少。一般也是使用具有特殊意义的人物事件来命名,极少使用比喻、祝福等方式。如海伦娜炸鸡、蒙娜丽莎沙拉,前一是古希腊神话中的美丽女神,后一是达芬奇名画中的神秘女郎,以她们的形象来暗示菜肴的鲜美和回味无穷。还有拿破仑浓汤、华盛顿奶油汤等以帝王贵族之名来命名,与中国在一般场合都必须避讳皇帝、先人、贵人之名的习惯迥异。另外较为幽默的是如"热狗"类的命名,也是需要见到食品才能知道为何物的。但这种命名方式是极为少见的。

中西对菜点命名的不同方式很大程度上可以归结为中国偏重于艺术,西方偏重于认识。艺术化的命名使中国的一些菜名充满了浪漫主义色彩,"过桥米线"表达的是妻子对丈夫的绵绵情意;"蚂蚁上树"、"孔雀开屏"描绘的是中国画般的意境。用龙虾、三文鱼做的拼盘,被描述成"千龙聚首贺万寿";用汤圆、红枣、鲜百合做的甜品取名为"温情团圆满庭芳"。这些语言具有诗歌一般的特性,充满着暗示。暗示可以是一种影射,表面上陈述这一对象,实际上指的是另一个对象;可以是一种联想,借助语境从这一思想进入到另一思想;也可以是一种双关语,用模糊的语言表达内心世界。一个菜名起得好不好,常常就看它是否用迂回的方式传达了命名者的意思。而认识化的命名强调的是分类,西方人喜欢分离主体与客体,关心与自己生活无直接关系的对象的属性,把人之外的世界作为知识的对象来研究,总想通过对对象的分类、概括、判断、综合,来抓住事物对象的本质。因而,注重的是概念,是为概念下定义的分析与确定及概念内部的逻辑联系。西方的言语表达,以明快直接见长。他们的直言直语,反映在菜名上,就造成大部分都以写实法命名,一目了然。西方人习惯于看到菜名就知道菜的材料和做法,然后决定该吃些什么。"Potato chips"指的是薯条;"Sea Food soup"指的是海鲜汤,一目了然。成分复杂的就起一个长长的名字,"烟熏鸭胸肉配意大利老醋和蜜汁糖",虽然字数不少,但菜的大概样式不会有什么悬念。如果一份菜谱,里面尽是些看不明白的菜名,他们就会感到不适,甚至还会产生一种排斥感。其实,即便是写实性的中国菜名,也远不及西式的细致清晰。"鱼香肉丝",以味道和原料来命名,对中国人来说已经很朴实了,而要改成西式菜名,大概要写成"特调微辣酸甜汁焗猪柳伴长葱";"皮蛋瘦肉粥"应该说成"中式松花蛋烩特选猪肩肉配水晶香稻浓汤"——精确到细节。这是中式的艺术性与西式的认识性之别的具体体现。

中式的艺术性与西式的认识性的这种差异,很大程度上与中西文字的不同特点、言语表达的差异有关。中文与以表音性为根基的西方拼音文字不同,汉字以象形字为基础,它依照物体的轮廓,用弯曲的线条画出形状,以形状表达意思。心理学研究证明,汉字字形对字义的影响大于字音对字义的影响。字形所产生的联想作用,比字音的作用要大得多。在相同情况下,它具有更丰富、更多样、更具体、更浓缩、更微妙的信息。

这样看来,在怎样解读中西菜名的问题上,中国人好像有点优势,因为他们可以比较容易地通过名字知道外国菜的基本内容;但外国人要明白中国的菜名就显得困难多了,因为他除了要理解菜名的字面含义,还要进一步理解字面背后的意思,而中国的菜名常常与字面不是一个意思,有时甚至是相反的意思。

讨论与思考

1. 名菜"芙蓉鸡片"与"芝士焗生蚝"是怎样制作的?
2. 中国人与西方人是怎样给菜起名字的?形成这种区别的原因是什么?

八仙桌与长桌

八仙桌又叫方桌,是中国民间传统桌子,桌面为正方形,四条腿,用硬木制成,每边可坐二人,四边围坐八人,故民间雅称八仙桌。八仙桌也有大的,有人在寺庙里看到,大的八仙桌一边能坐四个人,围着桌子吃饭有十六个人。八仙桌的结构相当简单,由腿、边、牙板三个部件组成;用料也很经济,桌面边长一般要求在0.9米以上,桌面以木板做面心板,面心板通常为两拼,桌面心背面装托带,以增大桌面的牢固度及承重度，也有用瓷板、樱木、云石等做桌面的。随着时代的演进，八仙桌也更具艺术性了，明代的八仙桌有束腰与无束腰两种形式，前者在桌面下部有一圈是收缩进去的，后者的四腿直接连着桌面。至清代，八仙桌大部分改成带束腰的，腿有的也改成

了三弯腿，牙板加了很多如拐子龙、浮雕吉祥图案等装饰性的部件，做工精巧，美观性也很强。八仙桌何以得名，目前还没有确切的说法，有的说是因李白、贺知章、李适之等八文人常借桌饮酒，被称为"酒中八仙"，桌名因此而来。也有的说，道教有铁拐李、吕洞宾等八仙之说，因嘉靖皇帝是一个非常崇尚道教的皇帝，八仙桌可能因此得名。八仙桌最初专属吃饭，但到后来功能有所扩大，在中国人的家庭陈设中，逐渐被放在了中心位置。一进家门，视线首先看到的是正面靠墙的一个大条案，前面一张八仙桌，一边一张太师椅。两人聊天时，一人坐一边，身子略微偏一些，表示对对方的尊重。现在方桌用法很多，可以当书桌，两张方桌拼起来，组成一张大餐桌，可供多人用餐。八仙桌属几案类家具，几案的历史可以追溯很远，最初称为俎，周代后期出现了案的名称，桌子的形象最早见于东汉墓葬中出现的陶制模型，桌面方形，四腿较高。现在可考的八仙桌至少在辽金时代就已经出现。它的出现与古人的生活方式有关，从新石器时代到秦汉时期，受文化和生产力的限制，人们席地而坐，家具均较低矮。南北朝以后，高型家具渐多。至唐、五代时期，席地坐与垂足坐两种方式交替消长，坐类家具品种增多和桌的出现成了家具发展的一大特点，垂足坐的高型家具普及民间，成为人们起居作息用家具的主要形式。八仙桌在明清十分盛行，尤其是清代，无论是达官显贵还是平头百姓，几乎家家都可以寻到它的影子，甚至成为很多家庭中唯一的大型家具。八仙桌有座次之分，面

一、饮　食

向门的座位为上座,其左右为次座,背向门的为末座。请客时,年长者、主宾或地位高的人坐上座,男女主人或陪客者坐末座,其余客人按顺序坐次座,两张桌子并列时为左尊右次,三桌并列时中为上。中国古代关于苏轼的"坐,请坐,请上座"的故事,就反映出主人对不同客人的不同安排。

长桌是西方常用的桌子,长方形的桌面,四条腿,用硬木制成,是长桌的最基本的式样。长桌的历史很长,在达·芬奇(Leonardo Di Ser Piero Da Vinci)的名画《最后的晚餐》(*The Last Supper*)中,我们就可以看到长桌的形状,画面呈现的是耶稣和他的十二门徒在庆祝逾越节的前夜,坐在长形的餐桌旁,耶稣坐在餐桌的中央,这是他们在一起吃的最后一顿晚餐。这种长桌是以达芬奇时代修道院为背景的,但长桌的历史可以大大提前。根据《大美百科全书》(*Encyclopedia American*)的介绍,至今还在流行的古埃及式桌子大约始于公元前1600—1500年,为小型木质长方形,四条桌腿由横档或横棍连接。希腊和罗马式桌子或长方形或圆形,到了中世纪,西欧地区的修道院把狭长形的长形餐桌永久固定在支架上,以后的文艺复兴时代长桌变得更加笨重结实。受西洋文化的影响,中国清末民间开始出现了长方桌。长方桌起初只在一些洋买办和海归家中盛行。中华人民共和国的成立以后,尤其是破旧立新后,长方桌的就餐方式就从中国的家庭中消失了。不过现在的不少家庭依然可以见到西式长方桌,但它的初始意义已经不存在了。在欧洲,长方桌如同中国的八仙桌一样是等级秩序和礼仪的一个符号化物品。西方人请客多用长桌,座位排列的方法也不局限于某一种。一般来说,男主人与女主人正对面,客人坐在桌子的两边,男主人的右侧为女主宾,接着按逆时针方向朝外侧排列;女主人的右侧为男主宾。也可以这样安排:面向餐厅大门的一侧正中坐男主人和主宾,主人在左,主宾在右,依身份高低,依次向左右两边排列,对面正中则为女主人和次宾。

延伸与点评

八仙桌与长桌传达的传统文化是不一样的,这首先表现在进食方式上。八仙桌适应的是"合餐制",长桌适应的是"分食制"。两者的主要区别在于前者同吃一盆菜,后者各吃自家盘子里的菜。中国大概从唐代开始,慢慢开始实行合餐制,到了宋代合餐制开始普及。合餐制的最终形成自然与餐饮市场的繁荣、名菜佳肴的层出不穷密切相关,但它首先与八仙桌的普及直接相关,在桌子椅子出现以前,合餐制是不可能出现的。其实合餐制并不是中国独有,在文艺复兴之前,合餐制在西方也曾占统治地位。根据资料记载,古代希伯来人聚餐时围着餐桌进食,不但用手直接抓食物,而且还习惯把手中

的食物递给伙伴。希伯来文化通过基督教对西方有着决定性的影响,早期欧洲人在用手进食这一点上与古代希伯来人完全相同。直到中世纪,西方人尚没有实行现代意义上的分餐制,随着文艺复兴的深入,人们开始改变原有的进食方式,要求每个人都在自己的盘子里用刀叉吃饭,男仆在餐室中不断洗刀具;如果在共同的餐具中取食,则要求就餐者在到其他盘子中拿食物前,每次都擦自己的勺子,甚至另外换一把干净的勺子,因为别人不想喝被你用过的勺子碰过的汤。到了后来,擦勺子和换勺子之类的习惯逐渐被使用公共餐具的习俗所取代,勺子与餐盘一起端上来,用以盛汤或调味汁。经过一系列细致的变革,分餐制建立起来了,每个人有自己的盘子和勺子,汤则由专门的公共工具所分配,这种就餐方式,先是表现为上层社会的习惯,而后成为标准,扩展到整个社会。

一、饮　食

分餐制与合餐制反映了不同的人文精神。合餐制让大家都围坐在八仙桌四周,共享一席。从形式上造成了一种团结、礼貌的气氛。美味佳肴放在一桌人的中心,人们相互敬酒、让菜、劝菜甚至互相布菜,体现了人们之间相互尊重、礼让的美德。正因为如此,很多人把八仙桌与儒家文化联系起来,有一句歇后语说,"八仙桌缺个腿——摆不正"。这个讲的就是儒家的道德,做人要正,行为要端正,为政要正,要走正道。分餐制虽然是同坐一席,但首先是各点各的菜,想吃什么点什么,上菜后,人各一盘各吃各的,各自随意添加调料,大家各取所需,这种方式便于个人之间的情感交流,也表现了西方人对个性、自我的尊重。可以把西方流行的自助餐看做是分餐制的延伸,自助餐将所有的食物一一陈列出来,大家各取所需,走动自由,不必固定在位子上吃,不必将所有的话摆在桌面上,更突出了人的个性。

这样看来,八仙桌与长桌就与人的问题联系起来了。人应该成为什么样的人,是人本主义的一大话题,尽管人本主义是欧洲文艺复兴时期的主要思潮和理论的特称,但在广义上是中西方所共有的。当然它们各有特点。人们认识到,人不同于自然,人具有高于自然的能力和价值,人之所以为人,西方人认为在于人有理性、有知识、有智慧,感性的满足、物欲的追求是人的至善和幸福;中国人则认为在于人有道德。真正的幸福不在于食色之欲,而在于道义的无愧。在人际关系上:都重视人格的培养。但对人格理想的意向不同,西人伸张个性,中国重视整体。正因为这样,中国人喜欢和人在一起,不太喜欢掉队、落单,而典型的美国人的看法是"谁单独旅行,谁就会行走得最快"。

讨论与思考

1. 分别叙述八仙桌与长桌的一般特点,介绍中西方人排列座位的不同方法。

2. 为什么中国人习惯用八仙桌,西方人习惯用长桌?它们分别具有什么文化意义?

筷子与刀叉

吃饭离不开餐具,但餐具各不相同,中国人用的是筷子,西方人用的是刀叉。筷子,英语俗称 Chopsticks,前一半 Chop 有劈断之义,后一半 is stick,意指棍、棒,意思是说两根劈柴棍。后来中国菜称 Chopsuey(杂碎),人们就将吃中国菜的工具叫 Chopsticks。先秦时代,人们吃饭一般不用筷子。根据《礼记》中的记载推测,当时人是用手把饭送入口内的。后来由于人们在烧烤食物时,不可能直接用手操作,常常从鼎下燃火的那一抱干柴上扯下两根干枝来放置和翻动食物,夹那鼎里煮的肉,筷子也就这样发明了。大约到了汉代

以后,才普遍使用筷子。筷子古时候叫箸,(箸的起源至少可追溯到周代。《韩非子·说林上》:"圣人见微以知萌,见端以知末,故见象箸而怖,知天下不足也。"中国有个成语叫"见微知著",说的是周朝的箕子从纣王使用"象箸"进餐得出了这将导致追求奢侈、荒淫无度、最终将走向亡国的结论。)后来"箸"演变为"筷"。筷子的取材十分广泛,但筷子的长短、粗细,以及一头方、一头圆的造型却基本不变。由于一天三餐离不开筷子,所以不少人对筷子就比较讲究。首先是材料珍贵,除了2000多年前的象牙筷和铜筷外,隋唐以后出现了金、银以及玉石、珊瑚、犀牛角材料制作或者镶嵌的高级筷子,当然最多的还是竹木筷子。其次是图案精美。筷子上的花纹图案种

一、饮　食

类很多,帝王之家的筷子常配龙凤图案,书香子弟和富贵之家的常配文人骚客的诗词或绘画。现在中国筷子的种类很多,广州的乌木筷、北京的雕琢玉筷,福州的漆筷,成都的刻花竹筷,都是很有名的。在中国人的观念中,筷子的使用有利于锻炼人的体质。日本学者的一项研究表明,当人用筷子进食时,要牵动人体三十多个关节和五十多条肌肉,从而刺激大脑神经系统的活动,让人动作灵活、思维敏捷,心灵手巧。用一双筷子夹住飞驰而来的飞镖、飞弹,是中国功夫中的一个绝活。中国人还常常从筷子中产生联想,笔直的筷子可喻指人的无私奉献和宁折不屈的品格。

　　刀叉是西方人的主要餐具。西方人最初只用刀,早期的刀就是石刀或骨刀,直到炼铜以后,有了铜刀。铁刀也是在铁器出现以后才有的。单独的刀不像筷,不是严格意义上的餐具,因为它是多功能的,用来宰杀、解剖、切割狩猎物或牛羊的肉,到了烧熟可食时,才兼作餐具。因为用刀把食物送进口里不雅观,改用叉,用叉叉住肉块,送进口里显得优雅些,叉才是严格意义上的餐具。用叉子吃饭也有局限,常常要用刀先切割,这样就开始刀叉并用。当食物呈现在面前,最基本的动作是用叉子压住食物的左端,使之固定,顺着叉子的侧边用刀切下约一口大小的食物后,叉子即可直接扎起食物送入口中。叉子的普及应该是在 18 世纪。在此以前,双尖的叉子,厨房里早就有了。不过,当叉子在中世纪出现在意大利餐桌上的时候,受到了不少的抵制,牧师的批评是,"如果上帝希望我们使用叉子,他创造人类的时候就不会给他做上双手的。"有的甚至咆哮说:"那是魔鬼的草叉。"在中世纪文艺复兴时期,欧洲的大多数人吃饭还是用手抓的,有一则记载说蒙田曾做过自我批评,说吃饭时一忙就把手指给咬了。那时的礼仪规定,吃饭的人只能用右手的三个手指抓取事物,否则就是没有教养的。

延伸与点评

餐具的使用与人的生活方式有关。中国人的农业结构以种植业为主,主食是米饭或面食,副食以蔬菜为主,佐以少量鱼肉,主副食都可用筷子,熟练之后,非常简单方便。由于中国是农业社会,人常常被固定在自幼生长的土地上,筷子也不需要随身携带。而古代欧洲人过的是游牧生活,需要进行周期性地或定期地迁移,由此形成了独特的生活习惯。他们的饮食以肉食为主,一年四季都生活在马背上,刀随身挂在腰带上,吃饭时往往将肉烧熟,割下来就吃。后来走向定居生活后,欧洲以畜牧业为主,面包之类是副食,直接用手拿。主食是牛羊肉,用刀切割肉,送进口里,十分方便。到了城市定居以后,刀叉进入家庭厨房,才不必随身带。

不管是中国还是西方,怎样使用餐具还是很有讲究的。西方人用刀叉,有许多约定俗成的东西,刀叉不能像拿凶器一样握着,正确方法是:双手的指关节均朝上,食指沿着刀、叉柄自然伸展;一手持刀,刀锋向下,一手持叉将食物固定;如果在用餐中途暂时休息片刻,可将刀头与叉尖相对成"一"字形或"八"字形,刀口朝内、叉尖向下,表示还要继续吃;谈话需作手势时,就应放下刀叉,千万不可手执刀叉在空中挥舞摇晃;不管任何时候,都不可将刀叉的一端放在

盘上,另一端放在桌上,特别要注意的是刀刃侧必须面向自己。在宴会中,每吃一道菜用一副刀叉,对摆在面前的刀叉,是从外侧依次向内取用,因为刀叉摆放的顺序正是每道菜上桌的顺序。刀叉用完了,上菜也结束了。需要说明的是不同国家对刀叉的使用并

不完全一致。中国历来有讲礼仪的传统,怎样使用筷子的说法就更多了。最基本的要求是使用筷子时要用右手执筷,大拇指和食指捏住筷子的中上端,另外三个手指自然弯曲扶住筷子,并且筷子的两端一定要对齐。在使用过程当中,用餐前筷子一定要整齐放在饭碗的右侧,用餐后则一定要整齐地卧放在饭碗的正中。根据习俗,筷子的使用至少不能出现下列状况,例如,放在桌子上的筷子不能长短不齐,否则会被认为是"三长两短"。因为过去中国人死后要装进棺材,在盖棺之前,棺材的组成部分是前后两块短木板,两旁加底部共三块长木板,合在一起就是三长两短,因而这种做法是不吉利的。吃饭时不能用大拇指和中指、无名指、小指捏住筷子,而食指伸出的方式,这就像"骂大街"。吃饭时同别人交谈并用筷子指人也是这种意思。不能把筷子的一端含在嘴里,用嘴来回去嘬,并不时地发出咝咝声响,这被认为是缺乏教养。用餐时不能用筷子敲击盘碗,这种行为被看做是乞丐要饭。不能将筷子插在饭碗的饭中或菜盘子的菜上,依据民间习俗,那是祭祀亡人的。不能用筷子在菜盘里不住地扒拉,寻找猎物,这被看做是盗墓刨坟。用筷子夹菜也要注意礼节,不要把筷子伸到远处去夹,不要站起来夹,不要专门盯住一种菜夹,嘴里有菜不要去夹。所有这些都成了中国传统的用筷规范。

  西方餐席上用的刀叉的种类很多,尽管现在已经变得相对简单,使用全套刀叉吃西餐的已不多见,仅吃2—3道前菜的人愈来愈多,而刀叉也并不随之变换,大多是以同一组刀叉吃接着送上的前菜。但在正式西式套餐中,根据食用对象的不同而配合使用各种不同形状的刀叉,吃什么菜都要换用相对应的刀叉。一般来说,吃凉菜的刀形较窄,吃肉的较宽,带小锯齿的那一把用来切肉制食品;中等大小的用来将大片的蔬菜切成小片;而那种小巧的,刀尖是圆头的、顶部有些上翘的小刀,则是用来切开小面包,然后用它挑些果酱、奶油涂在面包上面的;吃凉菜的叉三齿,吃肉的叉四齿,吃鱼的叉带有花纹,吃贝类的则有专用的挑针,吃一顿饭光刀叉就把餐台摆得满满的,什么吃沙拉的、龙虾的、芒果的、冰淇淋的、点心的,叉子应有尽有。每个人的桌前有一排银光闪闪的刀叉,菜一道道地上,刀叉从外到里换个没完,刀叉不撤,吃饭不停。相比之下,中国的筷子就简单多了。科学家说筷子是人手指的延伸,手指能做的,筷子几乎都能做,筷子的最大特点是"以不变应万变"。中国人手上只要有了筷子,吃什么都不成问题,不管对象是方的扁的、长的短的,还是硬的软的、粗的细的,也不管是条是块、是丝是丁、是片是段、是蓉是末,统统可以夹起来,一双筷子横扫全席。

筷子与刀叉分别代表着中国文化和西方文化,有人主张来个互相学习,西方人学学怎样用筷子,中国人学学怎样用刀叉。能否说学用筷子容易,学用刀叉困难,其实并非如此。因为两者牵涉到不同的知识。《风月俏佳人》(*Pretty Woman*)讲到朱丽亚·罗伯茨(Julia Roberts)扮演的街头游莺,为了避免在商务餐会上出洋相,专门请酒店经理就如何使用刀叉整整培训了一个晚上,看起来这是一个专门的知识,需要区别、分析、归纳,需要从经验上升到理性,从理性回归到经验。但筷子更多的与直觉知识相关,对不同的食物怎样恰到好处地运用夹、挑、撕、拨、戳常常不是教,而是通过经验,有所体悟,一旦豁然开朗,就运用自如了。

讨论与思考

1. 分别叙述筷子与刀叉的发展进程。
2. 中西方人是怎样使用筷子或刀叉的?
3. 怎样从思维方式的角度认识筷子与刀叉的文化意义?

二、服　饰

旗袍与女西装

旗袍为民国时期中国妇女开始穿着的一种带有传统风格的长衫,是从满族古老的服装演变而来的。旗袍,满语称"衣介",古时泛指满洲、蒙古、汉军八旗男女穿的衣袍。旗袍是中国特有的传统女装,富有浓厚的民族韵味。旗袍的设计巧妙,造型质朴,结构严谨,至上而下由整块衣料裁剪而成,各部位的衣料不相重叠,整件旗袍没有多余的带、绊、袋等装饰,因为领口高翘挺拔,使人精神抖擞;腰身内缩,使人显得大方苗条。由于贴身,使富于青春美的三围隐约可见;下摆两侧开叉,不仅行动方便,还给人轻快活泼之感。旗袍的样式很多,款式的变

化主要依据袖式、襟形、领子的变化而定。就袖口而言,分宽袖形、窄袖形、长袖、中袖、短袖或无袖;就领子而言,分高领、低领、无领;就襟而言,分圆襟、直襟、方襟、斜襟、双襟等;就分衩而言,可分高开衩、低开衩。旗袍的质地也不一样,秋天穿夹旗袍、冬天穿棉旗袍,夏天穿单层旗袍,旗袍适应的面很宽,很少受年龄限制。

旗袍从形成到现在已有几百年的历史,清朝后期,旗女所穿的长袍,衣身宽博,造型线条平直硬朗,衣长至脚踝。"元宝领"用得十分普遍,领高盖住腮碰到耳,袍身上多绣以各色花纹,领、袖、襟都有多重宽阔的滚边。当时的旗女把头发高高盘起,腰以下的身体被服装人为拉长,再穿上花盆鞋,使身材显得更加苗条细长,但与汉女的宽衣宽裙相比,只是高了一个个儿。辛亥革命使原属于封建朝代的冠服成为历史,出于政治原因,那时穿旗袍的人大大减少,旗女纷纷改作汉族上衣下裙或上衣下裤的打扮,旗袍几乎销声匿迹。现代旗袍的产生与流行是在20世纪20年代,长马甲被看做是现代旗袍的前身。女子的马甲原是短的,套在裙子外面,后来出现了长马甲,一时成了时尚,马甲长及足背,加在短袄上。聪明的人在此基础上进了一步,将两者合二为一,长马甲改成有袖的式样,也就成了新式旗袍的雏形,但式样有了变化,减瘦下摆,成了上下大小相仿的直筒式的袍子。现代旗袍的发源地在上海,由于宋庆龄夫人的倡导,由于阮玲玉、胡蝶等上海电影明星的"偶像效应",旗袍很快就流行起来,上海的女学生得风气之先,成了旗袍流行的始作俑者,不管是社会名流,还是青楼女子都纷纷作女学生装扮,随后在全国普及起来。三四十年代是旗袍的全盛期。其间,旗袍的款式不断更新,如领头的高低、袖子的短长、开衩的高低,旗袍摆脱了旧的式样,成为兼收并蓄中西服饰特色的近代中国女子的标准服装。1929年,当时的国民政府制定了的《服制条例》,对旗袍的样式作了具体规定,明确旗袍为女子礼服。2006年上海开始将旗袍列入申报国家级非物质文化遗产的名录之中。

旗袍属于中装,相对于中装而言的是西装,西装又称"西服"。就狭义而言,是指西式上装或西式套装(两件套或三件套)。它以人体活动和体形等特点的结构分离组合为原则,形成了以打褶、分片、分体的服装缝制方法,并以此确立了流行当今的服装结构模式。常见的款式有翻驳领和枪驳领;前身口袋有三,左上小袋为手巾袋;衣服下摆为圆角形、方形或斜角形,有的开背衩;袖口为真开衩或假开衩;正中为双排钮或单排钮;以带有羊毛成分的精纺、粗纺面料为宜,也有布料或化

二、服　饰

纤等薄型面料的。穿着西服具有大方、简洁、端正的效果,能较好地体现工艺精致感和合体贴切性,并且穿着者的年龄跨度大,适宜于老中青三代,常在社交场合穿着。西装分为男式西装、儿童西装与女式西装。女西装平驳领、枪驳领比较普遍。最正统的西服样式,上衣与裤子以及背心都是用色彩相同的面料缝制而成,再系上西服领带,给人留下肃穆、端庄的印象,适宜于正式均合以及礼仪性活动。女式西装受流行因素影响较大,但最根本的是要合体,能够突出女性体形的曲线美。应根据穿着者的年龄、体型、皮肤、气质、职业等特点来选择款式。穿一套合适的西服,使人变得更加美丽大方。

女式西装的历史不算长,一般的说法把它归于上世纪。20世纪初,一些家庭主妇纷纷走向社会,担任社会职务的越来越多,有的还身居要职甚至成了国家领导人。随着妇女地位的提高,她们纷纷仿效男性,穿潇洒的西装,于是女式西套装应运而生。不过也有资料说,妇女穿西装的时间还可以提前,依据的材料是说19世纪的法国女小说家乔治桑(George Sand),在女人都穿雨伞式长裙的时代,她独树一帜穿起西服,被人视为女扮男装。当然,作为西装的一个类别,女士西装毕竟只是整个西装发展史中的一个环节。常见的一个说法是西装起源于北欧南下的日尔曼民族服装。据说西装上衣原来是西欧渔民的穿着,他们终年在海上生活,散领、少扣的衣服穿起来方便,适合捕鱼作业,以后逐渐演变成现在的样式。现代西装的历史常常被追溯到17世纪后期,当时一起出现的长衣及膝的外衣"究斯特科尔"、略短的"贝斯特"以及紧身合体的半截裤"克尤罗特",构成了现代三件套西服的组成形式,形成了许多穿着习惯。"究斯特科尔"前门襟扣子一般不扣,要扣一般只扣腰围线上下的几粒——这就是现代的单排扣西装一般不扣扣子不为失礼,两粒扣子只扣上面一粒的穿着习惯的由来。燕尾服是经典的西服,维多利亚时代的英国上层社会,有许多礼仪讲究,规定男士参加夜里的社交活动必须穿燕尾服,现在已被深色套装所替代。

延伸与点评

　　现代意义上的旗袍与女西装的历史都不长,但其变革的过程都具有一种革命的意义。现代旗袍与清代旗袍相比,凸显性别差异,反对性别歧视,展示女性美是一个典型特征。首先,与现代旗袍仅指女袍不同,清代的旗人之袍包括男袍和女袍,不属女人的专利,旗女之袍与男袍的差别主要表现在服饰图案上。其次,旗女之袍不显露形体,宽大平直;而现代旗袍显露腰身,表现体态;第三,旗女之袍内着长裤,有时袍下露出绣花的裤脚;而现代旗袍内穿短裤或三角裤,着丝袜,开衩处露腿。在此以前,中国对人体持十分含蓄的态度。对古代美人的评价脸是主要的,身体的其他部位肩、胸、腰、臀、腿被埋在层层的衣衫底下。旗袍的出现,对社会、对传统的旧观念是一大冲击。民国的大军阀孙传芳不仅要求取缔模特儿,还极力反对女子穿旗袍。他认为那种衣服"太勾男人的眼珠儿,且女人露臂袒膀有伤风化,易招(男)人想入非非"。民国旗袍的衩有时开得很高,1934年时就有几近臀下的,腰身又裁得窄,行走起来双腿隐隐可见,给人以活泼轻捷之感,但阻力也很大,当然,谁也挡不住旗袍改革的潮流。

　　女西装的发展与现代旗袍的发展有许多相似之处。西装原来是男子的专利,20世纪20年代的西方上流社会虽然形形色色、有国际化性格,但人们在服装上却相当盲从。香奈儿(Coco Chanel)从上流社会的礼服中受到启发,设计了香奈儿服装,开创了男装女穿的

二、服　饰

风尚,在服装界掀起了一阵轩然大波:女装第一次出现了简单的直线条轮廓,使女人的身体真正从紧绷的束腰中解放出来,西装成了女性衣橱里重要的组成部分。40年代 DIOR(迪奥)推出的名为"新风貌"时装系列,具有鲜明的风格:裙长不再曳地,强调女性隆胸丰臀、腰肢纤细、肩形柔美的曲线,打破了二战后女装保守古板的线条,打造出全新的西装轮廓。这种风格轰动了巴黎乃至整个西方世界,给人留下深刻的印象。50年代出现的女性化西装,采用收腰的设计来凸显出女性S形的身段,领口和袖口的设计更细腻,衣长明显缩短,使身材比例更为完美。80年代的简约化西装,适应女权主义复苏、女性走向社会的程度越来越高的潮流,设计也更为简洁,完全朝普通的男式西装靠拢,通常只用收腰来缓解西装强硬的感觉。女西服的发展打上了性感、平等、独立的烙印。

显然,就妇女解放的意义来说,中国旗袍与女式西服基本走向是十分相近的,当然这不能替代各自的文化特征,例如,服装造型、外形、结构、局部特征、装饰、色彩、图案、审美文化等。

讨论与思考

1. 分别介绍旗袍与西装的一般特点。
2. 为什么说旗袍与女士西装都具有妇女解放的意义?

弓鞋与高跟鞋

弓鞋曾经是中国女子最普通的鞋子,因为鞋底中央部位上拱,呈弯弓状而得名。弓鞋也称三寸金莲,之所以叫金莲,大约与佛教中莲的含义相仿,取其洁净高贵之意。史书上还说,南齐东昏侯命宫女用金箔剪成莲花贴在地上,然后令妃子在上边走,一步一姿,千娇百媚,这就是所谓的步步生莲花,后来妇女便称纤脚为莲花了。继而金莲又被引申为妇女缠足鞋。弓鞋的长短宽窄不一,一般都是女子根据自己脚的大小做的,大多在四寸(13厘米)上下。三寸,是最为上品的小脚及小鞋的尺寸了。1975年从福州黄升墓(南宋)中出土六双女鞋,其中一双穿在死者的脚上,五双为随葬品。平均长度为13.3至14厘米,宽度为4.4至5厘米,死者脚上还裹着210厘米的裹脚布,这已经是较为标准的缠足。鞋面以绸缎或布制,上面绣有花、草、鱼、虫、鸟、人物、龙、凤等中国民族传统图案。

年轻女子穿的弓鞋,通常颜色鲜艳,比如红色,而老妇所穿则是深色的,比如黑色。弓鞋的种类很多,如:靴子、棉鞋、喜鞋、丧鞋、尖口鞋、套鞋、坤鞋、皂鞋、合脸鞋、雨鞋、睡鞋等。穿小鞋必须缠足,古代女性常常从四五岁开始便用丈余长的布条紧紧裹住整个脚部,折断除大脚趾外的另外四趾,强压四趾于足底,将脚掌沿着大脚趾跟脚跟外侧的斜线进行对折,将原先的长方形折成三角形,变成以大脚趾为"笋尖"的所谓"玉笋"。再将"三角形"向脚底对折,使前脚掌直接跟后跟靠拢,中间一截向脚背拱上去,大脚趾回弯,从而缩短了双脚的长度,成为"三寸金莲"。经过这样加工后的"玉笋"或者"金莲",站立十分困难。行走只能前脚掌下压着四个脚趾,用脚后跟走路,这种锥心裂骨的痛苦令人难以想象,民间的说法是"小脚一双,眼泪一缸"。不过,纤足缠成之后,这些女子就有了炫耀美丽的资本,歌谣中就有"大脚婆娘去降香,瞧着小脚心里慌"的话。妇女一旦缠上小脚,一辈子都不能离开小鞋了,无论是做饭还是睡觉,是脚不离鞋,鞋不离脚,鞋成了她们生活的影子。

缠足起于何时,说法并不确定,很多人认为南唐李后主李煜是始作俑者。因为这个在政治上软弱无能在艺术上却有着高超审美心智的皇帝,欣赏自己宠爱的嫔妃用帛缠足后在莲上舞蹈的优美舞姿,引得大家效仿。这一千年小脚的历史,也便是从这个时候开始

二、服　饰

算起的。从文字记载和地下发掘物来看,在北宋已有相当一部分妇女缠足,到了南宋得到普及。明清时期缠足盛行,经过长时期的发展扩充,形成了关于缠足的"整整一套学问"来。这套学问不仅仅是如何缠出好足的方法论,还包括了审美、妇德、婚俗等一系列几乎伴随女性一生的肉体及精神枷锁。一千年来中国女性的双脚就被禁锢在三寸小鞋内,直到辛亥革命后才在政府的禁令中渐渐解放。

鞋子按照鞋跟进行分类,有平底鞋、低跟鞋、高跟鞋。在中国流行三寸金莲的一个时期,有一种主要为女士穿用的高跟鞋在西方出现。高跟鞋出现在15世纪初期,不过那时候的高跟鞋只算得上是鞋跟稍高的设计,最初并非是在女人的鞋上诞生,而是为了方便骑马时双脚能够扣紧马镫。到了16世纪末,高跟鞋才成为贵族的时尚玩意,据说身材矮小的路易十四(Louis-Dieudonné,Louis XIV)为了令自己看来更具自信及权威,要鞋匠为他的鞋装上4英寸高的鞋跟,并把跟部漆成红色以示其尊贵身份。到了17世纪,高跟鞋开始成为男女时装的一个重要元素。在18世纪时,法国皇宫中的女人脚下皆高出三吋,这种高跟鞋从法国传到美国。以后高跟鞋的形状历经改变,鞋跟或尖或钝或宽或窄不时有变,上世纪20年代,凉鞋开始与高跟结合,出现了优雅的晚宴高跟凉鞋,随后露跟鞋亦开始流行。随着中国废除了裹脚制,西方高跟鞋也传入了中国。在高跟鞋的发展史上,有一个人值得一提,那就是西班牙优秀的鞋匠莫罗·伯拉尼克(Manolo Blahnik)。多年以来,莫罗·伯拉尼克一直是时装界的传奇人物,并被誉为世界上最伟大的鞋匠。他设计的鞋典雅别致,流淌着性感的线条,在莫罗·伯拉尼克的鞋店里很难找到鞋跟低于2英吋的鞋子(1英吋=2.54厘米)。它的标志就是细高跟、窄尖头以及缀满了诱人的水晶、人造宝石、羽毛、绣花、丝缎、皮革的鞋面。他设计的鞋是高跟鞋中的"贵族",女顾客多数是鼎鼎大名的人物,拥有一双莫罗·伯拉尼克的鞋是女人的梦想,就连大牌女星们也是它的狂热追求者。所以,他设计的高跟鞋无论价格多高,总是刚推出几周就销售一空。高跟鞋流行至今已有400多年的历史,其间风尚虽有变化,但它受人欢迎的地位一直未改。当年玛丽莲·梦露(Marilyn Monroe)因穿上由萨尔瓦多·菲拉格慕(Salvatore Ferragamo)设计的金属细跟高跟鞋令她一举成名。她曾说:"虽然我不知道谁最先发明了高跟,但所有女人都应该感谢他,高跟鞋给我的事业极大的帮助。"从以前的玛丽莲·梦露、伊丽莎白·泰勒(Dame Elizabeth Rosemond Taylor),到现在的莫尼卡·贝鲁奇(Monica Bellucci)、伊娃·郎格利亚(Eva Longoria),她们的性感撩人,不能说完全归功于高跟鞋,但如果没有它的帮助,魅力肯定减半。长期穿着高跟鞋,把脚塞进狭窄的鞋里,大大改变了人体负重力线,骨盆前倾,腰部后仰。使女人背肌收缩绷紧,腰椎小关节和关节囊处于紧张状态,小腿逐渐变细,大腿的脂肪在长期的紧张中会转变成富有弹性的肌肉。但会使腰部受损,致使许多人腰痛、脚痛、脚背痛、脚趾痛。所以现在穿高跟鞋的女人回到家,第一个动作往往就是踢脱高跟鞋,扭扭腰,倒在沙发上,把脚搁在茶几上,揉揉被束缚了几个小时的脚丫子,把这作为一天中最大的享受。

延伸与点评

不管是三寸金莲还是高跟鞋,都首先与人的审美观密切相关。还在孔子生活的年代,人们就把小脚作为美女的标准之一。相传秦始皇选美女时,就把小足作为美女的标准之一。当然,那时的小足是天然的。两千多年来,这种观念还有它的影响。从汉族人对女性的审美角度看,即便到了现今,除了眼睛要大、胸要大外,其他部位基本上还是以"小巧"为美,鲜有人说大鼻子大嘴大牙、粗胳膊粗腿

二、服 饰

粗腰及大手大脚的女人是漂亮的。小巧玲珑的足形,自然是美的。根据明清时期几百年的眼光,金莲除了"三寸"长度的要求外,还有宽窄、胖瘦、厚薄等等一整套标准。文人们吟诗作赋,写下众多赞赏金莲的文字。许多地方设有品莲大赛,拔得头筹者,亦如男子考试中举,是可以光耀门庭的大荣耀,金莲的标准因此也成了婚姻的条件之一。如果一个女孩子没有上品金莲,很难找到好婆家。看女子人们常"品头论足",上看头,下看脚,民间说:"缠小脚嫁秀才,吃白馍就肉菜,缠大脚嫁瞎子,糟糠饽就辣子。"尽管结亲讲究"门当户对",但若一个贫穷人家的女孩缠了一双上品金莲,便相当于有了打开大户人家大门的敲门砖。倘若谁敢抗拒不缠足,"抬来抬去没人要"。起源于西方的高跟鞋深受世界的欢迎,尤其是女人的欢迎,它的妙处在于,只要鞋一穿上,身材立刻就挺拔起来,胸前挺,腹臀收紧,曲线有了起伏,将小腿线条拉长后,令人觉得腿部更为修长,彰显出美丽身姿和完美仪态,走路也自然变得婀娜多姿起来。高跟鞋与社会时尚紧密相连,有杂志曾经这样形容过莫罗·伯拉尼克的鞋,"对富裕的女人来说,莫罗·伯拉尼克一如富裕男人的捷豹(Jaguar)名车,集华丽外观、奢侈身份、时尚性感、舒适于一体,它是皮鞋中的古巴雪茄、哥伦比亚海洛因、贝鲁格鱼子酱、Dom Perignon 香槟,是极品中的极品,会上瘾的。"人们把高跟鞋作为时装的一部分,上世纪 20 年代,鞋匠改变了制鞋的工艺,用细钢条来支撑拱形的足部,用以支撑整个身体的重量,迎合了第一次世界大战后人们行为宽松、心情放开的时尚;30 年代,时装潮流转向法国,鞋子成了衣柜里基本而重要的一部分,夏奈尔开创了"高贵全靠陪衬品的先河",鞋跟的种类开始增多,由典雅的中型鞋跟到金属颜色的球体和 V 型鞋跟等。60 年代与短打和超大外套配套成时尚相吻合,长筒靴、方形鞋跟和方形鞋头的鞋、凉鞋成为时尚,七八十年代,民俗风兴起,鞋款中出现了世界许多民族的服饰元素例如动物、花纹。高跟鞋体现了艺术的灵感,不断开启着时代的新时尚。

与性文化相关是三寸金莲与高跟鞋的一个共同特征。莲花在中国古代生殖文化中也是女性阴柔的象征,以鱼喻男,莲喻女,说鱼与莲戏,实际等于说男与女戏。千百年来缠足风俗与中国人性生活的关系,一直披着神秘的面纱若隐若现。清代文人李渔说金莲有四大作用,一是能激听觉,二是能激视觉,三是能激触觉,四是能激嗅觉。在男性的感觉里金莲成了女性的重要性特征,它是女性身体中最隐秘的一部分,最能代表女性,最有性魅力,诚如林语堂所说:"缠足自始至终都代表性意识的自然存在。"与缠足的这种性意识相近,高跟鞋十分讲究性感,性感成了鞋子好坏的重要标志,许多西方女性通过鞋的造型使其双腿的曲线给人以优美的感觉,通过夸张的色彩吸引别人去品赏她优美的形体,最大限度地吸引异性。几个世纪以前,法国出了一种被叫做"来看我"的鞋,鞋商设计这种鞋的主旨就是诱使男人的眼光在女人走过去后仍然对她紧追不舍,这被今人称为"背后的兴趣"。"为了可以轻松征服男人",这便是选择穿着高跟鞋的女性的理念。美国鞋时尚大师梅根克利瑞(Meghan Cleary)所做的一项调查显示,尽管穿着高跟鞋没有平底鞋舒适,但80%的女性在第一次约会时会选择穿细高跟鞋或绊带高跟鞋。风靡全球的美国电视连续剧《欲望都市》中的女主角凯莉(Carie)喜欢买鞋,但有一点,不管款式有何不同,颜色有何变化,不变的是细而高的鞋跟,高跟鞋使她充满女人味。

今天,尽管弓鞋成了历史,高跟鞋还在流行,但它们说的都是一个话题,鞋子对人来说是很重要的,"一双好鞋可以带你到好的地方去。"

讨论与思考

1. 分别叙述弓鞋与高跟鞋的发展历史。
2. 弓鞋与高跟鞋的设计与中西方人的审美观有什么关系?
3. 什么文化是三寸金莲与高跟鞋的一个共同特征?

二、服　　饰

红盖巾与白婚纱

红盖巾与白婚纱都与人的婚姻有关。盖巾又称盖头。由四方形的布料制成。旧时行婚礼时,新娘的头和脸都会盖上一块巾帕。巾帕一般用红绸,上绣五彩花纹,四周垂有苏,进入洞房时,由新郎用秤杆揭开,即"挑盖头"。这种风俗起于何时尚未确定,不过明清时期仍十分流行。中国人认为,结婚是充满喜庆的红事,因此,不光是红盖头,而且整个新房里里外外都透着红,大红喜字贴门窗,大红罗绡帐罩在铺着红床单、堆满红锦缎被面的被子的大床上,床边铺着红毡垫,桌子上红烛台亮着红蜡烛,从头到脚穿戴着清一色红色的新娘盖着红头盖,新郎则穿着红色的长衫马褂,头戴红色大沿帽,即便不着红衣,也一定在胸前斜挎一朵用红绸带扎成的大红花。

白色婚纱是西方女性一种正式的结婚礼服,最初的婚纱设计不很复杂,垂直线条的高腰长裙,有褶的袖子和开得较低的领口,丝和缎是婚纱的主要面料。后来的婚纱款式是长及足踝的,前幅裙用直线剪裁,后幅则缀上另一幅拖地的裙摆,结婚时欢天喜地的新娘大多穿洁白的拖地婚纱,戴白色长手套,脚着白色高跟鞋;新郎也常穿白色西服。婚纱采用白色的传统可追溯至1840年英国维多利亚女皇(Alexandrina Victoria)的婚礼,当时女皇穿著白色婚纱,拖尾长达18英尺(约547厘米),这传统一直流传至今,而拖尾的长度也是新人财富的象征。维多利亚时代以前,婚纱可以是除黑色(表示哀悼)或红色(与娼妓有关)以外的各种颜色,白色婚纱代表内心的纯洁及像孩童的天真无邪,后期则演变为童贞的象征。按西方的风俗,只有再婚妇女,婚纱才可以用粉红或湖蓝等颜色,以示与初婚区别。

结婚是开心的事,幸福的事,延续生命的事,为什么中国人喜欢用红色,西方人喜欢用白色呢？这就牵涉到颜色所蕴含的文化意义。

延伸与点评

农耕的中国人偏爱红色,没有太阳,万物无以生长。自从人类发现了火以后,红色又成了火的表示,没有火,人类走不出愚昧。所以红色是激情四射的颜色,象征着欢乐、喜庆、顺遂、成功和进取,是中国人心目中最完美的色彩。从古至今,中国人的生活充满了各种红色的主题。小孩出生为添丁之喜,按照汉族人的传统,人们大多会在当天或满月那天,向亲朋好友、街坊四邻送上蛋壳染成红色的熟蛋,红色代表着喜气,分发红鸡蛋是向众人"报喜",同时也寓意着家中长辈希望孩子一生平安健康的美好心愿。春节是中国民间最热闹、最隆重的一个节日,象征热情、温暖、喜庆、吉祥的红色,从始至终地包围着这个中国人最重视的节日。春节到来之前,家家户户都会精心选购一幅大红的春联贴在自家门前,大大小小的红色"福"字随处可见,各家各户门前挂起的大红灯笼,北方人贴在窗户上的红窗花,生意人将大红的中国结高挂厅堂,乡村人在门上贴红色的门神画,长辈们给孩子们准备好红纸包的"压岁钱"。民间把红色作为一种能够帮助人们趋吉避凶、消灾免祸的颜色。由于本命年常常被认为是不吉利的,所以每到"本命年",人们还要穿上红色内衣,系上红色腰带,以期达到避邪护身的效果。在中国的语言文字中,人们也可以感受到这种延续了千百年的红色情结。如用"红火"来形容场面热闹、情绪昂扬的气氛,用"红人"来称呼受宠信的人,用"红角儿"来指代受观众欢迎的演员。"红"还往往同女性、同美丽联系在一起,如"红颜""红袖"说的是"美貌的女性","红妆"泛指女人的盛妆。再进一步,则把为帮助男女结合而穿针引线的媒人称为"红娘"。此外,红色还代表权威性。北京的故宫,远看红墙朱门,近看红柱红窗红木家具,散溢着一种皇家的权势与威严。明朝规定,凡送皇帝的奏章必须为红色,称为红本;清朝也有类似的制度,凡经皇帝批定的本章统由内阁用朱书批发,也称为红本。红色的朱砂笔成为皇帝批发文书的专一颜色,称为"朱"批,朱批具有无上的权威性。红色这种象征意义一直延续到今天,现在凡重要的文件就用红色字体标注题头,称为"红头文件"。在汉族的色彩象征中,红色还有另一种更深层的意义,如在京剧的化妆造型中,红色脸谱表示了剧中人物的忠勇和正义。比如三国时代的大将关羽,在民间百姓的心目中,关羽是忠义的象征,在京剧中,饰演他的演员一定画红色脸谱。"中国红"已经构成了世代中国人共同的心灵记忆和文化认同。而西方文化中的红色(red),尽管也让人有"火"与"血"的联想,但他们所联想的火与血却是贬意的,象征着残暴、流血,如 The red rules of tooth and claw 意指"残杀和暴力统治";red revenge 意指"血腥复仇";a red battle 指的是"血战";see red 表示"勃然大怒"。它又象征激进、暴力革命,如 red hot political campaign 指的是"激烈的政治运动";a red revolution 指"赤色革命";red activities 指"左派激进活动"。它也象征危险、紧张,如 red alert 意指空袭报警;a red adventure story 指的是一个令人紧张的冒险故事,a red flag 指危险信号旗。它还象征着放荡、淫秽,如 a red waste of his youth 可翻译成"他那因放荡而浪费的青春";a red light district 指的是"花街柳巷"(红灯区)。红色的象征意义在中西方文化中截然不同。

西方人偏爱白色,对白色情有独钟。西方人出生时一般去教堂受洗。在基督教里,白色是最圣洁的颜色。天使总是一身洁白,牧师也常着白袍来象征精神和光明。除了新娘的婚纱是白色的,整个婚礼的主色调就是白色,马车要选用灰白色的马匹,驾车人要戴白色的帽子,婚礼请柬要用白银色来套印。婚礼被称为"white wedding(白婚)"。幸福的日子称为"days with a white stone",好人总戴"white hat",善意的谎言是"white lie",美国有"White House(白宫)",英国有"Whitehall(白厅)"。"白"在西方文化里有美好、希望、幸福、快乐的涵义。圣经故事里的天使总是长着一对洁白的翅膀,头顶上悬浮着银白色的光环;相当于中国农历春节的圣诞节是西方人一年中最盛大的节日,"A white X'mas"被用来表示"银装素裹的圣诞节";"white hands"是公正廉洁的表示;"a white day"说的是吉日。西方童话故事中有一位博得世界各国儿童广泛同情和喜爱的主人公就叫"白雪公主"(Snow white),她是聪明、善良、美丽的化身。白色在中国却多为不吉利的,人死了代表生命的红色自然就消失了,取而代之的是白色,所以中国人把办丧事说成是办白事,表明这是令人伤心的事。办丧事时要设白色灵幛,悬挂白色挽幛、挽联,点白色蜡烛,亡者亲属要穿白衣、戴白帽、白花,腰系白麻绳,脚蹬白头鞋(或白帮鞋),出殡时要打白纸幡、洒白色纸钱。白色是枯竭、无血色、无生命的表现,是凶兆和悲伤的象征。自唐宋以后,白色就不受汉族人宠幸。汉语中的"白",除了代表色彩外,多代表无效果的、无代价的以及反动的意思,如白搭、白费、白给、白食、白党、白匪、白色恐怖等,都反映着贬斥、鄙弃的感情色彩。在汉语词汇中,常用"白"来描述那些空无的事物,如"白开水"是不加茶叶或其他东西的开水,"空白"是工作还未达到的方面或部分,"白卷"是没有写出答案的考卷,"白痴"是什么都不懂不知道的人,"白丁"是没有功名的人。另外,还有"白手起家"、"平白无故"、"一穷二白"等等的说法。白还

二、服　饰

用来刻画艺术形象，京剧中涂着白色脸谱的人物，一定表示那个角色的多疑和狡诈。历史人物曹操被世俗认为奸雄，所以他的脸谱采用白色，用以象征其阴险、疑诈的性格。

其实，不仅是红色白色，其他色彩在中西方也有着很大的区别。比如黄色。发源于黄土地的中华民族看重土地的黄色，在五行中，黄为土，是居于宇宙中央的土，"土为尊"（《礼记·月令》）。黄色象征着君权，神圣不可侵犯，周代已用黄钺即以黄金为饰的斧作为天子权力的象征。佛教传入中国后，因为佛教也崇尚黄色，僧侣穿黄袈裟，作为信奉佛教的中国，黄颜色的"龙袍"便成为皇家专用。隋代以后皇帝都穿黄色龙袍，黄色成为御用颜色。清朝皇帝的随从和护卫的"内大臣""侍卫"穿的黄马褂，是用明黄色的绸缎或纱做的，因为是天子身边的近侍穿的衣服，所以也十分名贵，一般官吏以得到黄马褂为荣耀，皇帝也把黄马褂作为赏赐品。在中国的传统里，"黄"始终在人内心里有着非常尊贵的地位。然而，在英语里，与"黄"相联系的，往往代表的是胆小、卑怯、令人讨厌的。如 be yellow（胆小的），have a yellow streak（胆小），yellow dog（软弱）。在许多基督教的壁画里，可以看到出卖耶稣的犹大有时就是身着黄色衣服的。在赛场上，裁判出示黄牌，意味着警告。现在中国人也用"黄"来表述一些色情的东西，比如：黄色书刊、黄色图片、黄色网站等等，但在中国传统习惯里，这些原来是用"桃色"来代表的。黄色的色情意义来自西方。1894 年，英国创刊了一家杂志，名字就叫《黄杂志》，一批有世纪末文艺倾向的小说家、诗人、散文家、画家等，围绕该杂志形成一个被称为"颓废派"的文艺集团。他们的作品，有时带有一点色情意味，但不能算淫秽。那时候的法国出版许多廉价小说，是黄封面的。这种小说被称为"yellow book"，也是不登大雅之堂的。《黄杂志》、"yellow book"使得"黄色"与性、色情、恶俗等等概念发生了联系。这种联系也随着西风东渐传入了中国。而源于海洋文明的西方民族对蓝色情有独钟。古希腊人是从海洋来接受蓝色的，紫色则是在蓝色之中又加上阳光（特别是朝霞、晚霞）照射，折射出紫外线的结果,被认为是大海深处的颜色。在他们看来,这两种颜色是最高贵的颜色,只有神才配享用。在罗马帝国,紫色是皇帝的专用服色,用紫色来装饰,是对一个人的最高礼遇。而蓝色则是"天堂的色彩",象征着冷静、沉着、永恒。中国人却不喜欢蓝色,认为蓝色是俗色。古时布衣百姓通常只穿两种颜色的服装,其中之一就是蓝色。在上海APEC会议上各国领导人穿中国民族服装,亚洲领导人大多穿红色,而西方领导人则多选择了蓝色。

需要说明的是任何结论都有例外,中国的一些少数民族,如藏族、回族、蒙古族、白族等,将白色视为正义、高尚、吉祥的化身,西方也有人赋予白色以消极的意义,例如用white elephant来表示大而无当的东西,他们的White Lady(白娘子)是条顿神话中预示死亡的女妖等。随着世界文化交流的日益普及,颜色象征意义的界限常常变得不那么清晰了,越来越多的中国新娘穿起了白婚纱。

讨论与思考

1. 中式婚礼是怎样使用红盖巾的?西式婚礼是怎样使用白婚纱的?

2. 为什么中国人喜欢红色、黄色,西方人喜欢白色?在生活中是怎样体现的?

开裆裤与纸尿裤

开裆裤,顾名思义就是裤裆部分没有缝合,裤裆部位左右两半分离的裤子。在中国,开裆裤几乎无人不知,大概每个人在出生后的头一两年都会穿这种样式的裤子。不管是在都市还是农村,不管是在北方还是南方,不过是在东部还是西部,不管是春夏秋冬哪个季节,穿开裆裤的孩子随处可见,也不管这穿开裆裤的小小孩是男孩还是女孩。所以,"穿开裆裤那会儿"就特指婴孩时期。

二、服　饰

孩子从出生后到学会自己控制大小便,必然有个过程。这个时期,穿开裆裤对尚不能控制拉撒的小小孩儿来说,便最适合不过了。穿了开裆裤,大人给孩子调换尿布、尿片以及尿不湿都容易,尤其在冬天,不需要把裤子脱下穿上,也避免孩子着凉。等稍长,便可以学会在有便意的时候蹲下或者自己坐到痰盂等器物上排解,不必大人时时关注。开裆

裤其实并非被小小孩独占,这种便于护理臀部及阴部的裤子,也适合部分病人穿着,对产妇也是很合适的。现代技术的不断发展,新产品的问世,使古老的开裆裤有了新的款式——经过设计,开裆部分可以用雌雄胶、拉链等辅助材料方便地打开或者连合,开裆裤的作用也就因此扩大,适用范围可以不仅仅局限于小小孩,功能却如同小小孩穿着时一样,只为拉撒护理方便。

汉语里有个词叫"衣裳",意思是人在身子上面穿衣,下面着裳,这是早期中原汉人的着装。"裳"就像裙子一样围着下身,男男女女都穿,如今的缅甸等国男子还有类似的打扮。下身以裳遮掩,从遮羞的角度来看,没必要再穿裤子。只是坐下来的时候,得跪坐,以免不雅。在中国关于裤子的记载最早出现在春秋战国时期。不过那时候并不是今天这概念的完整的裤子,没有裤腰,没有裤裆,只是"胫衣",就是包裹在小腿上的两个套子,互不相连,汉字写作"袴"。如同现在时尚女子冬天穿裙子穿靴子冷,在薄薄的袜子外再套一对厚实的羊毛袜筒,护住膝盖上下部分,古人穿"胫衣"也是为了防寒。所以,"衣"穿在上身,"裳"穿在下身,"袴"在冷天包住小腿御寒,这样的着装结构具备了人类穿衣的几个基本功能:遮羞与御寒,又不影响生理必需的排污。这样最早的裤子不是开不开裆的问题,而是

根本就没有裆,只是两只裤管。后来在管子上装了上半部分,能遮盖更多的部位,御寒效果自然更好,大小便的问题便只能用开裆来解决了。可以大胆地说,世界各国各民族服装发展,都经历过不穿裤子到穿开裆裤再到穿合裆裤的过程。比如路易十四时代的巴黎,上流社会的妇女都尚未时兴裤子,包括内裤。某次俄皇访法,骑马经过街道,一位美妇在其马前滑倒,裙裾大开,俄皇惊曰:"我看见了天堂之门!"

  在中国开裆裤演变为合裆裤,有两个比较主要的原因。其一是受北方民族胡服的影响。在马背上生活的民族,穿中原地区以农耕为主的人们所穿的"裳",肯定是不方便的,他们的下身服装是马裤,为了便于骑马,裤裆连合,并且大腿部位肥大,方便在马背上活动。战国时赵国的第八代国君武灵王实行"胡服骑射"之后,汉族人民也开始穿长裤,不过最初多用于军旅,后来逐渐流传到民间。其二是后宫女人们的裤子改革。《汉书》上说,汉武帝临死前留遗嘱让霍光和左将军上官桀辅佐昭帝刘弗陵。后来霍光的外孙女上官氏立为皇后。霍光想让自己的外孙女生个儿子当太子。当时昭帝身体不好,大臣和御医们知道霍光的心思,就劝说皇帝以身体为重,最好把房事给戒了。因此让宫女们穿上连裆的裤子,再绑上带子,皇帝恩宠宫女就不方便了。裤子从开裆到合裆,渐渐成为裤子的主流款式。穿裤子比穿裙子活动方便,合了裆之后也不存在露羞的问题。裤子便流行起来,男女老少都穿,女权主义者甚至把穿裤子作为男女平等的一种象征。但开裆裤却一直在中国小小孩子的身上保留下来,即便在各种品牌各种款式的尿不湿层出不穷的今天。

  尿不湿也叫纸尿裤,前身是纸尿布,用来代替传统的棉质尿布。最早尝试尿布替代品的是日本人,因为日本天然物资缺乏。而迈出了实质性一步的是瑞典人鲍里·斯特尔朗姆(Pauli Strom)。1942年,他发明了两件式的纸尿布,外层是橡皮,内层是纸质吸水垫。但这种一次性的纸尿布很容易破掉,碎屑会沾满孩子的屁股,而且不能长时间保持皮肤的干爽,所以很长时间内并没有被广泛应用。直

二、服　饰

到1961年,被美国《时代》周刊评为20世纪最伟大的100项发明之一的纸尿裤—Pampers(帮宝适)由宝洁公司推出并成功地打入市场,旋即畅销。在1980年代,美国太空总署工程师改进太空服,加入高分子材料,发明了一种能吸收1400毫升的纸尿片,完好地解决了吸水性和干爽性的问题。宝洁等公司也迅速在自己的纸尿裤中加入了这种新型材料。如今全球尿布产业的价值已经超过200亿美元。纸尿裤穿好后就跟大人的内裤一样,臀部前后都包裹住,可以包住孩子随时拉撒出来的大小便,也遮住了隐私部位。拉脏了,尿湿了,只需丢弃换新的。这不仅减少了大人的洗刷工作量,也大大减少了大人照看孩子拉撒的工作量,所以深得大众欢迎。

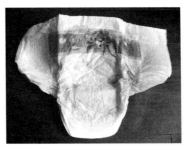

1990年代,纸尿裤进入中国市场。由于纸尿裤使用方便、防漏性好,很快就受到经济条件尚可的很多家庭的青睐。但是中国妈妈们很快发现,纸尿裤为了防漏,将孩子的小屁股严实地包裹起来,形成一个不透气的环境。当孩子尿湿后,裤内多少会潮闷,容易滋生细菌,引发各种疾病或诱发多种病症,影响孩子的健康成长,使得家长们对纸尿裤又爱又怕。目前市场上的纸尿裤虽然都声称有透气性,但效果毕竟不如棉布制作的传统尿布。而且,棉质尿布一旦拉屎撒尿,马上就能看出,可以换洗。而纸尿布的外表是完全看不出孩子是否拉撒过,粗心的家长不经意间就会让孩子的小屁股长时间地与屎尿打交道。基于这样的原因,很多中国家长还是喜欢用传统的开裆裤加尿布的方式对付孩子的拉撒问题,特别是在家的时候。另外,纸尿裤打入中国的时间毕竟不长,相对于工薪阶层的收入来说,价格也不算便宜。因此,爷爷奶奶辈的老人以及广大农村地区的家庭,对纸尿裤还是有比较强的抗拒心理。

延伸与点评

如此看来,开裆裤在人类漫长的历史上不管中国还是西方都曾经出现过,只是中国人一直到现在还普遍地让小孩子穿着,那么,来中国的西方人看到中国孩子身上的开裆裤为什么会露出不可思议的、惊诧的表情?如果是抱在怀里的孩子,即使穿着开裆裤,西方人也不会觉得太惊奇。真正让他们瞠目结舌而且担忧的是那些已经能走能跑,只穿着空荡荡的开裆裤而不再包裹着尿布的两三岁的孩子。让他们感到为难的是孩子排污的随意性,不管在什么场合,私人的还是公众的,只要孩子们内急,都会随便站立或者蹲下,在公众面前露出隐秘部位,随地大小便。

这牵涉到人们对隐私的看法。在西方,隐私是个人生活中的一项重要问题。比如年龄、工资收入、家庭情况、婚姻状况、经历情况、宗教信仰等都属于个人隐私的范围,人们很注意尊重别人的隐私,也很注意保护自己的"隐私权"。对不懂人事的孩子来说,父母也有责任保护他们小小的隐私,并且从小培养捍卫隐私的意识。他们教育孩子,让孩子从小知道身上的某些重要部位是不能让外人随意看到,更不能被外人触摸。孩子也从小就有自己独立的房间,不经孩子允许,不随意出入,更不会翻看孩子的日记等。而孩子一旦长大成人,可以自己为自己做主,那么,要袒胸露背,要穿比基尼,要裸奔请愿,要裸体抗议裸体游行,要裸体日光浴天体浴,要在野外在窗边做爱展示给外人看,愿意去电视台讲述甚至表演自己的绝对隐私,要去当"脱星",甚至要回到初民时代,去深山老林做野人住在树上,只要不违法,那就无人会制止——他是自由的,可以"自我"。那个时候,如果他愿意穿开裆裤,大概父母也无权反对。而中国的父母,在孩子不懂事的时候却不在意替他们保护好小小的隐私。事实上,在中国人的传统意识里,个人是无所谓隐私的,大家族中的每个人

二、服　饰

都只是家族的一分子，一家之长有权过问孩子的一切，小小孩子更加只是个"小东西"而已，小男孩的"小鸡鸡"是大家都可以拿来说笑的物件。条件不好的家庭，孩子往往与父母同睡一室，甚至同睡一床；孩子的书包、书信、日记父母都可以检查，这样能清楚地把握孩子的思想动态；等到孩子成人，孩子的工作恋爱婚姻，也还要通过父母的审核与批准。孩子的个人意识、自觉意识、自控意识，几乎都掌握在父母手中，孩子从小依赖父母，父母则心甘情愿地享受孩子的依赖。一旦孩子表现出要脱离家庭、自我独立的意识，父母往往会心惊肉跳。

当然，时代的进步，中国父母的类似观念也在改变，在公共场合，也越来越注重对孩子隐秘部位的尊重，对公共卫生的保护。但是，孩子开裆裤是不是该就此退出历史舞台呢？在环保问题日趋严峻的现在，尽管纸尿裤的产生为人们带来了便利的生活和巨大的产业利润，但是同样为人们带来了新的困惑。庞大的使用人群造成了大量的垃圾，而对这些垃圾的无法妥善处理又造成了环境污染。纸尿裤的发明者的初衷是善意的，却并未考虑到会引发如此巨大的环境问题。仅仅在美国，每年抛弃的纸尿裤就有100多万吨。如果中国的孩子都使用，那数量更是无比巨大。纸尿裤的密封防漏层目前广泛采用的都是 PE 膜、透气膜或复合透气膜，这些都是不可降解材料，对这些物质的处理就成了关键性的问题。怎样使纸尿裤在吸水量大、保持干爽的同时保持良好的透气性和易降解性，成为解决人类外部环境和自身内部环境不再恶性循环的关键性环节。

这个时候，古老的开裆裤至少在中国农村的广大区域还是很有基础的。如果让小小孩选择，自己做决定，也许他偏偏就喜欢开裆裤的无拘无束。

 讨论与思考

1. 分别叙述开裆裤与纸尿裤的特点。
2. 为什么说接受开裆裤或纸尿裤与人们对隐私的看法有关?

三、交　　际

"他妈的"与"Shit"

"他妈的"是中国的"国骂",网上所见的"TMD"其实就是"他妈的"三个字拼音的声母。鲁迅先生曾经专门写过一篇文章,题目就是《论"他妈的"》。照鲁迅的说法,无论是谁,只要生活在中国,常常会听到"他妈的"或类似"他妈的"这样的口头禅,使用的频率相当高,它几乎沿着中国人的足迹到处蔓延。可以说,即使在过了80多年后的今天,把它叫做"国骂"并不过分。

国骂"他妈的"历史不短,有人就追溯到战国时期,《战国策·赵策》中有一篇文章叫《秦围赵之邯郸》,文中讲到,当初齐威王曾施行仁义之政,率领各诸侯国去朝见周天子。当时的周王室又贫穷又衰弱,诸侯们都没去朝见,只有齐王去朝见他。过了一年多时间,周烈王死了,各诸侯国都去吊丧,齐国去晚了。周室大臣都很生气,对后去吊唁的齐威王抖威风,说:"天子驾崩,如同天地塌陷,新天子都亲自守丧。而守卫东部边防的诸侯齐国的田婴竟敢迟到,按理应该杀掉才是。"齐威王勃然大怒,竟然骂道:"呸!你妈也不过是个奴婢罢了。""你妈是个奴婢"相当于现在说的"你妈是贱人"或"你妈是下等人"。骂王室大臣的母亲是下等人,这在封建社会里,当然是不能容忍的。但相对于百姓,却算不了什么,后来,有人对其进行了技术改造,把"你妈是……"变成了"你妈的……"。这样一改,骂人的杀伤力就大多了。后来在使用中不断有所变化,最后面的名词被省略,第二人称被改为第三人称,这样,"他妈的"就成了我们今天常听到的"国骂"了。不过,国骂在使用中有时候也并不一定是骂人的意思,鲁迅列举了他亲眼看到的实例:一家人围在一起吃饭,儿子指着一盘菜对他爸爸说:"这菜不错,妈的你尝尝看。"那父亲回答说:"我不要吃,妈的你吃去吧。"这里的"妈的"毫无骂人的意思。就在现在,我们也可以听到这样的话:"我他妈的又感冒了"、"这题目真他妈的难做","让他妈的烦恼都他妈的见鬼去吧!"如果说这就是骂人,怕不好解释。某些人在说话的开头、结尾和话语停顿处也用上了"他妈的",这时候,"他妈的"已经没有任何实际的意义。

中国人有国骂,外国人也有国骂,"shit"或"Sheft"可以说是英美人的国骂,在英美电影中屡屡可见。所谓shit,简单地说就是粪便,骂对方的人格和粪便一样肮脏。据英国J.麦克唐纳(J. MacDonald)介绍,这是一个很古老的词,最初意思是拉肚子。它源于盎格鲁-撒克逊语,在绝大多数日耳曼语中都有同义词。大概1000年前就有了使用这个词的记录,几个世纪以来,它一直是表达粪便的标准英语,13世纪以后,尽管词义有了不少变化,但仍保留与污秽、人的排泄相关的意义,如Shit-breech指的是自我手淫的人,伦敦的谢波巷被称为Shitte-borvelane,说它是厕所的所在地,乔叟(Geoffrey Chaucer)用Shitten shepard说牧羊人污浊,而牧羊人指的是邪恶的牧师。

骂人是为了发泄自己的愤怒,而愤怒又在所难免,所以不管是美、欧、日的先进国家,还是亚、非、拉的后进国度,世界各国都有骂人的粗话脏话,只是骂法不同。比较"他妈的"与"shit",你会有一个有趣的发现,国骂的指向大不相同,shit是贬低对方的人格、出身、种族,说你是狗屎,说你臭不可闻,骂你的人格肮脏、出身低贱、种族卑劣,矛头直指当事人,蕴涵的意思是,我和你不是一个层面,不属一个等级。中国人认为直接侮辱一个人的人格,或直接贬损一个人的才能,并不是最好的方式,而骂对方的母亲,骂对方的祖宗,才能让对方受到更大的侮辱,所以作为"他妈的"的延伸,还有诸如"他奶奶的"这种骂法,矛头直接指向他的血统。

三、交 际

把矛头指向他的祖先,与中国传统文化的宗法制度有密切的关系,宗法制度是中国古代社会构成的重要方式。它以家族为中心,以血缘关系为基础,标榜尊崇祖先,维系亲情,在宗族内部区分尊卑长幼,并规定继承秩序以及不同地位的宗族成员享有不同的权利和义务的法则。宗法制度是建立在宗族制度的基础上的。所谓宗族,就是具有一定血缘关系的近亲家族群,汉字也印证了宗法制度的特点。"宗"字表示祖庙,以父系的血缘联结的宗族成员同祀一宗,尊奉共同的祖先。"族"字本指军旗下聚集的带弓箭的人。古代社会每遇战事,同一宗族的适龄男子都要出征,国家征兵,也往往是以族为单位的。"族"字正反映了当时宗族社会的一个现实。

为了尊祖敬宗,维护宗族团结,中国人就建立了宗庙祭祀制度。宗庙制度产生于周代,《礼记》上说,周天子为七庙,诸侯为五庙。大夫为三庙,士为一庙。皇宫之前左宗右社的制度一直延续到明清。今北京故宫前左侧的劳动人民文化宫便是明清的太庙,右侧的中山公园是明清的社稷坛,也就是左宗右社的格局,左宗是宗法的标志。宗庙祭祀开始为天子专有,后来慢慢普及起来。作为宗族的象征,宗祠习惯上称祠堂,是供奉祖先神主,进行祭祀的场所,宋代朱熹提倡建立祠堂法:每个家族建立一个奉祀高、曾、祖、祢四世神主的祠堂四龛。初立祠堂时,以现田计,每龛取二十分之一以为祭田,由宗子主之,以给祭用。到明清两代,祠堂已遍及全国城乡各个家族。

宗庙祭祀制度与农业社会相连,中国古代的士、农以土地为生,土地把一家几代人圈在一个地方,一起生活,从而发展起来了中国家族制度。家族是由几个具有亲近的血缘关系的家庭组成的,它使每一个人都归属于特定的族,每一个人的地位与作用都按族内纵横交错的情况而定,彼此之间的关系也非常紧密,所以常常会发现四

61

世同堂或五世同堂的情况,甚至整个村庄都是由同姓的人组成。自进入文明时代以来,中国古代的家族一直以父系的血缘来连结,几个同一男性的祖先的家族又组成宗族,家族与宗族密不可分。这样就发展了祖先崇拜。正是因为这样,所以,国骂把对方的祖宗作为发泄愤怒的对象,并且对祖宗的追溯越远就越解气,是对对方最严重的侮辱和伤害。

不是针对对方的祖宗、而是指向本人的英美人的国骂,是因为欧洲的等级关系压倒了血缘关系,血缘政治基本上被等级政治冲垮了。古代欧洲贵族、贫民、奴隶之间的等级差异十分明显,中世纪的僧侣、贵族、平民的层次更为分明。大约在公元 735 年左右,查理·马特(Charles Martel)在担任法兰克王国宫相时开始实施采邑制,采邑一词的原意即恩赏,指西欧中世纪早期国王封赏给臣属终身享有的土地。最初国王将土地及土地上的农民一起作为采邑制分封给有功劳的人,以服骑兵役为条件,供终身享用,但是不能世袭。后来,不但国王封赐采邑,国王下面的大封建主也把自己的土地作为采邑分封给下属,而这些下属又把自己的土地作为采邑分封给自己的下属,从而形成了一个以土地为纽带的领主与下属之间的关系,并由此逐渐形成了一种由国王、公爵、侯爵、伯爵、子爵、男爵到骑士的封建等级制度。从阶级结构上说,有封建领主、陪臣、行会师傅、帮工、农奴,而且几乎在每一个阶级内部又有各种独特的等第。与等级关系发达相对的是,西方的家族观念相当淡薄,直到 17 世纪,家族式的大家庭从未成为普遍的家庭组织形式,核心家庭的观念早就形成,一个家庭可能有三代同堂,但通常由夫妻和他们的子女所组成。所以,如果用中国的国骂向西方人发泄自己的不满,西方人几乎是不知痛痒的。

显然,不同的国骂反映的是不同的文化。怎么骂,骂什么,常常涉及到人的文化深层结构,因为这样,就有人从骂人入手,来了解一个民族的文化内涵。

三、交　际

讨论与思考

1. 中国人与英美人的国骂是怎么形成的？
2. 中国与英美的国骂有什么不同？产生这种不同的原因是什么？

"男左女右"与'女士优先"

"男左女右"在中国人的日常生活中屡屡可见，戴婚戒，男左女右；还有照结婚照，夫妻二人出席某些礼仪场合等等，男的往往在左边，女的往往在右边。与此相关的有男前女后之说，公共厕所常常男的在前，女的在后，夫妇签名的是丈夫的大名写在前，妻子在后，如果颠倒了位置，就会惹人笑话。20世纪60年代，中国考古工作者在新疆吐鲁番的古墓群中，发现了几十幅伏羲女娲图，这些图大多在夫妻合葬的墓穴中，一般用木钉钉在墓顶上，画面朝下，少数画则折叠包好放在死者身旁。伏羲、女娲原为兄妹后为夫妻，是中国古代传说中的天神和人类的祖先，伏羲在左，左手执矩，女娲在右，右手执规，人首蛇身，蛇尾交缠；头上绘日，尾间绘月，周围绘满星辰。是中国古代男左女右的礼俗的体现。

"女士优先"是西方人的习俗，在西方，人们要求成年男了在社

 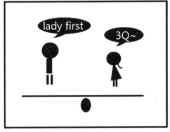

"男左女右" 与 "女士优先"

交场合要尊重妇女,关心妇女,照顾妇女,保护妇女,并且时时处处努力为妇女排忧解难。不管是认识的还是不认识的,上下电梯男士应让女士先上先下;乘电梯人多时,男士应先上先下为其开道。上楼梯时男士应让女士走在前面;下楼梯时男士应让女士走在后面,以便防止跌倒等意外情况发生。如果女士需要帮忙,男士应主动帮助拿东西或上前搀扶她;女士走进房间时,男士要起立;拜访时须先向女主人致意;见面握手时应先女后男;下雨时男士要主动撑伞;进餐时上菜敬酒应先女后男;告别时应先向女主人道谢;男女在餐馆、饭店约会时,男士应比女士先到,切忌迟到;要走在前面为女士开门,并按女士的意愿选择餐桌。点菜时应让女士先点,尊重女士的意见;进完餐,男士应帮助女士穿大衣、拿东西,然后抢先走到门前,打开门让女士先出,自己紧跟其后。能够这样做的人,会被人视为教养良好。

延伸与点评

"男左女右"区分了左右,意在表明左右的地位是不同的,在中国封建社会,许多事物都有尊卑高低之分,就连左右前后、东西南北,都有高低之分。古代皇帝是至尊,他面南背北而坐,其左侧是东方。在东、西方向上,古人以东为首,以西为次。根据中国的宗族观念,皇后和妃子的地位是不同的,皇后为皇帝的正妻,妻从贵,所以,皇后的住处是东宫,妃子的住处是西宫,东宫为大为正,西宫为次为从;供奉祖宗牌位的太庙,要建在皇宫的东侧;北京四合院是中国北方民居的主要形式,四合院里地位最高、最重要的房间就是正房,也叫北房、上房或主房。正房的开间一般为三间,中间一间为祖堂,东侧的次间往往住祖父母,西侧的次间住父母,正房左边(东边)的次间、比右边(西边)的略大;现代汉语中的"东家"、"房东"等也由此而来。古人在崇尚东方的同时,"左"也随着高贵起来。男左女右的观

三、交　际

念,突出的是男尊女卑。在中国传统社会中,妇女的地位极其低下,一个好的妻子必须严格遵守三从四德。"三从"讲的是女子在结婚以前要服从父亲,结婚以后要服从丈夫,丈夫死后要服从儿子,妇女的价值地位取决于能否为丈夫家庭生育一个男孩。"四德"就是要妇女在仪态、举止、说话和做事四个方面都要意识到自己的附属地位,不能越位,去做一些不符合自己身份的事情。社会推行一种"寡妇崇拜",丈夫死了,妇女不能改嫁,要守节。在政治影响方面,妇女常常被看做是祸水,她们是引发战争、导致国家覆灭的根源,唐朝著名的美人杨贵妃就是一例。所谓英雄难过美人关,这里的美人就是英雄发展的障碍。

男尊女卑的观念是对古代阴阳学说的延伸。阴阳概念的形成,是古人在直接观察自然万物中产生的,"阳"说的是日出,"阴"说的是云遮盖了太阳,以后就引申为明与暗、暖与寒、表与里、刚与柔等一切相对相反的现象,经过进一步抽象,阴阳就成了宇宙生成变化的两种元气。易经中把"阳"称为"━━","阴"称为"━ ━",并把它用于解释宇宙的生成。后来的董仲舒就提出阳为尊,阴为卑,君、父、夫为阳,臣、子、妻为阴,阴不得独立行事,只能从阳而行,阴阳不能同时并起,阳在先,阴在后,据此,董仲舒提出了三纲五常,其中"夫为妻纲"是三纲之一。纲是网的大绳,如果没有纲,网也就不存在了。

"女士优先"讲究的是男女平等。这一礼节起源于中世纪时期形成的"骑士风度",它是西方上流社会的文化精神。在社交活动中,骑士要表现得彬彬有礼。后来,随着妇女社会地位的提高,这种只限于贵妇与骑士之间的"女士优先",在社会上得到了发展,并增加了新内容,"女士优先"被认为是一种"绅士风度"。骑士身份是一名武士进入上层社会的标志,但这一般是世袭的。作为一种贵族封号,它必须经过长期的服役,并通过一定的仪式才能获得。如果出生于贵族家庭的子弟想成为骑士,他必须七八岁后即按照自己出生的等级依次到高一级的封建主及其夫人身边当侍童,14岁后为见习骑士,接受专门武士骑士训练,21岁时通过严格的考试和隆重的仪式、宣誓及其他宗教礼仪后,才正式取得骑士封号。从这样一种制度产生的文化,对现代欧洲的民族性格的塑造起着极其重大的作用,形成了现代欧洲人对于个人身份和荣誉的注重,对于风度、礼节和外表举止的讲究;对于崇尚精神理想和尊崇妇女的浪漫气质的向往;以及恪守公开竞赛、公平竞争规则的精神品质。总之,它使现代欧洲人的民族性格中既含有优雅的贵族气质成分,又兼具信守诺言,乐于助人,为理想和荣誉牺牲的豪爽武人品格。

　　在对"男左女右"与"女士优先"作比较时需要避免误解:不能说"男左女右"就一定与男尊女卑有关,中医诊脉,男子取左手,女子取右手,这说不上什么男女不平等;也不能说男女不平等在中国历来如此,因为汉代以前中国妇女在社会生活的各个方面都扮演了重要的角色,只是到了董仲舒时代,妇女地位低下、是男性的附属品的社会思潮才开始逐渐形成,宋明理学将其推向极端。不能简单地说"女士优先"就是男女平等,因为在世界上男女平等程度最高的地区北欧,女士优先就意味着对女性的不尊重;也不能说西方男女历来平等,古希腊的雅典就是一个男性社会,所有的妇女都被排除在政治和其他公众生活之外,并必须有男子为监护人。即使到了16世纪,西方许多国家的妇女在法律上的权利也还是比男子少,例如德国妇女被看成像儿童一样,不能为自己的行为负责。如今,不管在中国还是西方国家,尊重妇女、妇女解放成了主导性的社会潮流,并表现得日益广泛而深入。

1. 简单介绍"男左女右"与"男前女后"两种不同习俗。
2. 产生"男左女右"与"男前女后"的深层次原因是什么?

伯父与 UNCLE

　　伯父是中国人的一种亲属称谓,用于称呼父亲的哥哥。中国古代以伯、仲、叔、季来表示兄弟间的排行顺序,伯为老大,仲为老二,叔为老三,季排行最小。"伯"这个称呼是中国人创造的,古代中国作为农业社会,家庭的基本结构是由核心家庭的父子所构成,一个大家长活得再久,也最多能见到第四代。而每一代家长的死就意味着第二代要分,这就产生了一个更为深刻的矛盾:一方面家族的发展需要有更多的男劳力,这意味着家长需要的配偶不止一个,妻妾越多,儿子就越多,他活着时这个家庭就会很强大。一方面儿子增多意味着他死后家庭内部的冲突会越发激烈,分割财产的份数同步增多,致使每一份的份额减少。在激烈的生存竞争中家庭越容易因为内斗而被其他强大的家庭所吞掉。为了解决这个问题,中国人创造了"伯"这个称谓,称"我爸爸"的哥哥为"伯",称"我爸爸"的弟弟为"叔",帮助确立在亲兄弟中长幼有序的服从关系,克服内在的结构性分裂,使家庭永远团结兴旺。它要使每一个家庭成员,特别是家庭中第三代、第四代明白,要想确立大家长的权威,并且使这种权威能够超越时间,就一定要创造出一种文化,这种文化要使他们懂得,在爷爷不在、家庭要分裂的时候,"大伯"是真正的、当然的权威,由此权位继承逐渐确立了嫡长子继承制。

　　uncle 是英美人的亲属称谓,它涵盖了中文的"伯父"、"叔父"、"舅父"、"姨父"与"姑父",只要是他父母的兄弟都可以叫"uncle"。这种称呼方式是有代表性的,aunt 统括了"伯母"、"婶母"、"舅母"、"姨母"、"姑母";cousin 的覆盖面更广,"堂兄"、"堂弟"、"堂姐"、"堂妹"、"表兄"、"表弟"、"表姐"、"表妹"全都在内了;grandfather 既是"祖父",也是"外祖父";granddaughter 是"孙女"也是"外孙女";"brother"是哥哥,也是弟弟。其他的一些亲属称谓也如此。相对于汉语,英语要粗放、笼统得多。英语中的称谓,基本上只区分性别,

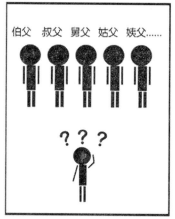 

"伯父"与uncle

既不区分父系母系,也不区分长幼。更有如cousin,连性别都不加区分。其他一些西方的主要语言,如法、德、俄、西班牙等语中的亲属称谓也大致类似。汉语不仅要区分性别,还要区分父系母系以及长幼,甚至还要区分堂表、姑表、舅表和姨表关系。对比一下中国的血亲与姻亲的称谓系统,我们可以发现这样一个事实,那就是在姻亲的称谓系统中并不存在一个类似于"伯"的称谓,母亲的兄弟统称"舅",如果你需要特别说明,可以在"舅"前加"大、二、三"之类的排列顺序加以区别,但"舅"的称谓只有一个。所以,中国尚未牙牙学语的幼儿,坐在摇动的木马上,就会不时地听到木马里传出来的儿歌:爸爸的妈妈叫奶奶,爸爸的爸爸叫爷爷;妈妈的妈妈叫外婆,妈妈的爸爸叫外公。——人口众多的大家族,常常把孩子们搞得稀里糊涂,要一一分辨,一一记忆,一一叫正确,并不是容易的事。

在中西方几大语种的亲属称谓中,只有核心小家庭中的六个称谓即夫、妻、父、母、子、女是相同的,可以一一对应,除此之外便有区别。伯父与"uncle",反映的是中西称谓的不同特点。概括地说,它们的不同主要表现在以下三个方面:中国的称谓表明父系亲族与母系亲族,而西方不表明亲族是父系还是母系;中国的称谓表明直系亲属与旁系亲属,而西方不表明亲族是直系还是旁系;中国的称谓表明尊卑辈份和长幼顺序,而西方不表明亲族的排行顺序,只表明尊卑辈份,不别长幼,法语、德语、俄语、西班牙语都如此。具体说来,中国人亲属称谓制度的基础是九族五服制,主要包括以下两方面的内容:一是由血缘关系发展起来的血亲及其配偶的系统,一是由婚姻关系发展起来的姻亲及其配偶的系统。西方亲属称谓制度的基础是五种血缘关系,即父母、子女、祖父母、孙儿孙女、兄妹。亲属的确定是通过辈分来划分的,每一个辈分为一个等级,每一个等级把这一辈分所含的亲属都包括在内了,例如,我的祖父母辈包含的不仅有我的祖父母,还有我的外祖父母与他们的兄妹,以及从表兄妹之属。这样,中国人的称谓显得相当复杂严密,西方人的称谓则十分简洁宽泛。中西方的这种差别,反映了两种不同的亲属称谓制度。社会学家认为,亲属制度可以分为类分式和描述式两大类。类分式的特点是只计算群体而不计算个人的亲属关系,无论直系或旁系亲属,只要辈分相同,除性别外,都用同一称谓。描述式的特点是直系和旁系亲属称谓各别。中国亲属称谓采用的是以描述式为主的方法,西方则采用类分法。正因为这样,中国亲族关系强调男性继嗣,造成父系亲属称谓在地位上高于母系亲属称谓,直系亲属称谓高于旁系亲属称谓。而英语亲属称谓系统重视核心家庭,突出了核心家庭在整个亲属系统中的位置,使核心家庭与其他亲属家庭的关系比较松散,父系与母系亲属称谓系列比较平衡。

延伸与点评

　　中西方称谓制度不同的深层原因必须从社会的生活方式中去寻找。中国社会从夏商开始出现宗法制,到西周时已经发展完备。宗法思想则集中体现在"家庭"的概念上,以家族为中心,按血统远近区别亲疏的"宗法制"是中国漫长的历史时期里最大的特点。在

宗法家庭里，父亲拥有至高无上的权力，男尊女卑，长幼尊卑严格有序，形成了以家庭为核心向外扩展所建立的社会差序结构，以家庭与家庭的血缘关系为基础，由家扩展到家族，由家族扩展到宗族，以统一的宗法制度，建立等级森严的尊卑秩序。子从父，弟从兄，妇从夫，家长从族长，族长从地方行政长官，完成族权到政权的合二为一，家国一体，皇帝至尊。父亲在家庭里是"君临一切"，君主则是全国百姓的"严父"。宗法制的核心是嫡长子继承制，在一个家庭、一个家族内是如此，在皇室更是如此。家庭家族内争财产，争地位，皇宫内则争象征绝对权力的皇位。这种"立子以贵不以长，立嫡以长不以贤"的原则，使每个人在身处的环境里都需要有一个相当严格并且不可雷同的称谓，否则便容易引起骚乱。"三纲五常"（君为臣纲，父为子纲，夫为妻纲；仁义礼智信）、"三从四德"（未嫁从父，既嫁从夫，夫死从子；妇德、妇言、妇容、妇功）、"五敬"（父义、母慈、兄友、弟恭、子孝）成为宗法关系中的准则和伦理纲常，每个人都拥有自己明确的位置。汉语的亲属称谓系统便是在这个复杂的结构中日益精确缜密完善。到了宋代，出现了祠堂、族谱，后来又流行家谱，它们给每个家族成员定位，按照尊卑长幼排列得井然有序。反过来，也进一步巩固了亲属称谓制度。

与中华民族相比较，西方民族在建构民族国家的过程中，在自然地理环境的制约下所形成的多样性的谋生方式和重商观念，使西方原始社会氏族制度在进入奴隶社会之后便比较彻底地解体了。商品经济的发展，催生了一种与血缘关系不同的商贸关系，社会不再以家族为"细胞"，而是以地区和商贸中心为基本单位，血缘关系被逐步淡化，宗法权利不成为整个社会的缔结力量。从希腊城邦，到雅典城邦，再发展到罗马共和国直至罗马帝国，在近千年的发展过程中，西方民族的建国历史上一直表现出重自由、重个人、重民主、重工商的特点，与中华民族国家起源形式有着明显的差异。以后文艺复兴的兴起，新兴资产阶级以人文主义为指导思想，开展了蓬勃的反封建、反教会的思想解放运动，歌颂世俗、蔑视天堂，标榜理性、取代神启,肯定"人"是现世生活的创造者和享受者,要求文学艺术表现人的思想感情,科学为人谋福利,教育要发展人的个性,要求把人的思想感情和智慧从神学的束缚中解放出来,提倡个性自由。同时中世纪后期开始的商业贸易活动使一部分商人迅速致富。这部分人开始要求改变社会地位。这时的目标已经直指当时的政教合一的社会制度,而另一方面,这种致富的过程又使人们看到了人可以通过自己的努力改变自己的命运,人性开始得到张扬。随后在政治上提出了"上帝面前人人平等"和"自由、平等、博爱"的政治主张,天赋人权这一观点被载入1776年美国《独立宣言》和1789年法国《人权宣言》。人具有天生的生存、自由、追求幸福和财产的权利。人的这种权利是天生不可侵犯的。人们缔结契约制定法律,成立国家(政府),就是要运用公共权力与法律的力量来保护个人的自由、平等、财产和追求幸福的权利。西方社会的发展历史,巨大地影响了亲属称谓系统。因为强调个人,奉行个人主义,不重大家庭,不重人伦,所以在西方很多语言的亲属称谓中,第三代以外的血亲已经不重要,也不设专门的称谓。"女婿"、"儿媳"在英语里分别是"son-in-law""daughter-in-law",强调的是法律的意义,强调男女平等,父系与母系具有同等的地位,所以第三代血亲完全不分父系母系,采用相同的称谓,grandfather 便具有了汉语里"祖父"与"外祖父"双重含义,而 uncle 包括了汉语中父母两方家族中的伯父、叔父与舅父、姨父。强调人人平等而弱化尊卑高下,因此在西方一些主要语言中如法、德、意等,祖孙可以彼此直呼其名,甚至对旁系血亲也可以不用亲属称谓,大家充分平等,以名相称。

时至今日,西方称谓相当稳定,但中国却有了不少变化,从20世纪80年代开始,中国政府执行"计划生育"这一基本国策,一般家庭都只有一个孩子,称谓也变得简单多了。

讨论与思考

1. 中国人为什么会创造"伯父"这一称谓?
2. 怎样从生活方式的角度理解伯父与 UNCLE 这一亲属称谓的差异?

张三、李四与马修·福克斯(一)

张三、李四是中国人常用来指代某某的姓名。中国人的名字由两部分组成,列在名字前面的是姓、后面的是名,张三,张为姓,三为名;李四,李为姓,四为名。姓是一个人最重要的个人特征,是一个家族的印记。中国有本家喻户晓的《百家姓》,收集了最常见的几百个姓。以"赵钱孙李,周吴郑王"这八大姓开篇,以"第五言福,百家

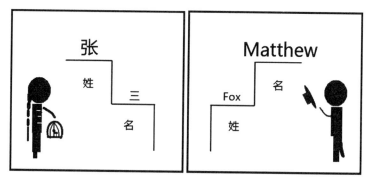

张三、李四与马修·福克斯

姓终"结束,总共记录了 438 个姓氏,其中 408 个是单姓,38 个是复姓,共有 472 个字。这本产生于宋朝的《百家姓》采用四言体例,句句押韵,读起来很顺口,与《三字经》《千字文》相配合,是古代孩子们的启蒙教材。中国人姓氏的总体数量并不大。根据 1996 年北京教育科学出版社出版的由袁义达、杜若甫编著的《中华姓氏大辞典》,我国古今有文字记载的各民族用汉字记录的姓氏曾经出现过 12000

个左右,其中单字姓5000多个,双字姓4000多个,三至九字姓2000多个。此外还有异译、异体字姓氏3136个。今天中国人的姓氏仅3000多个,约2900多个都是单字姓,双字姓只剩下100多个,而三字以上的姓氏已极为少见。据2007年公安部全国公民身份证号码查询服务中心统计结果显示,中国占总人口千分之一以上的最常见姓氏共有133个,而低于总人口万分之一的稀有姓氏约有2800个,其中使用人数最多的姓氏为"王、李、张、刘",最稀有的4个姓氏为"接、伯、脱、须",十多亿人口中84.77%以上的人使用最常见的100个姓。

中国有姓氏的历史很早,大概5000年前就已经存在了,并且逐渐发展扩大。中国姓氏发展变化最明显的就是曾经有过的上万姓氏,慢慢地减少为数千了。汉族人中最常见的姓氏就是《百家姓》中那400多个。大姓兴盛,小姓衰亡。例如南北朝时期,鲜卑族人进入中原后,大量改为汉族的姓,许多非汉族的小姓因此消失。另外,孩子的姓氏普遍随父,生儿生女在姓氏的传承上就颇为不同,由此也会造成部分姓氏的人数减少直至消亡。中国姓氏发展变化还有一个特点,在音节上,复姓越来越少,向单音姓氏转化。这内在的原因是由汉字的一音一字一义的特点决定的。古代汉语中往往一个字就具有独特的意义,足以区分不同的家族,发音简洁明快,记忆方便简单,由繁趋简,所以越来越多地为人们所接受。很多进入中原的少数民族也将原本自己几个音节的姓氏改为汉族的一字姓氏。外在的原因是当时的政治因素。如北魏孝文帝拓跋宏带头将自己的姓"拓跋"改姓为"元",引起鲜卑贵族的响应,纷纷将"步六孤"改为"陆",将"独孤"改为"刘",将"贺赖"改为"贺";唐朝帝王姓"李",很多功臣和归顺的异族首领也都被赐姓李,宋朝赐"赵"姓,明朝则赐"朱"姓。到明朝初年,朝廷更是明确指令复姓百姓改为单字姓,所以,目前剩下的复姓已经为数不多了。

西方人的姓名组合方式与中国人不同,他们是名在前,姓在后。如马修·福克斯(Matthew Fox)是美国电视剧《迷失》中的主角,马修为名,福克斯为姓。西方人的姓氏产生时间很晚,大多数主要民族的姓氏都是到了中世纪中期才开始出现的,在中世纪后期普及。在此之前,人们只有名没有姓,英国大概在11世纪以后开始在贵族中使用姓,法国大概在13世纪时在一些城市中才开始把父亲的教名作为姓世代相传。虽然西方姓氏产生的时间晚,产生的数量却可谓蔚为大观,美国1974年曾经做过统计,姓氏总数已达128万!当然美国是移民社会,来自世界各地的人聚集到一起,必然带来了世界各地不同的姓氏,数量多不足为怪;但据1870年的《伦敦指南》记载,那时候英语姓氏已有约15.6万个,而当时英国人口不过1500多万,几乎相当于每百人就拥有一个姓氏,远远多于中国人的姓氏数量。法语的姓也有20多万。

延伸与点评

中国与西方人姓氏的起源不尽相同,中国人的姓氏主要来源于以下几个方面:一是来自居住地、封国、封邑。《史记》记载,黄帝因为在姬水边长大,就姓"姬",而炎帝住在姜水旁边,就姓"姜"。以后的如"杜"、"郎"、"东郭"、"西门"、"郭"、"蔡"、"曹"等等都是。春秋战国时期的诸侯国齐、鲁、晋、宋、郑、吴、越、秦、楚、卫、韩、赵、魏、燕、陈、蔡、曹、胡、许等,都成为今天常见的姓。时至今日,一些弃婴被送到孤儿院后,也常用孤儿院所在地的地名作为该孤儿的姓氏,如位于"珠海"的姓"珠",位于东莞的姓"莞"等。二是取自先人的名字、庙号、谥号等。按照宗法制度,公族只包括各代国君的近亲三代,公孙的儿子就不再属于公族而必须另外立氏。这些贵族子孙便多用其王父或者祖父的字作为自己的姓氏。如春秋时吴国的伍子胥,名员(yún),他的孙子便以祖父的名作为姓氏,出现了新的姓氏"员"。用祖父的字作为氏最为常见,是新的姓氏的一大来源。现在一些父母也会用父母两人的姓氏合在一起形成新的姓作为孩子的姓,如"李王"、"刘杨"等。三是取自先人的官职、爵位。如"钱"姓是黄帝的孙子颛顼的后人。颛顼的曾孙叫陆终,陆终的一个儿子叫彭祖,彭祖的后人中有一人名叫孚,担任过周朝钱府的卫士,负责国家的财政赋税,他的子孙就用这个官职来作为姓氏。清朝的文学家钱谦益,学者钱大昕等都是这一姓氏的后代。另外如"籍"、"谏"、"库"、"仓"、"军"、"厨"、"公"、"尉"、"史"、"仆"、"上官"、"司马"、"司空"、"司徒"、"司寇"等,有人统计,大约有将近100个姓氏都是从官职来的。四是取自当时的重大事件,如秦始皇登泰山筑坛祭祀,突然风雨大作,只能躲避在五棵松下。事后,秦始皇封这五棵松为"五大夫松",随行的臣子就有人用"松"作为姓氏。西汉时的一位丞相叫田千秋,深得汉武帝敬重,因其年事已高,汉武帝恩准他乘车出入宫禁,大家因此称他为"车丞相"。他本人就改姓"车"以谢皇恩。五是取自某种职业、技艺,如"陶"、"巫"、"卜"、"屠"等。六是取自兄弟排行次序或者其他亲属辈分次序及家族次第,如"伯"、"仲"、"叔"、"季"、"孟"、"仲孙"、"太叔"、"第三"等等。除了这些姓氏的来源外,还有为了避难、避祸而改姓,因为字形、字音的变化而改变,还有用天干地支来作为姓氏的,以动物图腾、数字、季节、方位、气候、花木等等为姓氏的,以及古代少数民族融合到汉族中带来的姓等等。

西方人的姓氏中有少量可以和中国汉族人的姓相对应,如牛——Bull,陶——Potter,米——Rice,屠——Butcher,但更多的姓在汉语里是不可能存在的。除了有跟中国人相似的一些姓氏来源,如地名、职业、官职爵位、动植物名等外,还有以人体生理特征、居住地地貌、事物或物体的名称以及其他一些抽象的名词、常用的形容词、动词或者合成词等作为姓氏的。中国人熟悉的美国 The Carpenters 乐队是由姓 Carpenter 的兄妹俩组成的,这姓源于职业——木匠;也是上世纪80年代末的美国还涌现过一个叫"Mr. Big 乐队",而在这个世纪美国红火一时的连续剧 *Sex and City* 里女主角之一的 Carrie 真正爱上的男人也姓"Big",这个姓就是形容词"大"。演过89部电影的美国著名演员 Paul Newman,他的姓则由

"New+man"（新人）合成。而曾经让红尘男女无比羡慕的一对佳人 Tom Cruise 和 Nicole Kidman，男的姓"巡航，航游"，女的姓"制作小山羊皮制品的人"。美国前父子总统 Bush，意思是"灌木丛"，也有"蓬乱的头发"的意思；美国前国务卿赖斯姓 Rice（稻米）。英国人 John Lennon，披头士乐队的灵魂，摇滚之父，他的姓来自爱尔兰，意思是"戴帽子穿斗篷，形体很瘦的人"；IT 奇才、世界首富、捐献了所有财产从微软公司退休的 Bill Gates，姓的竟然是"Gates"（很多大门），Harrison Ford 的姓"Ford"则源自地貌"要塞、堡垒"。凶残狠毒的人就姓"Wolf（狼）"，忠实厚道的人就姓"Bull（牛）"，瘦高个姓"Long（长）"，腰宽背圆的就姓"Broad（宽阔）"；屠夫姓"Butcher"，渔夫就姓"Fisher"；秃头的姓"Bald"，褐黄头发的就姓"Brown"；霜（Frost）雪（Snow）雨（Rain）水（Water）可以为姓，金子（Gold）银子（Silver）石头（Stone）玻璃（Glass）也是姓；可以 Bellow（咆哮怒吼），可以"Chase（追逐）"，可以"Stow（贮藏）"，还可以"Tout（招徕）"。而前文提到的福克斯这个姓的意思是狐狸。西方人姓氏的来源有两个典型的特征：宗教与个性。首先，西方人没有宗法制的历史经历，却一直熏陶在宗教的气氛里。因而他们的很多姓氏直接来源于教名，带有浓重的宗教色彩。如 Grace（感恩），Elizabeth（上帝的誓约），Adam（源自希伯来语，天下第一个男人），John（源自希伯莱语，上帝仁慈的赐恩）。其次，在选择姓氏时十分自由，突出个性。当欧美国家的民族开始并普及姓氏的时候，已经是城市资本主义全面发展的时期，个人作用远超过大家族的作用，个人地位非常突出，为张扬个性，大家都各显神通，随心所欲地给自己定"姓"，很少有什么限制。

有这样一个实例，一个外国留学生到了中国，他在中国起了一个名字叫邓小平，这对中国人来说实在是难以想象的。不过，如果知道西方人喜欢用英雄、伟人等名人之名及家中祖辈之名作为一个人的姓名，那就比较容易理解了。

张三、李四与马修·福克斯(二)

除了姓氏来源上的差别,中西姓名文化差异还有许多重要的表现。首先是姓名的组合方式。中国人与西方人的姓名都是由姓与名两部分组成的,不过组合的方式却不相同,中国人是姓在前,名在后,西方人则是名在前,姓在后。中国的"张三"、"李四"到了英国或者美国,往往要将名字写成"三·张""四·李",这样你才会被称呼为"张先生"、"李女士",如果还按中式的写法不变,你就成为"三先生""四女士"了。而马修·福克斯到了中国,也得对自己的姓甚名何做一番交代,否则,中国人也不一定知道该怎么称呼对方。这种麻烦的直接来源是中西方姓名的排列不同。中国汉族人的姓名连名带姓就两个或者三个汉字,如成龙、李连杰;少数复姓的会有四个汉字,如申屠兰珍,上官永芬等等,四个以上的汉字则少见。而西方人的姓名排列一般是名在最前,后才是姓。也有的中间有个小圆点,圆点前有个大写字母,如前任美国总统 Geoger Walker Bush,也可以写成 Geoger W. Bush,写成汉字就是"乔治·沃克·布什"。英文姓名写起来是长长的一串,用汉语音译,一般都要超过三个汉字,四五个汉字算是短的,长达十多个汉字也不少见。对中国人来说,看欧美小说的时候,记名字是一大痛苦。所以,中国很多人知道美国的 CK 时装,却不一定知道 Calvin Klein;女人都会迷恋来自法国的迪奥或者 CD 香水,却不一定知道 Christian Dior。

这种名与姓截然相反的排列顺序,体现了两种不同的价值观念。中国姓前名后的组合方式,突出的是整体。五千年前,中国汉族已经开始用姓来表明部落世系,区别血缘婚姻。姓的出现是原始人类逐步摆脱蒙昧状态的一个标志,它强调的是按血缘组织起来的家族。这种意识,即使到了封建社会,宗法依旧还有余势,影响依然存在。它促成了家国一体的社会制度,崇祖敬宗,权力世袭。在这样的社会制度和价值观念影响下,家国名号对每个人来说都是至关重要的。认宗认祖,寻根问祖,凭的就是姓氏,所以,一个人的姓氏比名字重要得多。这就决定了中国汉族人的姓名,总是姓在前而名在后。陌生人见面时,总是先问"您贵姓",而不似西方人问的是"What's your name",先问名,后问姓,与名相比,姓的地位显得就比较低。西方人的名字就历史发展的先后而言,是先有名后有姓,所以,姓在英语中称为"surname",开始时写成"sirname",就是指贵族才有的名字。在美国加拿大,被称为"last name",就是全名中的最后一个名。在德国,"姓"也被称为"Nachname"(后置名)或"Zuname"(附加名),完全没有中国汉族人"姓"稳居第一的地位。许多国家,姓的形成与血缘、宗族等关系不大,即使建立了关系,历史也不长久。造成名先姓后的还与西方社会的突出个人的价值观相关。古希腊罗马时期,西方国家的先民们认为名字是一个人的灵魂,在取名字或者改名字的时候,都要举行隆重的宗教仪式。甚至不能随便让人知道自己的真实名字,尤其是不能让坏人或者魔鬼知道,要严格保密。一般情况下都用假名,特殊的及特别重要的场合才用真名。名字就如同一个人的生命,在这样的宗教观念下,名字自然是放在第一位的。而注重突出一个人的名字,是同突出一个人的个性、突出一个人的独立人格、突出一个人的主体意识一致的。姓,维系的是一个整体,名,突出的是一个个体。由此,对西方人来说,先名后姓也是顺理成章的。从排列上说,名在前,姓在后;从时间上说,先有名,后有姓。

需要说明的是,构成姓名的部件中西方人是不同的。中国人说名字的时候,事实上是"名"和"字"合二为一了。除了"名"和"字"外,有的人还有"号",这是世上独一无二的现象。名、字、号早在周朝的时候已经出现。据《礼记》的说法,孩子生下来三个月要取名,这是幼名;到了二十岁戴冠成人,要娶妻生子,再直呼其名就不太礼貌了,所以要取字来代替名。不过,男子二十岁取字,女子一般十五岁许嫁后才取字,之前称为"未字",也可以说"待字闺中"。对小辈或者地位低下的人称名,自己也用名表示谦逊;朋友间或者对地位高的及对长辈称字,表示尊敬;所以字用得比名还多。另外还有号,也是尊称,如陶渊明,姓陶名渊明,字元亮,号"五柳先生"。这种习惯延续了三千年,直到20世纪初"五四"新文化运动后,字号的使用才普遍消失。而西方人说的 name,包括有 first name,second name,last name;有 given name,middle name,family name;有 full name。中国人说的姓名,应该是他们的 full name;中国人说的姓,应该是他们的 last name 或者 family name;他们的 first name 或者 given name,才是中国人说的名。而中国人说的名字的"字",是中国人独有的,西方人不曾有过这样的"字"。西方人的 second name 或者 Middle name 也是中国人所没有的。

在传统的汉族人名中有"族名",这是中国人名的一个重要特点,族名是宗法制度的反映,体现的是宗族内部的人伦关系,它往往根据辈分用字来定,如一个大家族里"瑞"字辈的孩子们都在名前加上"瑞"字,"瑞团"、"瑞燕"、"瑞铭"、"瑞东"、"瑞忠",这些孩子不一定是一家里的亲兄弟姐妹,但一定是一个家族内的堂兄弟姐妹。最著名的就是孔氏家族,明代皇帝朱元璋、清代乾隆皇帝、道光皇帝都为孔家钦赐过辈分字,最近几代他们的族名就有"希"、"言"、"公"、"彦"、"承"、"弘"(宏)、"闻"、"贞"、"尚"、"胤"(衍)、"兴"、"毓"、"传"、"继"、"广"、"昭"、"宪"、"庆"、"繁"、"祥"、"令"、"德"、"维"、"垂"、"佑"、"钦"、"绍"、"念"、"显"、"扬"、"昭"、"宪"、"庆"、"繁"、"祥"、"令"、"德"、"维"等,每代子孙用一个族名。《红楼梦》里的贾府人物取名也按辈分,但没有用特别的族名,而是在名所用的汉字上反映出来。如玉字辈中的贾宝玉、贾琏、贾环等的名都带"玉"旁,文字辈的名都带反"文"旁,草字辈的名都带"草"字头。而西方人的名字深受宗教文化的影响,大多数西方人不管信教还是不信教,给他们的子女起两个名,首名和中名,如果信教,还要受洗,有的由牧师给孩子命名。中名也叫做教名(Christian name),大多来自《圣经》,根据统计资料,2006年在美国排前十位的男子名为:Jacob, Michael, Joshua, Ethan, Matthew, Daniel, Christopher, Andrew,

Antony,William。这十个名字中前六个都出自《圣经》。

　　起名字实际上是个名实问题,西方人起名字常常在认识论的范围内进行的,但中国人却赋予姓名以社会伦理的意义,使之具有"上以别贵贱,下以辨同异"的双重功能。从周朝实行宗法制以来,姓氏从一个简单的区别不同的族与族、家与家、人与人的标识和符号,演变成了一个具有极高附加值的等级、门第标识。魏晋南北朝时期,统治者为了得到豪门大族的支持,制定了"九品中正制"作为选拔官吏的制度。这"九品"的评定,主要就是根据门第家世,由此建立了极为森严的姓氏等级制度。《百家姓》以赵钱孙李为开头,这不是随心所欲的产物,而是颇为讲究的。"赵"姓排在第一位,就是因为宋朝是赵家的天下。在中国的姓氏中,有一种是帝王的赐姓,既有赏赐给功臣的皇家国姓,如唐朝赐李姓,宋朝赐赵姓,明代赐朱姓,也有赐恶姓来惩罚叛逆、异己的,如梁武帝将背叛自己的萧氏改为背氏、悖氏。一旦被赐予国姓,下等人就成了上等人,就可以飞黄腾达,享受荣华富贵;而一旦被赐予恶姓,上等人也成了下等人,被打入冷宫,风光不再。因为姓氏有贵贱之分,所以起名字就有避讳之说,回避君父尊亲成了制度,并写进法令条文。其中影响最大的自然就是避君讳,臣民如果冒犯了君王的姓名,则为"大不敬",轻者遭惩,重者被斩首。为了避高贵的君王之讳,人名、物名、地名甚至姓氏都得改。如西楚霸王项羽名"籍",当时姓籍的人都改为姓"席";东汉明帝名"庄",当时姓庄的人改为姓"严",连老庄,都被称为"老严"。爱国英雄、著名教育家、诗人丘逢甲,很长时间里人们都认为是"邱逢甲",事实上,台湾丘氏家族也是为了避孔子——孔丘的讳,在清雍正皇帝下了禁令后改姓"邱"的。而西方人常常把名字看成是一个符号,看成是这个人区别于其他人的标识,是为了区别、便于记忆才有名字的,他与人的高低贵贱、与人的道德品行无关。中国动物中的"狐狼虫蛇鸡鹅猫狗"原来都被用作姓,后来逐渐被淘汰了,"狗"变成了"苟","猪"变成了"朱","狼"变成了"郎"。而西方福克斯这个名字相当于狐狸,也可以指狡猾的人,但它并没有因此而被摒弃,意思为狼的"沃尔夫"、为走禽的"伍德科克"都是西方人的常用名。西方人也不讲避讳,中国人"子不名父母,臣不名君上",但英国首相丘吉尔(Sir Winston Leonard Spencer Churchill)的父亲叫伦道夫·丘吉尔(Randolph Churchill),首相的儿子叫伦道夫·丘吉尔(Randolph Churchill),祖孙同名;美国总统富兰克林·罗斯福(Franklin Delano Roosevelt)的第三个儿子也叫富兰克林·罗斯福,父子同名。美国还有老布什和小布什总统,都叫乔治。西方人也不避丑恶,小偷、大头、毛胡子、胖子都可以是一个人的姓。

中西方姓名文化的差异还不止这些,作为历史演进与文化传统的折射,对它们的追问可以延伸到哲学社会科学的更多领域。

讨论与思考

1. 简单介绍中西方人的姓名组合方式。
2. 请列举中西姓名文化差异的重要表现。
3. 中西方人的名字体现了什么样的名实观?

四、科技生活

算盘与计算器

算盘是中国传统的计算工具,它与火药、活字印刷术、造纸术、指南针一起被称为中国的五大发明。① 算盘为长方形,多为木制,四周用木框组成,框内排列一串串同等数目的木珠,中有一道横梁把珠统分为上下两部分,上部分为两个珠子,每个珠子相当于"5",下部分有五个珠子,每个珠子为1。上下珠子的内部用柱子串起,俗称"档",档数并不统一,有9档、11档,还有15档。现存的算盘形状不一、材质各异,上海有一家"陈氏算具陈列室",收藏了1500多件算盘,水烟筒、戒指、腰带、时钟、日历板、泥人、笔筒都成了算盘的形状,2000年被载入了吉尼斯纪录。在长期使用算盘的过程中,中国人总结出许多计算的口诀,使计算的速度越来越快,计算时人们一边用手拨动珠子,一边嘴念着口诀,相对一般运算来看,熟练的珠算不逊于计算器,尤其在加减法方面,这种用算盘来计算的方法叫作珠算。使用算盘和珠算,除了运算方便以外,还是锻炼人的大脑的一种好方法。算盘究竟什么时候发明的,说法不一,但最晚在元末的时候已经产

---

① 参见《万物简史》,第96页,陈鹰翔著,大众文艺出版社2005年出版。

四、科技生活

生。1366年陶宗仪的《南村辍耕录》记载了元代典章制度、艺文逸事、戏曲诗词、风俗民情、农民起义等史料,就有珠算盘的明确记载,书中在为一条谚语作注时说"算盘珠,拨之则动",与现代人说的"像算盘珠——拨一拨,动一动"意思十分相近。"算盘"还进了元代的戏杂剧,《庞居士误放来生债》中有一句唱词就是"去那算盘里拨了我的岁数"。算盘的前身是算筹,算筹是一种古老的计算工具,至今大概有3000年了。古代的算筹实际上是一根根同样长短和粗细的小棍子,多用竹子制成,也有用木头、兽骨、象牙、金属等材料制成的,大约二百七十几枚为一束,放在一个布袋里,系在腰部随身携带,需要记数和计算的时候,就把它们取出来。用算筹来计算的方法称为筹算。在算筹计数法中,以纵横两种排列方式来表示单位数目,其中1—5均分别以纵横方式排列相应数目的算筹来表示,6—9则以上面的算筹再加下面相应的算筹来表示。表示多位数时,个位用纵式,十位用横式,百位用纵式,千位用横式,以此类推,遇零则置空。这种计数法遵循十进位制。算筹可以一面摆成数字,一面进行计算,它的运算程序与珠算程序十分相似,例如加减法都是从左边一位开始的。算筹也有口诀,春秋战国时已经有乘法口诀表,到宋代产生了筹算的除法歌诀。筹算与古人的生活十分密切,唐代时曾经规定,文武官员上朝一律携带算袋,在中国的文字里也留下了筹算的痕迹,成语"运筹帷幄"就是一例。在长期使用算筹进行计算的过程中,人们逐渐发现把算筹摆来摆去比较麻烦,就开始变革,变革的结果就是算盘的产生。算盘产生后,陆续传到了日本、朝鲜、印度、美国、东南亚等国家和地区。被称为"日本资本主义之父"的涩泽荣一将自己的成功归结为《论语》与算盘的运用,从一个侧面说明了算盘被传播的程度。

还在中国人继续用算盘来运算的时候,西方人开始使用计算器了。计算器一般是指"电子计算器",可以将其看做是"电子计算器"的简称,该名词由日文传入中国,美国的百科全书给它下了一个定义:一种对于使用者键入的数字可立即进行数学运算的装置。它结构简单,功能较弱,拥有集成电路芯片,是能进行数学运算的机器,被认为是必备的办公用品之一。所有的计算器都有一个键盘可以输入数字、命令或文字,除了桌上型外,其他形式都有一个可以显示数字或文字和符号的显示幕。根据功能不同,电子计算器可以分成三种类型,一种是算术型计算器,可进行加、减、乘、除等简单的四则运算,又称简单计算器;一种是科学型计算器,可进行乘方、开方、指数、对数、三角函数、统计等方面的

运算,又称函数计算器;一种是程序计算器,可以编程序,把较复杂的运算步骤贮存起来,进行多次重复的运算。计算器的大小相差很大,从桌上型进展到手掌型,小的相当于一张信用卡那么大。

17世纪初,西方国家的计算工具有了较大的发展,其中包括英国数学家纳皮尔(John Napier)发明的"纳皮尔算筹"、奥却德(W. Oughtred)的圆柱型对数计算尺,它们带动了计算器的发展,也为现代计算器发展奠定了良好的基础。1642年,年仅19岁的法国伟大的科学家、哲学家帕斯卡(Blaise Pascal)引用算盘的原理,发明了第一部机械式数字计算器,在他的计算器中有一些互相联锁的齿轮,一个转过十位的齿轮会使另一个齿轮转过一位,人们可以像拨电话号码盘那样,把数字拨进去,计算结果就会出现在另一个窗口中,但是只能做加减计算。它为以后的计算机设计提供了基本原理。1694年,莱布尼兹(Gottfriend Wilhelm von Leibniz)在德国将其改进成可以进行乘除的计算。此后,一直到19世纪50年代末才有电子计算器的出现。计算器与电子计算机有所不同,最大的区别在于:计算器只是简单的计算工具,有些机型具备函数计算功能,有些机型具备一定的贮存功能,但一般只能存储几组数据。计算机则具备复杂存贮功能、控制功能更加强大。

四、科技生活

延伸与点评

尽管算盘也是计算器,但与电子计算器相比有很大的不同,最突出的是思维文化的差异,前者偏重实用,后者注重理性;前者相信具体物质,相信人的经验,后者相信法则、相信公理。在电子计算器的显示幕上都有数学符号,它们都是在 16 世纪之后被发明的。初学者对数学符号常感到麻烦,但对于专家而言显然很方便,因为符号是对具体事物的抽象,虽然它们的表示方式很简单,但蕴含的意思可能很复杂,大量的讯息被极度压缩。那些可以编程序的计算器,通过储存原先输入的一连串命令,就可以对以后输入的不同参数进行运算,这是一种逻辑的运用。而算盘的运算方式十分直观,加加减减靠手指的拨动就可以了,非常实用。当然算盘的实用主要讲的是用于干什么。中国有一本关于珠算术的书流传很广,叫《算法统宗》,为明代程大位所著,全书共 17 卷,有 595 个应用题,所有计算都用珠算进行。该书载有算盘图式和珠算口诀,并举例说明如何按口诀在算盘上演算,书中绝大多数的问题都是从其他数学著作中摘取出来的,公元 1450 年吴敬的《九章算法比类大全》就是其中的一部。这部书汇集了一千多个应用问题的解法,是对成书于汉代的古代算经《九章算术》的注解,全书按问题的性质分成几章,内容有:田亩面积计算;不同谷物粮食的按比例折换;物资的按等级分配;已知面积、体积求一边长和径长等;土石工程中各种体积的计算;赋税的合理摊派;盈亏问题的解法等。根据李约瑟(Joseph Terence Montgomery Needham)的看法,这种从实际问题出发,提供数学解决方法的传统,"支配着中国计算人员一千多年的实践"。在这些发达的实用计算背后,理论研究的支持明显不足。与西方数学相比,中国缺乏与数学无关的纯粹依靠公理、公式来进行证明的几何学。几何学是从土地测量的实际需要中产生的,但它舍弃了物质所有的其他性质,只保留了空间形式和关系作为自己研究的对象,因此它是抽象的。这种抽象决定了几何的思维方法,就是必须用推理的方法,从一些结论导出另一些新结论。定理是用演绎的方式来证明的,这种论证几何学的代表作,便是公元前3世纪欧几里德(Euclid Alexandria)的《原本》。几何学的非实用性质,可以从欧几里德的一个故事得到证明:有一个青年要拜他为师,第一句话就问,学几何有什么用处,于是欧几里德就对仆人说,给这位先生3元钱,因为他想从学习中得到实惠。几何学在古希腊有特殊的地位,特别适合于希腊气质,可以说希腊人本质上是几何学家,对任何科学史的叙述,都不应跳越几何学。柏拉图(Plato)这样说,"任何科学理论都只能建立在几何学的概念和模式上。"当然事情不能绝对,中国古人独立地得出了几何学中的勾股定理,凭借的不是推理,而是一张格子图,他们借用不同图形的相关排列,就把它清楚直观地展示出来了。

算盘与电子计算器代表着不同的文化,虽然算盘在中国逐渐退出了实用领域,但两者的交融认同却没有停止。计算器在中国越来越普及,算盘在西方也日益受到更多的人的关注。

讨论与思考

1. 简单介绍算盘与计算器的功能与计算方法。
2. 就思维的意义分析算盘与计算器的特征。

刻漏与机械钟

漏是古代中国人的习惯用语,作用相当于现在的"钟"。刻漏以壶盛水,常常几个连在一起,上边的几个壶底都有小孔,以便上面的壶装满水后,利用水向下均衡滴流的方法逐级向下滴,最下边的壶中有一直立的浮标,上有刻度。漏壶就是根据水位高低使浮标升降,观测壶中刻度来计算时间。漏不少是用铜制成的,所以也叫铜

四、科技生活

漏。其实,漏壶是人们认识时间达到一定阶段的产物,最初古人计时,是把日常生活中的常见现象作为依据。日上三竿,说的是太阳升起来离地已有三根竹竿那么高,大约为午前的八九点钟;鸡叫三遍,是说天亮了。当然这是相当模糊的计时法。后来,中国发明了日晷,这是一种利用太阳测定时刻的计时器,它是一个大圆盘,上面刻着子、丑、寅、卯、辰、巳、午、未、申、酉、戌、亥,中间有一个标杆,标杆的影子随着太阳的移动停留在不同的刻度上,根据刻度来计算时辰。日晷的最大局限是只能用于白天、晴天。据说在周代或周代前,出现了用青铜制的"漏壶"。漏壶可以不分白天夜晚、不分晴天、雨天计时,但滴水的速度受温度影响有变化,因而计时多有误差。但晴天时可以用日晷校正。无论宫廷和民间,古人夜里都是根据刻漏发布的标准时间来敲梆子、报更的。后来还出现了沙漏,它由上下两个相同的瓶子组成,中间用小口连在一起,上部瓶子所盛的细沙通过中间小口慢慢流入下部瓶中,这样上部瓶子细沙的平面渐渐降低,瓶子时间刻度就能显示出时间。这种用细沙来代替水和水银的沙漏增强了计时的精确性。

钟表与日晷、沙漏一样,都属于计时器的一种,但日晷、沙漏不属于"钟表"概念的范畴,因为钟表计时的原理是通过能够产生振荡周期的装置来计算时间。明末清初,欧洲传教士来到中国,他们带来的洋货吸引了比哲学、科学和教义更多的中国人,其中最典型的就是自鸣钟——机械钟表。16世纪利玛窦(Matteo Ricci)到中国,送给万历皇帝两只自鸣钟,一大一小,大钟鸣时,小钟鸣刻,按时自动击打。据说皇帝表现出一种按捺不住的好奇。钟表的发展有相当长的历史,经历了从早期天文计时器中逐渐脱离、从大型的报时钟向微型化过渡,到腕表的发展和电子技术运用等不同阶段。近代欧洲钟表技术的发展就有革命的意义,14世纪在英、法等国的高大建筑物上出现了机械报时钟,其中最早的是1335年意大利米兰教堂的大钟。公共时钟的出现,使机械钟第一次进入人们的日常生活。钟的动力来源于用绳索悬挂重锤、利用地心引力产生的重力作用,使锤有规则地间歇下落。15世纪末、16世纪初出现了铁制发条,使钟有了新的动力来源,也为钟的小型化创造了条件。以后的意大利人伽利略(Galileo Galilei)建立了著名的等时性理论,也就是钟摆的理论基础。荷兰的科学家惠更斯(Christiaan Huygens)应用伽利略的理论第一个设计了用摆来调节的计时器,1675年,他又用游丝取代了原始的钟摆,形成了以发条为动力、以游丝为调速机构的小型钟,同时也为制造便于携带的袋表提供了条件。18世纪是怀表发展的黄金时期,怀表的走时精度达到了一个高水平,可用秒针计时。后来,在一些女性手镯或项链上安装了小巧的怀表作为装饰,它是腕表的雏形。在第一次世界大战中,为适应作战的需要,改变从口袋中拿出怀表才能得知时间的习惯,钟表厂家就开始生产能够系在手腕上的怀表款式,1926年,劳力士表厂制成的防水的腕表表壳获得了专利。随着新技术的运用,腕表具备了更实用的防磁、防震等性能,真正意义上精确和耐用的计时工具出现了。

延伸与点评

不要因为西方钟表业的发达而产生误解,认为机械钟起源于欧洲。其实中国制造的机械钟要早于欧洲,元朝初期的1266年,中国科学家郭守敬创制了"七宝灯漏",它是世界上第一座大型机械自鸣钟,具备了显示小时和分钟、报时、调节走时快慢等功能,用流水作为动力带动钟表的齿轮转动。事实上,还可以把钟表起源的时间前移。英国著名的科技史学家李约瑟(Joseph Needham)在《中国科学技术史》中讲到,当西方的钟表在17世纪初进入中国的时候,其实它们装配的"擒纵机构"的雏形已经出现在600年前的中国。公元

四、科技生活

1088年,中国宋代科学家苏颂和韩工廉等人制造了巨型机械装置——"水运仪象台",可以使用机械计时器来计时报时,其中的"擒纵装置"是机械钟的核心技术,这一成就使爱因斯坦感到惊讶,世界上也因此认为中国是最早发明机械钟的国家。

问题是,领先于欧洲的中国计时装置为什么14世纪以后会被反超,欧洲钟表技术会大大领先于中国?其中一个很重要的原因与科学技术研究的主体有关。西方近代科学技术的大发展,很大程度上得益于一支注重独立追求、最大限度地摆脱各种世俗事物干扰的纯科学家队伍,而古代中国则缺少这样一支队伍。"士商工农"是中国传统经济中的几大群体,他们被称为国家的基石,但科学家不在其列;一部二十四史,有帝王将相、文人学士、贞女烈妇的专门记载,却没有科技发明家的专门章节。之所以出现这种情况,不是说中国古代没有科技发明家,而是取决于他们在中国古代社会中的地位、作用。科学家一般被列入知识分子的范围,最接近于中国说的"士"。"士"这个称呼在中国起源很早,先秦典籍中有多种含义,男子可以称士,商周时期泛指包括诸侯在内的各级贵族。在多数场合,士是指具有一定身份地位的担任一定社会职务的特定社会阶层。春秋战国时期,出现了新的士,他们在学术上是有独立见解的人,活动的领域也很广。在当时社会中最引人注目的是四处奔走的游说之士和讲学的文人学士,他们兴起私学,使士在一般意义上成为以读书为功名的文士了。秦汉以后,士一方面是读书人的代名词,一方面成了官僚集团的代称,处士、士人、士大夫、士族,表明士的内容有进一步的变化。但从春秋战国以来积淀下来的、基本被社会接受的是这样一种概念,士是独特的社会阶层,它主要指的是儒家化或官僚化的读书人。封建时代的知识分子要干一番事业,要改造社会,必须先做官,然后才有可能实现自己的抱负。中国封建知识分子走的是一条学而优则仕的道路,平时学习、研究的是治国平天下之道。游说诸侯王公也好,参加科举考试也好,靠的也是治国平天下之道,一生学的、说的、做的都是天下国家的大事,他们不谈问题则已,一谈就必然从国家立场出发,政治问题如此,经济问题也如此。一个很有意思的现象是,中国许多大科学家常常是一身兼两任,张衡发明了地动仪、浑天仪,官至尚书;被李约瑟博士称为"中国科学史上最奇特的人物"的沈括,出任过管理全国财政的最高长官三司使;数学家、天文学家、圆周率之父祖冲之做过水校尉,受四品俸禄;著名医家张仲景写了《伤寒论》也当上了太医令。这种状况在西方是为数不多的。

钟表的发明、发展在西方社会发展的历史中曾起过十分重要的作用。文化史家认为16世纪欧洲新发明中,钟的作用最大,它不仅给人一种秩序观念,还给人一种有规律的时间观念,这些观念在经济生活里改变了人们对工作和休闲的态度,城里人的作息时间不再以日落日出作为计算的标准,到处都有时钟,到处提醒人们"时间就是金钱",促进了工业生产的思想和组织上的变化,工人的工作跟着刻板的机器运转,机器则听时钟的指挥,时钟成了人们生活的主宰。相比之下,时钟对近代中国的影响没有那么大,它并没有进入百姓的日常生活,而只是作为可爱的玩具,时钟在乾隆年间最大的一个用处不过是要大臣上朝守时的物品。

显然一种计时器被接受,主要不是取决于人的爱好,它在本质上是一种生产方式的选择。

四、科技生活

1. 什么是漏？漏与时钟有什么不同？
2. 为什么说接受漏或时钟本质上是一种生产方式的选择。

"妈妈的爱"与"健力士啤酒"

"妈妈的爱"与"健力士啤酒"是人们比较熟悉的两则广告。第一则广告"妈妈的爱"是美国强生公司为强生婴儿产品进入中国市场在中国登出的，广告出现了一系列的温馨场面，有邓亚萍母女间的温情互动，有邓亚萍婴儿、儿童时代的成长记录，有邓亚萍妈妈全身心的关爱等画面，还有邓亚萍在运动场刻苦训练的场面和获得成功的精彩画面。与画面相配合的文案是"只要你正直、善良、脚踏实地，坚持或放弃妈妈都支持。要做就要做得最好，在别人眼里你是冠军，在我眼里你永远是孩子"，十分动人。同时，伴随着恰当的音乐银幕中传出的"妈妈的爱从你出生的那一秒起"的甜美歌声，强生婴儿为"妈妈的爱"喝彩的画面大量出现，使广告主题很好地与其产品产生关联。强生公司的这个广告被视为优秀的广告作品。

另一则广告"健力士啤酒"是英国的，曾获得多次奖项，如戛纳全球大奖、克里奥全场大奖等，广告画面以英文 noitulove 为标题，它是"evolution"的倒写，是退化的暗射。画面首先出现了在酒吧品尝

健力士啤酒的三个男子,同时在画外音出现的是"生命的节奏快得惊人"。随后画面出现回放,他们从酒吧倒退而出,先从街上倒退进入森林,又从森林退入到史前史和恐龙原始时代,穿越自然衔接的数百年、数千年、数万年的历程,他们3人也快速地从现代人变成原始人,并由原始人退回到人猿、恐龙、鱼类和低等生物。最后伴随着结尾语"只要肯等待,好事自然来",画面亮出了健力士啤酒。整个广告想说的是,男人如果离开了健力士啤酒,就会像画面所显示的那样,导致人的退化,男士的进化不能离开健力士啤酒。

强生的"妈妈的爱"与"健力士啤酒"都属影视广告。影视广告的历史不长,不过上百年的历史,但它毕竟是广告的一种形式。而广告则有很长的历史。在中国很早就有这方面的记载,《晏子春秋》中讲到,齐灵公喜欢宫内女子穿着男人的服饰,宫外的女子纷纷仿效,灵公派遣官吏禁止,但屡禁不绝。晏子说,齐灵公的做法就像是挂牛头卖马肉。韩非子也描述了宋人卖酒的场面,"卖酒公平,对客人殷勤周到,酿的酒又香又醇,店外悬挂的酒旗迎风招展。"这里的牛头与酒旗就是早期的户外广告。前者算是实物广告,后者为悬帜广告。还有其他一些广告形式。古代的商业设施相当简单,店家常常在店门口挂个牌匾,上面写上店铺的字号或标示所经营商品的招牌,对不识字的顾客,还可以用图形广告。唐朝有一个刀铺老板,不会写字,就画了一个刀斩铁索的图形作广告,效果相当好。汉语中有个词叫"幌子",这个词现在是贬义词,比喻进行某种活动时所假借的名义,"幌子"指布幔,后被引申为酒旗。古时酒店用酒旗招徕顾客,酒旗也称"幌子"。后来加以引申,凡商店为招徕顾客在门面上展示的标志,统称为"幌子"。幌子不限于某一类物品,商店的实物、实物的模型、商品的附属物、灯具、文字牌匾等都在其列。随着中国印刷术的发明,北宋时期济南刘家针铺,用雕刻的铜版印广告,广为散发,比英国的第一个出版商威廉·凯克斯顿(William Caxton)在1473年为宣传宗教内容的书籍而印刷的广告早三四百年。不过,西方的广告可以追溯得更早,世界上最早的文字广告,现存于英国博物馆中,是写在沙草纸上的埃及尼罗河畔的古城底比斯的文物——公元前1550—1080年的遗物,距今已有3000年的历史。文物记载了一名奴隶主悬赏缉拿逃跑的奴隶的广告,同时奴隶主也为自己作了广告,内容如下:"奴仆谢姆(Sham)从织布店主人处逃走,坦诚善良的市民们,请协助按布告所说的将其带回。他身高5英尺2寸,面红目褐,有告知其下落者,奉送金环一只;将其带回店者,愿奉送金环一副。——能按您的愿望织出最好布料的织布师哈布。"这则广告是手抄的"广告传单"。考古也发现,在2000多年前古罗马城市庞贝街道的建筑物和柱子上,随处可见招牌、带有文字和图画的广告。工业革命之后,资本主义经济在英国得到了很大的发展,世界近代广告开始在英国兴起,19世纪世界广告中心开始向美国转移。可以说,西方国家最主要的广告形式——报纸广告、广播广告、电视广告、杂志广告以及其他类型的广告构成了现代广告形式的体系。

延伸与点评

广告是一种特殊的文化现象,深受民族的文化特质的制约。中国与西方国家的广告具有不同的文化特性。中国的广告一般考虑和谐、中庸,注重爱国主义,积极向上、团结友爱、家庭和睦。与健力士啤酒广告不同,强生的"妈妈的爱"这个广告,突出的是人的亲情。亲情是中国古代社会人际关系中最核心的内容,几千年来,构成中国传统社会基石的血缘纽带,用家族的形式牢牢地把人束缚在中国的这片土地上。对中国人来说,社会生活最核心的是家庭生活,中国现代实业家、教育家卢作孚在《中国的建设问题与人训练》一书中作了这样的描述:"人从降生到老死的时候,脱离不了家庭生活,尤其脱离不了家庭的相互依赖。你可以没有职业,然而不可以没有家庭。病了,家庭便是医院,家人便是看护;老了,只有家庭养你;死了,只有家庭替你办丧事。家庭亦许倚赖你成功,家庭却亦帮助你成功。你须用尽力量去维持经营你的家庭。你须为它增加财富,你须为它提高地位。不但你的家庭这样仰望于你,社会众人亦是以你的家庭兴败为奖惩。家庭是这样整个包围了你,你万万不能摆脱。"这种强有力的相互依赖关系,带来一个明显的结果就是亲疏规则的确立。规则可以理解为群体在适应生存的过程中创造出的一种文化。从家庭的角度看,这个文化的核心是对父子、直系亲属、姻亲、近亲同姓、近邻朋友、外姓人等等加以区分,它要求中国人考虑问题要从父权家族制为核心的人际关系出发,从亲情出发。亲情关系深深地扎根在中国的百姓中。尽管随着社会的变化,亲情的内涵有了很大的变化,外延也在扩展,但重亲情是中国人生活的一大准则。

"健力士啤酒"广告,用进化论作为打动受众、吸引受众的桥梁,集中反映的是西方文化重科学的传统。达尔文(Charles Robert Darwin)的进化论,是19世纪自然科学三大发展之一,恩格斯(Friedrich Von Engels)曾给予很高的评价。进化论证明,生物最初从非生物进化而来,现代生存的各种生物,有共同的祖先,在进化过程中,通过变异、遗传和自然选择,生物从低级到高级,从简单到复杂,种类由少到多。进化论的积极意义是,人不是上帝神灵的产物,而是自然界长期发展的结果,人不仅是自然界的一员,而且人是有意识的、追求精神自由的高级动物。人的这种本质属性,历史地再现了人与自然的关系;对人的本质的认识进程证实了科学对提升人在自然界中的地位所起的重大作用。

西方文化有一个前提,那就是把自然看做是人的对立,人与自然界截然分开,因而这种文化更多地体现了自然界的特点。文化世界中接近自然界的部分特别发展,科学技术特别发达,形成了独特的科学文化。科学文化从古希腊起就有相当独立的发展,那时的自然科学家常常是哲学家,他们讨论的基本上是与政府无关的物质基础、宇宙构造等纯科学的问题。在自然界面前,希腊人具有两重性,一方面不知所措,被迫服从自然界的风云变幻,被动地去适应世界,一方面他又精神抖擞地去认识自然界、支配自然界,反抗自然界。人正是在这种持续不断的运动中,实现了人的价值,实现了人的主体性。人们形成并不断强化这样一种价值观,科学是实现人的精神自由的阶梯,是人的本质力量得以体现的必由之路。

现代人越来越离不开广告,20世纪40年代美国总统法兰克林·罗斯福(Franklin Delano Roosevelt)曾戏言,如果当不成总统,他就去做广告。广告在现代社会中的地位由此可见。好的广告必须植根于民族文化的土壤中,否则就会产生误读。万宝路香烟广告就是一例。广告中出现的粗犷野性的西部牛仔形象,一直吸引着欧美人的眼球,但在香港却不受欢迎,原因在于,香港的社会文化受到中国传统文化的影响,衣冠整洁、风度优雅、工作体面是男性成功的起点,而西部牛仔那种桀骜不驯、天涯为家的生活方式,是香港人不能接受的。

讨论与思考

1. 叙述"健力士啤酒"与"妈妈的爱"两则广告的主要内容。
2. 分析"健力士啤酒"与"妈妈的爱"两则广告所蕴含的文化传统。

长命锁与弹子锁

长命锁是明清时挂在儿童脖子上的一种装饰物,一般多用金银宝玉,造型多被做成锁状,在锁上錾有"长命富贵"、"福寿万年"等吉祥文字,也有将它做成如意头状,上面錾刻着寿桃、蝙蝠、金鱼或莲花等吉祥图案。系挂锁的绳索,繁简不一。普通的只是用一根红色丝带,复杂的则用金银打制成链条,也有的将珍珠宝石做成串饰。新生儿满百日或周岁举行的仪式中最为流行的是挂长命锁,一直挂到成年。民间的说法是,只要佩挂上这种饰物,就能辟灾去邪,"锁"

住生命,"锁"住富贵荣华。第29届奥林匹克运动会组织委员会唯一授权发行"奥运宝宝金玉锁",蕴含的就是锁住奥运盛世好福气的

意义。锁是一种起封闭作用的器具,门、箱等一旦上锁,只有用钥匙才能打开。长命锁夸张了锁的这一特征,用以锁住无形的事物。长命锁属于首饰锁,它是中国古代传统锁的一种。除了长命锁,在人们的日常生活中我们接触到的有门锁、箱锁、橱锁、柜锁、盒锁、抽屉锁、仓库锁等,但就类型而言,主要有称为"四大金刚"即以横向开锁为特征的广泛进入百姓之家的广锁,以不同花式作为吉祥文化标识的花旗锁,将首饰的装饰功能、身份象征与锁具的吉祥文化融为一体的首饰锁和与枷镣链铐合用的刑具锁,另外还有文字组合锁。

    现代中国人多用的是弹子锁。弹子锁(Pin Tumbler Lock)是目前最常见的一种锁具结构,其原理是使用多个不同高度的锁簧、弹子或珠等圆柱形零件,销住锁芯,当正确的钥匙放入锁孔,各锁簧被推至相同的高度,锁芯便放开。弹子锁又叫耶鲁锁,是一个名叫耶鲁(Yale)的美国人发明的。耶鲁是银行雇员,1861年,他与他的儿子一道,对各种锁型进行了分析解剖之后,决定在圆筒形的锁芯内安上撞针,以片状的钥匙拨动撞针来开锁。由于其坚固耐用、钥匙的牙花可以变化成千上万种,成本又低,保密性强,工艺性好等特点,所以被誉为"锁中之王",至今仍是世界上使用最普遍的一种机械锁。现在弹子锁又进一步改进,具有更多的功能,钥匙编号也从原有的2500种通过"向"、"面"的变化达到百万种。1887年中国通商银行首次使用美国"耶鲁"牌弹子锁。

    不管是西方还是中国,锁的历史都很长。锁的产生首先与私有制有关,当人们有了私有财产,需要保护需要隐藏,才有锁的必要。

四、科技生活

中国早期具体的锁具是木锁,《中国大百科全书》上说,在公元前3000年仰韶遗址中还留存了装在木结构框架建筑上的木锁,是世界上最古老的锁具。最早的木锁结构很简单,就是一个在木块里面活动的门闩。据说后来春秋时代的鲁班对锁作了改进,改进后的锁,形状、结构均有较大变化,锁的机关设在里面,外表不露痕迹,只有借助配好的钥匙才能打开,具有很强的安全性和实用性,从此,锁才真正有了替人守门的含义。以后随着社会的发展和生产力的提高,又创造了铜锁、铁锁、银锁、玉锁等不同质材、不同形状的锁。中国锁具设计有两大突破,首先是制栓器的发明,通过木制移动件,靠自身的重量落入栓的卵眼,使锁紧闭,开启时用钥匙上适当的凸出部分将制栓器顶起,锁就被打开了,汉字"闭"可能与门闩之孔有关。另一大突破是弹簧的应用,锁内装上片状弹簧,利用钥匙与弹簧间的几何关系与弹力来控制金属簧片的张合来上锁和开锁。汉代起,金属簧片锁一直是中国人的主要用锁,到了上世纪四五十年代,才逐渐退离人们的日常生活。

西方锁的历史要从古埃及开始,那时的埃及人也用锁来保护他们的财产,他们是世界上最早使用钥匙的人。当时的人把木制的柱装在门上,以一水平放置的门栓搁在柱的上方。门栓上有一系列的凹凸位,装有锁簧,使用特定的钥匙把锁簧向上推,便可以打开门栓。这些锁比中国锁稍微复杂一些。不过,埃及人的锁只能用在有门栓的那一面,不利于灵活地开与关,以后的希腊人对此作了改进,又研究出一种可以从另一面打开的锁。罗马时代,为了保障住房、店铺以及装有贵重物品的木制箱柜的安全,锁和钥匙已十分普遍。在埃及人制锁技术的基础上发展起来的罗马锁,有了不少新的性能,使用了能压下锁销的弹簧,锁变得更加精巧。随着罗马征服领域的扩大,罗马锁进入了欧洲、西亚和北非的大片地区。近代的锁和钥匙的发明者是英国的被国外机械史家誉为机械之父的J.布拉默(Joseph Bramah),在世界锁具发明史中,享誉很高。他于1778年设计出一种转片锁。这种锁是用几片不同凸轮转片装在锁芯壳内,以转片的装置来决定钥匙的牙花。他改变了此前手工制作的制锁工艺,使用了精密制锁机床,使钥匙牙花由原来的80多种猛增到1600种。转片锁的特点是,转片的上下滑动行程较长,钥匙可以旋转几圈,锁舌可分段拨出,故此锁的承受冲击力和安全性大大增加。尤其是转片锁的钥匙造型美观,被公认为锁和钥匙的标志。1784年他研制成防盗锁,曾悬赏征求开锁者,直到1851年才有一位锁匠花了51个小时把它打开。布拉默的成就为以后耶鲁的发明奠定了基础。

延伸与点评

中国锁与西方锁相比有很大差别。毫无疑问,锁的产生最初是为了保护私有财产,因而实用是第一位的,但随着社会的发展,中国与西方锁文化的发展逐渐分叉,中国越来越注重锁的象征意义,西方越来越强化锁的实用性。可以用文字组合锁作比较,文字组合锁的开启需要密码,密码正确,锁才能被打开。西方用的密码是没有具体意义的字母或数字,中国常用的是四字俗语或五言绝句,它们在一定程度上体现了这一特点。作为中国锁的一大门类花旗锁,是中国象征文化的集中体现。它的造型题材涉及人物、植物、动物、吉祥话语等,例如八仙、秀才、十二生肖、龙凤、麒麟、百合、灵芝还有福如东海、五子登科等都含有特定的寓意和吉祥之意,都蕴含着人们的美好愿望和追求。在常见的以动物为题材的锁中,人们用猴形作锁,取"取侯"之意,反映人们追求官运亨通、荣华富贵的愿望;用鱼形作锁,取"富贵有余"、"年年有余"之意,反映了人们对丰衣足食生活的美好向往。用狗形作锁,取狗的"忠诚"之意,反映了人们对"忠诚仁义"的高尚美德的期盼。

礼是中国文化的一大主题,先秦思想家荀子十分强调礼,认为有礼才有道德。国家只要借助礼制定名分,让大家按照贵贱等级,长幼秩序,做自己该做的工作,拿自己该拿的财物,借以满足人们的欲望,天下就能太平。所以礼是一种规范性文化,是治理社会不可更换的原则,这一原则,几乎涵盖了古代中国文化生活的方方面面。在技术层面上讲的是什么钥匙开什么锁,在礼的层面上讲的却是什么人用什么锁。钥匙开锁要通过锁孔,广锁的锁孔有不同的形状,有"一"字形、"吉"字形、"上"字形、"下"字形、"士"字形等,平民布衣只能用"一"字孔锁,士大夫则可以用"士"、"吉"字孔锁。这样,在中国,锁作为关住某个确定的空间范围或某种器具的安全装置,不仅是对外的一种防守,它还是一种精神性的内守,是对人行为的一种规约。

反观西方古锁,情况就不一样了,从古埃及针销锁到旋转结构挂锁,从布拉默锁到耶鲁锁,虽然形状有了很大变化,技术有了很大改善,功用有了很大拓展,但针对保护自我财产或隐私的实用功能没有改变,恰恰相反,随着生产力的发展,锁变得更高级、更精细、更复杂,为人类的服务更周全了。

讨论与思考

1. 说说中国传统锁的主要类型。
2. 说说西方锁历史上的重要发明者。
3. 分析中西方锁的发展取向。

椅子与沙发

椅子是一种有靠背,有的还有扶手的坐具。现在椅子的种类很多,主要有实木椅、摇椅、转椅、办公椅、按摩椅、轮椅、扶手椅、折叠椅、躺椅、休闲椅、多功能椅等等。"椅"原为一种树木的名称,木材

可做家具。唐代以前的"椅"字还可以解释为车的围栏,作用是使人乘车时有所依靠。宋代以前椅子的"椅"多作"倚",因为椅子是可以向后倚的。后来的椅子,其形式是在四足支撑的平台上安装围栏,

其制作当是受车旁围栏的启发,并沿用其名而称这种坐具为"椅子"。据说中国在相当长的历史时期内是东亚地区唯一采用椅子起居生活模式的民族。中国古代在很长一段时间内是席地而坐的,那时没有椅子,一直在公元9世纪前,中国人一般还坐在席子或矮台上。唐代的时候已有了椅子的名称,是日常生活中的一种家具,但它还未完全从床的概念中分离出来。在唐代的典籍中,把椅子称为床的情况仍很普遍。这种称呼与椅子的前身很有关系。春秋时,人们习惯坐在有6只脚的矮床上,如果要写字吃饭,就在床上放置一个叫做"案"或"几"的小桌子。到了汉末,北方少数民族的胡床传入中国,这是一种可以折叠的坐具。胡床在魏晋南北朝至隋唐时期使用较广,有钱有势人家不仅居室必备,就是出行时还要由侍从扛着胡床跟随左右以备临时休息之用。从生动再现南北朝时期社会生活的敦煌壁画中就可以看到当时的坐具已具备了椅子、凳子的形状,但因其时没有椅、凳的称谓,人们还习惯称之为"胡床"。胡床在当时家具品类中是等级较高的品种,通常只有家中男主人或贵客才有资格享用,其形态特点类似于现在的活动躺椅,能伸能缩,称为"逍遥坐"。胡床开始并无靠背,唐代始有靠背。胡床在唐宋时期盛行。到了宋代,胡床这一称呼基本上被"交椅"取代了。五代至宋,高型坐具空前普及,在民间形成时尚,椅子的形式也多起来,出现靠背椅、扶手椅、圈椅等。同时根据尊卑等级的不同,椅子的形制、质料和功能也有所区别。有一种椅子叫交椅,椅足呈交叉状,稍有身份的家庭都会置备,等级高于其

他椅子,主要供主人和贵客使用。

　　沙发也是一种坐具,根据英语单词 sofa 音译而来。sofa 最早出现在英文中是在 1625 年左右,源于阿拉伯语 soffah,意思是"在地面上凸起的地方铺上垫子或毯子供人坐",20 世纪初 sofa 才有了椅子的意思。沙发是一种有弹簧衬垫的靠背椅,现多用弓状弯曲的弹簧与泡沫塑料,用木材或钢材作外部构架,制作简便。国外所说的沙发常指三人沙发,又称长沙发,通常是指可以容纳两人或几个人坐,或一个人平躺而设计的有扶手、有靠垫、有垫子的椅子。因此,我国家具制造业习惯把"沙发"引申为所有的软体坐椅,是目前常用的现代家具之一。沙发的起源可以追述到公元前 2000 年左右的古埃及,但真正意义上的包皮沙发则出现在十六七世纪

之际,最初的时候沙发主要用马鬃、禽羽、植物等天然的弹性材料做填充物,外面蒙上天鹅绒、刺绣品等物品,人体接触时可以产生柔软的感觉。世界上最早的一种沙发椅,当时普遍流行的供大众使用的华星格尔椅采用的就是这种工艺。后来弹簧应用于沙发。1904 年,莫里斯发明了弹簧的组装体,成组的喇叭休弹簧装入沙发框架,这就是现代深坐沙发的开始。沙发出现在中国还是上世纪初的事情。当时上海出现了这种沙发,并将弹簧的组装体置入座垫中,专供汽车、轮船的座位用。20 年代初广州也有人仿制,主要是供家庭使用的。现在沙发的种类很多。以风格而言,主要可以分为以下三种:强调舒适但占地较多的美式沙发,透露着严谨生活态度的小巧的日式沙发,冬暖夏凉、方便实用的中式沙发。如果以用料为分类依据,那就有皮沙发、面料沙发和曲木沙发等。当然,这两种并不是分类的全部。

延伸与点评

　　毫无疑问,椅子与沙发在一些基本方面是一致的,例如它们都是坐具,都能够承载人全身的重量,都有助于人们疲劳的解除。但这种一致并不能排除两者之间存在的不同。舒适是椅子与沙发的共同追求,但怎样满足人的舒适方法却大不一样。"舒适"一词的拉丁文原意是"加强",18世纪以后,西方把舒适定义为"方便",人类应该掌控自己最亲密的周围环境,以便它们能够最大程度地为人类服务。但是舒适在不同的文化环境中有不同的含义。获取舒适感的方法很多。中国人的见解是人应该重视通过全身的骨骼系统来控制自己的肌肉,采取一种天生的让身体松弛和惬意的自然姿势,就可以得到充分的享受。而西方对舒适的解释是基于腿自然垂落的坐势,通过外界对身体的支持得以实现。不同的舒适理念与中西方人对人体的看法有关。根据中国的治疗理论,人的身体机能是一个系统,无论做什么,包括坐在椅子上,身体某处的问题都会在另一处表现出来。例如,膝盖难受可能是骨盆的问题,骨盆的问题可能是头与颈连接的不平衡造成的。设计不好的椅子造成错误的姿势,即使只有一个部分不合适都会带来全身不适。而西方人持的是对症治疗的方法,针对性很强。他们设计椅子时,常常把注意力集中在某一个部位,例如只考虑坐垫软硬对坐骨的影响,或坐高对脚是否可以落地有什么影响等等。这样,在家居设计中,中国椅的精髓部分就是对每个细节给予无微不至的考虑,因为人在许多部位与椅子接触,而沙发的设计能独立地满足人体某一部分例如腰或腿的舒适要求。这种不同的设计理念对怎么坐、坐的作用,各自契合的价值理念大不相同。中国人端正地坐在椅子上,大腿与小腿弯成直角,庄重而严肃,透着威严,可以很长时间一动不动,而感觉不到多少疲劳。这对坐在沙发上的西方人来说困难重重,他们的做法是一种姿

四、科技生活

势坐累了,就抬抬脚,举举手,仰仰头,再换一种姿势,显得相当随意。现实生活中常常可以看到,靠在沙发上的人半坐半仰,呈散漫、休闲的姿态。所以,沙发宜于独处,亲朋的闲聊,翻晚报、看电视、听音乐,闭目养神,都可以在沙发上进行。而庄严隆重的会议、谈判、订条款、作决策是不坐矮沙发的,那是椅子的用武之地。其实,椅子与沙发都和怎样做人、做什么样的人的观念有关。中国古人常讲,站有站相,坐有坐相,走路要有走路的样子,所有这些集中到一点就是走正道,"身正令行"、"行得正"、"政者正也"说的都是正,而西方人则强调人的个人化、张扬自我,追求人的自由,沙发满足了西人的这种观念。椅子与沙发还体现了人与自然界的不同关系。传统的中国椅子从不使用软包材料,而且很少使用其他材料,中国人总是崇尚实木材料,喜欢未经加工的原材料和材料的自然纹路,原因在于实木能够提供充分自然的感觉,中国人认为,木制椅的首要作用在于使人与整个自然环境融为一体,产生和谐的感觉。而沙发是多种材料的综合体,就是作为沙发主要材料的钢铁也是铁与碳、硅、锰、磷、硫以及少量的其他元素所组成的合金。合金是工程技术中最重要、用量最大的金属材料,合金的使用对沙发普及与发展起着重大的作用,它被看做是人的力量的体现。那个时代的西方人习惯把自然界作为认识与改造的对象,推崇人对原材料的加工,认为人之所以为人是因为人高于自然,人被独立于自然界。

沙发与椅子分别代表的是欧洲家具体系与中国家具体系,它们之间的交融正广泛地被世人所接受,新出现的兼容沙发与椅子特点的沙发椅就是一大实例。就中国而言,沙发进入寻常百姓家庭已经不需要什么证明,对于欧洲来说,中国传统椅子也早就进入西方人的生活领域。18世纪英国的家具设计大师托马斯奇彭代尔(Thomas Chippendale)设计的椅子成为当地民众生活里的中心事物。他把形式、对称、平衡、和谐、微妙的感觉作为设计椅子的要素,并用中国式风格给这些元素作了相当完整的解释,他设计的椅子有敞开的椅背、有精心制作的花格,有四方的直腿形式,其他的支撑和座席都是四方平坦的,有的椅背上还雕有用细而直的线构成的几何图案。他设计的灵感直接来自当时的中国椅,托马斯奇彭代尔式中国椅成了现代家具的一个学派。《中国家具》的作者(埃尔斯沃斯)安思远(R. H. Ellsworth)就写到,当代西方家具的起源取决于东方的因素,要比大部分观察者承认的还要多得多。不管怎样,现代世界既坐椅子,又坐沙发的人是越来越多了。

讨论与思考

1. 介绍椅子与沙发的主要特点。
2. 椅子与沙发是怎样满足人们对舒适的要求的?
3. 为什么说沙发椅是中西坐具融合的产物?

郑和下西洋与哥伦布大发现

郑和(1371—1433),本姓马,原名三保,俗称马三宝,郑和是明成祖朱棣所赐之名。1381 年在朱元璋统一云南的战争中,被明军俘虏,年仅 11 岁,被阉割,19 岁时,被挑选送到北京的燕王府,后为帮助朱棣登上皇位立下功劳,被提升为内官监太监,史称"三宝太监"。郑和作为中国历史上最杰出的航海家影响很大,在如今的菲律宾、马来西亚、印度尼西亚等旧称"南洋"的东南亚地区,有很多以三宝命名的胜迹遗址,如三宝洞、三宝井、三宝庙、三宝港、三宝宫等,显示着郑和的影响力。东南亚还流传着众多关于郑和的故事,还有源

于郑和的影响而形成的风俗习惯,各种纪念郑和的活动也一直在延续。

郑和的名字是与他七次下西洋连在一起的。1405年(明永乐三年)7月11日明成祖命郑和率领由230多艘海船、27400名船员组成的庞大的船队远航,顺风南下,到达占城,再至爪哇,然后经旧港、苏门答腊、南巫里、锡兰山,最后抵达古里。1407年返回。这是他第一次下西洋,由此拉开了郑和下西洋的序幕。一直到1433年(明宣德八年),他一共远航了有七次之多。1430年6月29日(宣德五年六月九日)明宣宗朱瞻基命郑和再次出使西洋,同年闰十二月初六,船队从龙湾(今南京下关)启航,宣德八年四月回程到古里时,郑和因劳累过度一病不起,于1433年(宣德八年四月初)在印度西海岸古里逝世。郑和船队由正使太监王景弘率领返航,经苏门答腊、满剌加等地,回到江苏省太仓县刘家港。宣德八年七月初六(1433年7月22日)郑和船队到达南京。这是第七次郑和下西洋,人数据载有27550人。郑和曾到达过爪哇、苏门答腊、苏禄、彭亨、真腊、古里、暹罗、阿丹、天方、左法尔、忽鲁谟斯、木骨都束等36个地方,最远曾达非洲东岸,红海、麦加,并有可能到过澳大利亚。

在郑和去世62年之后的1492年8月3日,在欧亚大陆另一端的西班牙,移居西班牙的意大利航海家哥伦布(Christopher Columbus 1451—1506)按照地圆说的理论,认为从欧洲西航可达东方的印度和中国。在西班牙王室的支持下,他指挥三艘卡拉维尔船于巴罗士港顺风启航,从大西洋向西行,坚信自己能找到通往中国和印度更近的航线。经过长达69天的航行,10月12日哥伦布船队终于横渡大西洋,抵达陆地。哥伦布以为到了亚洲的印度,而事实上他们到达了美洲,发现了"新大陆"。他们到达的第一站是佛罗里达东南820公里巴哈马群岛中的瓜那哈尼岛(后改名为圣萨尔瓦多岛)。到达瓜那哈尼岛后,"总督"哥伦布指挥另外两名船长把代表国王和王后的"F"和"Y"字绿色旗子升起在刚刚竖立的木杆上,宣布这里成为西班牙王国的领土,把当地土民称作"印第安人"。之后,船队继续向南,到达古巴和海地。在那里,除了十分落后的野蛮人与原始丛林,哥伦布没找到黄金和香料。1493年3月15日,哥伦布离开西印度群岛返回西班牙。这是哥伦布的第一次出海远航。由此开始,哥伦布在随后的10年里,先后进行了三次远航。最后一次是在1502年5月11日,哥伦布率船4艘,船员150人第四次从加的斯港出发。哥伦布第三次航行的发现已经震动了葡萄牙和西班牙,许多人认为他所到达的地方并非亚洲,而是一个欧洲人未曾到过的"新世界"。于是斐迪南国王和伊莎贝拉王后命令哥伦布再次出航查明,并寻找新大陆中间通向太平洋的水上通道。但因为船只先后毁坏,哥伦布于1503年6月在牙买加弃船登岸,1504年11月7日返回西班牙。

Christopher Columbus
(1451－1506)

郑和船队首次出航,早哥伦布87年。郑和历次远航随员均在25000—28000人左右,船队中大号宝船长44丈4尺(130多米)宽18丈(54米);中号宝船长37丈(110多米)宽15丈(45米),加上其他类型的船只,如座船、钱船、粮船、水船,每次出驶都有百余艘。其中第一次航海有208艘,是七下西洋中规模最大的一次。而哥伦布的首次远航,只勉强凑了80多人,有不少是哥伦布的朋友、佣人,也有好奇的官员们,还有些船员则是以这次航海为条件而受到特赦的犯人。哥伦布任船长的旗舰圣玛利亚号,重130吨,长约35米,甲板长18米,是三艘船中最大的。郑和航海时间早,规模庞大,而哥伦布不仅晚,规模也相当小。可中西方航海的结局,恰恰反过来,前者渐渐没落,后者蓬勃兴起。

四、科技生活

延伸与点评

郑和七下西洋之后,中国再也没有一位航海大家出现,而是闭关禁海,彻底关上了通向世界的大门。而哥伦布航行之后,西方航海家辈出,环球旅行此起彼伏。其中1519年至1521年麦哲伦(Ferdinand Magellan)率船队首次完成了环球航行,证明地球确实是圆的,大洋是相通的。郑和下西洋,每到一地,都以皇帝的名义赏赐财物,以示皇恩浩荡,同时高价换回各地的斑马、鸵鸟、长颈鹿等供朝廷观赏的稀罕之物,而不是可生产利润的货物。而西方航海家在地理大发现的同时,也开始了野蛮的殖民掠夺,从非洲到印度,从拉丁美洲到南美洲,欧洲航海家把代表皇室的权杖插进所到土地,以示占有。经过殖民掠夺,积累原始资本,加速欧洲资本主义的发展。这巨大的差异,是由截然不同的目的决定的。

郑和下西洋的目的是"宣德化而柔远人"。从明朝开国至永乐年间,数十年歌舞升平,国运昌隆。明朝皇帝数遣郑和下西洋,以和平外交手段联络东南亚乃至西亚各国,试图在海外树立威望,建立以中国为主导的大小国和谐相处的局面,消除欺寡凌弱的现象,也使自己免受外患的威胁,与海外诸国"共享太平之福",造成"万国来朝""四夷咸服"的盛况。郑和率巨轮,携大量货物,或作为礼品赠送所到国家国王和头目,或与当地物产交换,进行官方贸易,中国的瓷器、名贵药物、铜器等传播于诸国,中华文化流播于各地。而哥伦布远航的目的是为了找到前往《马可波罗游记》中所载的黄金遍地的东方的捷径,能够更方便地得到东方出产的丝绸、瓷器、茶叶还有香料及黄金。这些货物原先都是通过传统的海陆联运,经过漫漫长途才能抵达欧洲,而西班牙在与葡萄牙争夺非洲的斗争中处于劣势,如沿非洲大陆海岸依次南递的马德拉群岛、加那利、佛得角和亚速尔等4大群岛,西班牙只取得加那利群岛。因此,沿非洲大陆通往东方的海路被葡萄牙人所垄断,而同时,由陆路通往东方的道路也为穆斯林所封锁。为了扩张领土、为了同葡萄牙争夺对世界东方的殖民,西班牙决定另辟一条通往东方的道路。西班牙国王先授予哥伦布海军大将军衔,预封他为"新发现土地"的世袭总督。在这些领土上出产或交换所得的一切金银、珠宝、香料等的十分之一归哥伦布,十分之九上交西班牙王室。此外,西班牙王室还企望联合"对基督教徒曾表示过极大好感"的元朝大汗来夹攻伊斯兰的奥斯曼帝国,以战胜穆斯林。哥伦布随身携带了西班牙国王递交中国"元朝"大汗及印度君主的信函。

两种不同的目的,又源于两种迥异的文化观念。

早在《诗经·小雅》里已经唱出"溥天之下,莫非王土,率土之滨,莫非王臣",天下尽在中国版图内的概念到郑和时期已经绵延千年。尽管这概念张扬着天朝大国的自傲,但在17世纪前,中国确实在漫长时间里扮演着世界老大的角色,既然普天之下早已都是君王的,又何必再多此一举进行征服和侵占呢?而且千年来的儒家宣扬"和而不同","道之以德,齐之以礼",视恃强凌弱、以大欺小为不义之举,对其他民族和国家往往采用联姻、赏赐、封衔等方式相约友好,周边小国弱国定期朝贡、互致问候的外交方式,为郑和时期所沿用,追求的是四夷"归顺""宾服"华夏,彼此相安无事,创造出一种"中外通和,万国来朝,四海一家,共享太平"的局面。而哥伦布身上却蕴含着基督教的狂热精神。在当时中世纪的西方社会,基督教把世界划分为"基督教徒"与"异教徒"这样两个对立的阵营,社会的普遍观念是驱逐异教徒,迫使异教徒皈依圣教。自中世纪开始,犹太人被欧洲基督教社会视为异教徒而遭到歧视、隔离。当时的犹太人等同贱民,被视为"道德上的麻疯病患者",不得与基督教徒混杂,被强迫集中在犹太人贫民区"隔都"(ghetto)实行圈禁。这样的基督教精神同样熏染了哥伦布。他抵达西欧人所认为的新大陆后,每到一地,就对当地的原住民印第安人宣读《传告》,公开宣称自己是奉上帝之命来征服和主宰"野蛮民族"的。哥伦布的到来,是美洲印第安人民灾难的开始,掠夺、屠杀、贩卖,使得当地人民遭受了几个世纪的痛苦,甚至延续至今。哥伦布为欧洲打开了世界的门户,发现了一个新世界,开始了一个新时代,却为美洲原住民带来了无法愈合的重创。

观念的不同与文化类型有关。中华文明诞生于广袤的中原大地,刀耕火种的生产方式使农耕文明成为中华文明的主体,中国对于海洋的探索,只限于"渔盐之利",弥补农业生产不足,提供的经济利益。中国古代海洋文明不具有掠夺性,不伴随着血腥的殖民侵略,但它欠缺独立性,欠缺冒险精神和竞争意识。而地中海地区航海民族较早地摆脱农业,发展海上贸易并成为一种超越农业的独立生产方式。因此,在地中海地区的航海民族的文化形态中,海洋文明占绝对的优势。哥伦布、达伽马(Vasco da Gama)、麦哲伦等相继完成了世界大航海的伟大事业,用血与火开创了海洋新时代。从16世纪开始,陆续成为世界大国的葡萄牙、西班牙、英国、法国、俄国、荷兰等,都是借助海洋形成的。

不管怎样,郑和与哥伦布在世界航海史上的贡献不可磨灭。

讨论与思考

1. 简叙郑和下西洋与哥伦布大发现两大事件。
2. 分析郑和下西洋与哥伦布大发现所体现的中西文化特性。

五、文学艺术与典籍

福娃与瓦尔迪

　　福娃与瓦尔迪都是奥运会使用的吉祥物。福娃是北京 2008 年第 29 届奥运会的吉祥物,由 5 个活泼可爱的亲密小伙伴组合而成,每个娃娃都有一个朗朗上口的名字"贝贝""晶晶""欢欢""迎迎"和"妮妮"。"贝贝"的形象是鱼,头部纹饰使用了中国新石器时代的鱼纹图案。在中国传统文化艺术中,"鱼"和"水"的图案是繁荣与收获

的象征。"鱼"有吉庆有余、年年有余的蕴涵,人们用"鲤鱼跳龙门"寓意事业有成和梦想的实现。"贝贝"传递的祝福是繁荣。"晶晶"是一只深得世界人民喜爱的憨态可掬的大熊猫,来自广袤的森林,它传递着人与自然和谐共存的精神,给人们带来的是无尽的欢乐和笑声。"欢欢"是一个火娃,头部纹饰源自敦煌壁画中火焰的纹样,象征着奥林匹克圣火生生不息,是运动激情的化身,是中国人热情的符号。"迎迎"是一只机敏灵活、驰骋如飞的藏羚羊,头部纹饰融入了青藏高原和新疆等西部地区的装饰风格,它将健康的美好祝福

五、文学艺术与典籍

传向世界。"妮妮"来自天空,是一只展翅飞翔的燕子,其造型创意来自北京传统的沙燕风筝,它向世界传送的是"祝您好运"的美好祝福。当人们把五个娃娃的名字连在一起,你会读出北京对世界的盛情邀请"北京欢迎你"。

另一个吉祥物"瓦尔迪"(Waldi Waldi)是德国慕尼黑1972年第20届夏季奥运会的吉祥物,也是夏季奥运会历史上第一个官方的奥运吉祥物。当时联邦德国的艺术家们精心设计了一只小猎狗的图案,作为本届运动会的象征。此后设计吉祥物便成了奥运会的传统。

瓦尔迪是一只短腿长身的德国猎犬,是运动员坚韧、坚持、忍耐和敏捷的特性的象征。德国猎犬瓦尔迪所以被作为吉祥物,与西方关于狗的文化有关。西方人喜欢狗,视狗为亲朋好友,甚至爱狗如子。德国人从来不把狗看成畜生,狗可以跟着主人坐火车、逛超市。据说,狗和德国人一样,属于"公民",它们甚至可以和主人一起住进宾馆。所以,狗常可泛指"人",如谚语:Every dog has his day.(人人皆有得意的那天)"a lucky dog"(幸运儿),a gay dog(快活的人、好玩的人)。狗的最大特点是忠诚,若是主人遭遇攻击,它们就会一改温柔秉性,勇往直前。所以,dog在英语里是一种爱畜、宠物,常当作"人类忠诚的朋友"。在西方人那里,狗给人的是一种好形象,英语"old dog"往往指"年事已高的人"或"经验丰富的人","top dog"指胜利者。德国足球在世界上有很好的声誉,有人把它等同于德国的救助犬,说救助犬就像德国足球一样,严肃、认真、给人安全感。狗的地位高,与狗在历史上对人类生产活动所起的作用有关。由于当地的气候、环境等因素,欧洲文明最早是以渔猎和畜牧文化为主。在这样的背景下,牛和羊成了主要的肉食提供者,而狗却成为了重要的劳动和生产工具。随着人类社会的进步与发展,经过不断地选择、改良、驯养和训练,狗逐渐具备了其他一些功能,许多成了专用犬。狗的用途越来越广泛,狗的品种也越来越多,现在人类选育出的几百种犬种中,大量的猎犬、牧羊犬都出自西方国家。狗是西方人生活中十分重要的一部分。而中国古代社会以农业文化为核心,对古人来说,牛、马、羊、驴、猪是特别重要的,牛是用来耕地、拉车,马是重要的代步工具,相比之下狗的作用要小得多。人可以吃狗肉,但普通百姓杀牛、吃牛肉那是很难的。一些地方至今还保留吃狗肉的习惯。

延伸与点评

福娃与瓦尔迪都是吉祥物。不少人认为,吉祥物(Mascot)一词源于法国普罗旺斯语 Mascotto,直到 19 世纪末才被正式以 Mascotte 的拼写收入法文词典,英文 Mascot 由此衍变而来,意指带来吉祥、好运的人、动物或东西。其实,吉祥物的历史可以大大提前。吉祥物的基础是吉祥观念,春秋战国时期,中国就有"万寿无疆"、"南山之寿"等表示吉祥的说法,经典文献中也已经出现了吉祥一词,《易·系辞下》中说"吉事有祥",意思是说吉利之事必有祯祥。庄子时代吉祥已经普遍连用,成了福禄喜庆、长寿安康等祝吉之词。吉祥的基本含义是善、是福、是一种好的征兆、是人们对未来的一种期盼。承载着吉祥观念的吉祥物有很多种,有吉祥动物、吉祥植物、吉祥器物、吉祥符图等。福娃与瓦尔迪都属于吉祥动物。其实,奥运吉祥物基本上以举办国有特色的动物形象为创作原型。1976 年蒙特利尔奥运会是海狸形象;1980 年莫斯科奥运会是熊的形象;1984 年洛杉矶奥运会是鹰的形象;1988 年汉城奥运会是虎的形象;1992 年巴塞罗那奥运会使用抽象的卡通造型,是比利牛斯山的牧羊狗形象;1996 年亚特兰大奥运会吉祥物是通过电脑科技虚拟的"怪物";2000 年悉尼奥运会吉祥物是 3 种动物造型:鸭嘴兽、针鼹猬和笑翠鸟。动物充满活力,和人的关系密切,人们常常赋予动物以不

五、文学艺术与典籍

同的意义,例如狮子和鹰代表权威、威力和实力;鸟表现自由飞翔;鸽子代表友善、和平。由于人们在适应自然、改造自然的过程中与动物结成的关系不同,同一种动物在不同的文化背景中所表达的含义就不全相同,并且不同的人对不同的动物有不同的喜好。中国人认为蝙蝠是好运、吉祥、财富、幸福的象征,"蝠"字常使人联想到同音字"福"。但是西方人却把蝙蝠看成是一个邪恶的、丑陋的吸血鬼,英语中许多与蝙蝠有关的短语都带有消极意义。中国人认为孔雀开屏是喜庆吉祥的象征,人们常用孔雀比喻美丽的人或事。但西方人认为孔雀"骄傲"、"虚荣",因为它行走时昂首阔步,目中无人,头冠频频摆动,还不时开屏来炫耀其美丽。在汉语中,猫头鹰被认为是一种不吉祥的鸟,西方人却把它看做是智慧的象征。中国人说喜鹊具有"喜庆"的意义,在英语文化中有"爱嚼舌头,传播小道消息"的内涵。西方人对狗百般赞扬,中国人却不以为然,反而会引起"卑贱、恶劣"等联想,"狗腿子"、"狗急跳墙"、"狗眼看人低"、"狗改不了吃屎"这类话在百姓的日常用语中屡见不鲜。

与此类似的中西吉祥文化的差异在龙身上体现得相当典型。龙是虚构出来的动物,它在现实生活中并不存在。在中国关于龙有许多传说,其中一个基本的意思是龙的形象积聚了许多动物形象中最神奇的那部分,龙的形象是神奇、威严,所以,孔子对老子的赞叹是老子像一条见首不见尾、直飞上天的神龙。中国的龙崇拜有五千年以上的历史,龙在古代传说中是善变化、兴云雨、利万物的神物,是万灵之长。在中国历史上,尤其是汉代以后,龙被视为皇权和皇帝的象征,"龙颜"说的是皇帝的容貌,"龙种"指的是皇帝的子孙,"龙袍"是皇帝的衣服。龙被视为中华民族的象征,中国人被说成是龙的传人。在汉语中,"龙"总是用于褒义,例如,"望子成龙"、"龙腾虎跃"、"生龙活虎"等。民俗活动中有龙王庙、舞龙灯、赛龙舟等,龙的观念在中国人心中根深蒂固。与中国人不同,西方人则认为龙(dragon)是凶残的古怪野兽,是邪恶的象征。它硕大古怪、满嘴喷火,凶狠残暴,令人恐怖,曾引诱夏娃偷吃了伊甸园里的智慧果,迷惑天下人,与上帝作对的撒旦,在《圣经》中称作 the great dragon。西方文学有许多描写英雄的故事,英雄就是与龙作斗争,并最终战胜龙的人。龙在英语中常常与专制、凶猛有关,因为这样,亚洲四小龙的龙就不用 Dragon,而是 tigers,龙变成了虎。

事实上,中西吉祥文化有差异是很自然的,如果不注意这种差异,那就一定会闹笑话。

讨论与思考

1. 作为吉祥动物的福娃与瓦尔迪具有哪些文化意义?
2. 列举常见的中西吉祥文化物。
3. 为什么中西方对龙的态度截然相反?

泥人阿福与芭比娃娃

泥人阿福是江苏无锡惠山泥人的代表作品。在惠山泥人研究所有一件高浮雕型的印制泥人,高22厘米、宽16.5厘米、厚7.2厘米,造型极其简练,盘膝而坐,面型饱满,笑盈盈,胖墩墩,眉弯目秀,鼻直口方,头梳菱形发髻,怀抱青狮,服色明丽,黄地红花,阿福的造型圆润丰满,舍去了许多形体上的枝节,整个作品不见棱角,饱满丰

腴,具有强烈的江南民间情调,是现存最早的一件大阿福泥塑。从清代以来,泥人阿福几经变化,现在已经成了一个庞大的"阿福"体系。大阿福的体型各不相同,有大阿福、中阿福、小阿福、团阿福、环洞头阿福和紫金冠阿福之分;从手中不同的持物来看,有抱狮阿福、抱鱼阿福、抱桃阿福、抱兔阿福之别;从色彩纹样的设计来看,有梅花阿福、蟹爪菊阿福、团球花阿福。此外,类似阿福的品种亦为数不

少。在中国民间艺术的百花园中,同一题材,竟能形成如此庞大的系列,尚为数不多。1992年,惠山大阿福被定为中国国际旅游年的吉祥物,它成了异国人民家中的珍品。

  泥人阿福又叫无锡泥人、惠山彩塑、无锡彩塑等。惠山是个地名,位于今天的江苏无锡。惠山泥人是用惠山脚下的泥土制成的。这种泥土不仅细腻韧糯,可塑性强,而且干而不裂,弯而不断。古代文人苏轼途经无锡,即留下了"惠泉山下土如糯"的诗句。惠山泥人在中国的名气很大,明朝崇祯年间(1628—1644),惠山泥人已放进店肆出售。史书上还说,乾隆皇帝下巡江南亲临惠山,看到名艺人进献的数盘泥孩儿,大为称赞,说做工精妙,技巧万端,并赐金帛。到了光绪年间,惠山泥人的传播在全国已经产生了相当的影响。那时,购买泥人的对象除赶节场的当地农民和来锡旅游的游客外,还有不少商船,通过他们的贩运,把大批泥人传向四面八方。后来,惠山泥人又作为贡品进入清朝宫廷。有一年,慈溪太后作寿,当地官府特地到惠山定制了一套手捏泥人《八仙上寿》进宫祝寿。清代开始出现专业化的惠山泥人手工作坊,五里长街、上下河塘开设了数十家泥人店、两百多家泥人作坊,形成有名的"泥人街"。早期的惠山泥人,主要是儿童耍货,那时的作品一般都很小,当时最小的泥人(《猜拳子》)只有半寸大小,较大的作品也只有两寸左右。后来逐渐发生变化,现实生活的气息越来越浓厚,作品形象比过去更加生动可爱;作品的体积在逐步增大,设色和纹样方面除保持明朗和淳朴的传统特色外,比过去有了更多的发挥。特别是到了手捏泥人的阶段,作品题材已不再局限于农村,销售对象也不再局限于小孩,玩具功能逐步与欣赏功能相结合,成为一种寓玩、乐、教、欣赏于一体的特种工艺品。

  芭比娃娃是世界上极其成功的女孩玩具,源自美泰儿公司老板娘露丝·海德(Ruth Handler)的点子。那时,她看到女儿芭芭拉正在玩耍,兴味盎然地帮纸娃娃换衣服,换皮包……,由此露丝产生了灵感,意识到随着女儿的长大,她可能会需要一个立体的、成熟一些的玩具娃娃。于是她仿造德国娃娃莉莉的外型,创造了一个外型摩登,身材性感的小娃娃,并以自己女儿的小名芭比(Barbie)命名。芭比的形象与以往的娃娃都不一样。她是个大人,四肢修长,清新动人,身高11.5英寸,虽然身材很好,但被漂亮的衣服紧紧地包裹着,她的脸上还流露出如玛丽莲·梦露(Marilyn Monroe)般的神秘。

1959年刚上市的芭比穿一件黑白条纹的泳装,梳着金色马尾辫,弯弯的眉毛,娇小的嘴巴……玩具公司的广告词说:"芭比娃娃,外形姣好,流行少女模样。"在数十年的演变中,芭比娃娃扮演了不同的职业形象,她拥有的身份很多,例如医生、宇航员、女企业家、警官、运动员,甚至还做过联合国儿童基金会的志愿者。到目前为止,她的职业已经超过80种。她可以是中国人、印度人、黑人,她所代言的民族近50个。芭比娃娃上市后很快获得了成功,成了世界玩具市场上畅销最久的玩具。根据美泰公司的统计,一个11岁的美国小女孩可能拥有过10个芭比娃娃,同龄的法国小女孩则拥有5个。除了小孩子,更有数百万的成年女性购买芭比,在她们眼里,芭比不只是个娃娃,还是自身的一部分。出现于20世纪80年代的芭比收藏热,使许多男子加入了购买者的队伍。现在,"芭比"娃娃已经销往世界上150多个国家,据不完全统计,目前全世界拥有芭比娃娃的人员已经超过8亿。

娃娃玩偶,不仅是世界上最古老的玩具之一,公元前15世纪的希腊就诞生了世界第一批的黏土娃娃,而且分布很广,中国的泥人娃娃,就远不止惠山泥人一处,北京泥人、河南泥人、陕西泥人都是很有名的。娃娃玩偶自诞生后,便代表了美丽、纯真,并具有某种"人性",如同一个艺术品。她是日常生活中所能看到的人物形象的美化和再现,她会因时代的变迁而变成不同的形象,更会因地域文化的不同表现出不同的特征。比较中国的大阿福与美国的芭比娃娃,可以看到两种文化的差异是很明显的。

延伸与点评

  大阿福所代表的泥娃娃文化,有两个鲜明的特点:首先,阿福是一种吉祥物,代表的是一种吉祥文化。阿福的早期作品在色彩的运用上,对比强烈、大胆、粗犷,怀抱的狮子是红、绿两色。为了突出抱狮子的两只手臂,在衣袖上用了黑色的边,处处都作了对比。热闹、富丽和异常和谐的色彩效果符合表现吉祥一类主题的作品的需要。《大阿福》福得得的笑脸,胖墩墩的身体,群众喜爱的民间小孩服饰,手中捧着的温顺驯服的小动物,充满着健康与活力,它象征的就是:降兽、避邪、喜庆、吉祥、健康、纳福、稚气、可爱、天真、活泼、美满、幸福……。买一个大阿福,意思是把运气请回家,现在有许多以阿福命名的事物,什么阿福饼干、阿福糖果、阿福香烟、阿福礼品,选择的都是吉祥的含义,大阿福成了中国人传达心声的道具。其次,大阿福是一种教育儿童的玩具。有一首儿歌的歌词谈到了泥娃娃,说泥娃娃有眉毛也有眼睛,眼睛不会眨;有鼻子也有嘴巴,嘴巴不说话;她没有亲爱的爸爸也没有妈妈,我做她爸爸我做她妈妈,永远爱着她。这就显示了泥娃娃在儿童成长中的意义。有一种流传于儿童中的游戏叫"过家家",这是孩子模仿成年人的一种游戏,在游戏中,他们往往把自己扮演成父亲、母亲,将玩具娃娃视作自己的孩子,"买菜"、"熬粥"、"抱娃娃"、"回娘家"、"教书"、"育人"、"种地"、"做工"这些虚拟的活动都是对现实生活的一种预习或模仿。这是一种

"礼乐教化"的形式,其中最重要的是学习和谐相处的艺术,形成不吵不闹不打架的氛围。

芭比娃娃与中国的泥娃娃有很大不同,其中最主要的是芭比娃娃是一种个性化很强的成人玩具。在芭比娃娃诞生之前,美国市场上给小女孩玩的玩具大多是可爱的小天使,圆乎乎、胖乎乎的,类似著名童星秀兰·邓波尔(Shirley Temple)的银幕形象。50年代刚诞生的芭比娃娃,接受了玛丽莲梦露似的丰腴、性感,雕塑了蓝眼睛、金发、粉红面颊这个时代典型的西方美女形象。芭比娃娃追求的是时尚文化,仅就服装而言,在它的旗下,有专门的造型师和顶级服装设计师,有《芭比时尚》杂志,有介绍"芭比时尚指南"的书籍,有定期举办的芭比时装真人秀表演,芭比娃娃每年推出的新款服装达100种之多,芭比近50年的发展史,可以看做是当代世界服装史的缩影。芭比是美国青年妇女的集体偶像,成就着人们对梦想的追求。它以一种顽强的生命力,始终站在时尚的前沿,不断地挑战过去,使芭比的美丽不因时间的推移而消退。不仅如此,芭比娃娃十分关注社会发展的热点,积极参与社会的变革。西方玩具娃娃在发展过程中,十分注重对儿童的教育作用,18世纪的时候,就有了用玩具娃娃教女童学习拉丁语的记载。但芭比娃娃凸显的是充满智慧、独立、积极进取精神的时代女性,在女权主义崛起的上世纪60年代,芭比穿上了行政套装,挎起了公文包;当人类第一次登上月球时,芭比娃娃成了一名宇航员;为唤起人们对残疾人的关注与同情,就有了坐在轮椅上的芭比;为了推进世界的和平,就有了担当联合国儿童基金会的亲善大使的芭比。它参加过总统竞选、纪念苏美冷战结束的会议、西班牙斗牛、摇滚乐队、政府首脑奥运会游泳比赛,芭比所造成的旋风和话题较之于真人明星并不逊色,男女老幼几乎都可以从芭比中找到知音。

如果对泥娃娃与芭比简单作一个概括,可以这么说,就主流而言,前者的设计指向是儿童,后者是成年;前者体现的是已有的、相对稳定的知识,后者是正在形成并不断流变的时尚;前者具有浓郁的乡土气息，后者则是强烈的国际韵味。

讨论与思考

1. 简述泥人阿福与芭比娃娃的形成与发展。
2. 分析泥人阿福与芭比娃娃的文化特征。

"卧虎藏龙"与"壮志千秋"

《卧虎藏龙》与《壮志千秋》是两部电影的片名。中国电影《卧虎藏龙》英文片名为 Crouching Tiger, Hidden Dragon，是根据民国王度庐的同名武侠小说改变的。影片的主要内容是一代大侠李慕白有退出江湖之意，托付红颜知己俞秀莲将自己的青冥剑带到京城，作为礼物送给贝勒爷收藏。这把有四百年历史的古剑伤人无数，李慕白希望如此重大的决断能够表明他离开江湖恩怨的决心。谁知当天夜里宝剑就被人盗走，俞秀莲上前阻拦，与盗剑人交于，但最后盗剑人在同伙的救助下逃走。俞秀莲为了不将事情复杂化，一

直在暗中查访宝剑下落，也大约猜出是玉府小姐玉蛟龙一时意气所为，就用旁敲侧击的方法要玉蛟龙归还宝剑。玉蛟龙自幼被碧眼狐狸暗中收为弟子，并从秘籍中习得武当派上乘武功。她瞒着父亲与当地大盗"半天云"罗小虎情定终身，为反抗父亲的嫁人之命，玉蛟龙冲出家门浪迹江湖。心中凄苦无处发泄的玉蛟龙，在江湖上使性任气被视为小魔星。俞秀莲和李慕白爱惜玉蛟龙人才难得，苦心引导，总是无效。在最后和杀害李慕白师傅的碧眼狐狸的交手中，李

慕白为救玉蛟龙身中毒针而死。玉蛟龙在俞秀莲的指点下来到武当山,却无法面对罗小虎。在和罗小虎一夕缠绵之后,投身万丈绝壑。《卧龙虎藏》获得了奥斯卡最佳外语片奖。

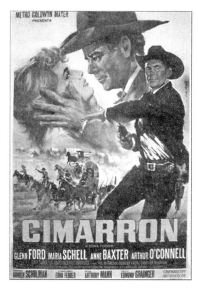

美国电影《壮志千秋》英文片名为 CIMARRON,是根据女作家埃德纳·费勃(Edna Ferber)的畅销小说 *Cimarron* 改编的,描写了美国西部开发时期的情景。影片主要讲的是在美国西部开拓时期,主人公辛马龙(Yancey Cravat)携带妻子萨布拉(Sabra Cravat)从东部来到荒凉的俄克荷马大草原定居下来。那里土地肥沃、矿产丰富,移民们垦荒挖井,克服重重困难改善了生存环境。但这侵犯了牧场主的利益,双方常常发生纠纷和格斗,强盗土匪的不断袭扰也使他们寝食不安。辛马龙十分同情当地印第安人的悲惨遭遇,见义勇为,锄暴安良,劫富济贫。为了维护东部移民和印第安人的社会权益,他组织亲友开发油田,并办起声张正义、扬善惩恶的报纸。这一切使敌对势力对辛马龙更加仇视,后来在一次油田失火事故中,辛马龙和他毕生为之奋斗的"西部理想"在熊熊大火中化为灰烬。该片获得"奥斯卡"最佳影片、最佳剧本、最佳美工等三项奖,为西部片后来的兴盛起了推动作用。

延伸与点评

《卧虎藏龙》与《壮志千秋》分别属于两种不同的电影类别。《卧虎藏龙》属于武侠片,是中华民族向世界贡献的一个独特的电影类

型。凭借着这个电影类型,中国人的武术精神和习武文化被传播到世界各地。有人说武侠片是只有中国人才拍得好,只有中国人才能看得明白的中国电影。虽然这话说得有点绝对,但也有道理,因为中国的武侠片有太多中国文化历史的特色,例如侠客、秘籍、归隐、江湖法则、独门功夫、美酒美女等等。武侠片讲述的故事大多由爱恨情仇引起追杀打斗,故事的模式多为某门派被满门灭杀,幸存的后人卧薪尝胆,苦练武艺,寻仇报仇。主角总是猛的,反角总是狠的,而结局总是圆满的,走的多为"学武、复仇、再学武"的路子。在复仇的路上,自然要雪除不平,即所谓的"路见不平、拔刀相助"。不畏惧凶恶的侵略者,也不畏惧残暴的统治者,不畏惧恶霸地痞,也不畏惧土匪强盗,当遇到欺压百姓之恶徒时,他们挺身而出,为民除害。这与西部片中的正义之牛仔并无两样。

中国功夫在武侠片中起着相当重要的作用。报仇也好,打抱不平也好,都离不开武功。中国武术从起源到现在已经有五六千年的历史,它广泛地容纳了儒家、道家、佛家与医家的文化,在习武者身上明显地烙有中国文化的深刻印记。在各武林门派对弟子的传授中,都强调武德的修炼,为保证习武与修德并举,各门派都制订了一些戒约或规条,用以约束习武者的行为。比如,在与人较技时,要求按中华民族善良、仁爱、人道主义等精神去做。如《少林七十二艺练法》引妙兴大师的告诫:"技击之道,尚德不尚力,重守不重攻。"主张"以德服人"、"点到为止"。武术界流传的"八打八不打"更是明确规定对易致人于死命的部位,如太阳穴、海底撩阴等禁止击打,就是在不得已的情况下,也只许用"点穴"、"闭穴"之法,使对方暂时失去知觉或暂时丧失战斗力,而不能轻易将人致于死地,除非面对十恶不赦之人,处于万分险恶之境。

中国的武德很受宗法观念的影响,《少林寺传授门徒规条》中有规条十二。十二规条中第一条是:"尊师重道,孝悌为先。"习武者上承师傅,下启弟子,左右还有同门的师兄弟们。一门一派,绝少孤身一人。即便只身走出山门,也非形单影只,师傅兄弟都在心里,一路伴随走天涯。所以我们在银幕上看到功夫之王李小龙所演的角色的时候,确确实实也看到了如同美国西部片中的那样一个孤胆英雄。然而,我们一定也看到了英雄背后的同门兄弟、门派长老,甚至整个中华民族,看到的是不可侮辱、不可战胜的华人群体。这种师徒之道、孝悌之理扩而言之,可以上升为视"寸寸山河寸寸金"、"甘心赴国忧"的忠于国家与民族的精神。因为中国传统哲学以伦理为本位,作为个人的生活与他人、与家族、与家乡父老甚至国家密切相关。在中国人背后有一种比"利益"动机更起作用的、更高尚的、更为人们推崇的"责任"动机,这种责任影响着人们的意识和行为。对武士而言,他的个人行为也代表着一个家族、一个门派甚至是一个国家的利益,他有责任维护其整体的名誉和地位,因此武士们也要"先天下之忧而忧,后天下之乐而乐",以"天下兴亡,匹夫有责"为宗旨。许多武林人士都是这样,像反秦复楚的项羽,抗击匈奴的李广,抗击金兵的岳飞,抗击倭寇的戚继光,抗击英国侵略者的关天培,均出身于武林,是武林中爱国家爱民族的杰出英雄。担负着这样责任的英雄们,他们表现了个人的武艺,展示了个人的风采,传达的却是他所代表的那个群体的精神——那个家族、那个门派乃至那个民族、那个国家的精神。他断不能一味为了个人的出人头地而逞能,有国才有家,有集体才有个人。他上受家长或者师傅的指导教训,下有兄弟或者师兄弟们的齐心相助,为了这个集体的荣誉与价值,牺牲自己的名利、地位甚至生命,都是义不容辞的。

《壮志千秋》是美国西部片。1861年,美国南北战争爆发,林肯政府为了争取群众支持他反对南部奴隶主的战争,于1862年颁布了满足广大人民土地要求的"宅地法"。宅地法规定,凡没有参加过反联邦叛乱、年满21岁、身为户主的美国公民,或申请入籍而没有持枪反抗过合众国的人,交纳10美元登记费,就可以申请1/4平方英里尚未分配给私人的公有土地,耕种5年以后,这块土地就免费成为其私有财产。一时,大批的美国人为了拥有自己的土地而涌向西部,开始了轰轰烈烈的美国西部开拓史。这里的西部通常是说密西西比河以西的 11 个州，有着辽阔而荒凉的平原，壮丽的大峡谷，土生土长的印第安人和大群的北美野牛。蜂拥而来的开拓者给西部带来了经济上的繁荣，也带来了犯罪和同印第安人的战争。在这片法律和秩序还没有建立起来的土地上，要想保卫自己的财产，暴力成为最佳的手段甚至是唯一手段。在这样一个纷乱的世界里，关于牛仔、警长、强盗、印第安人的传奇故事比比皆是，为电影提供了绝佳的素材。1903 年，爱德温·鲍特(Edwin S. Porter)导演的《火车大劫案》开了西部片的先河，它向观众介绍了这种电影类型的关键组成要素：抢劫、追逐、在飞驰的火车顶部搏斗，正义与邪恶的对决以及在高潮时正义的一方在枪战中取得胜利。《火车大劫案》取得成功后，大量的西部片紧跟而上，这种影片类型的题材一般比较简单：善良的美国白人移民到西部，受到恶人的威胁，英雄的牛仔或警长除暴安良，驱除了罪恶，维持了治安。在人物设计上，西部片一般都善恶分明，或者是道德和正义的化身，如牛仔；或者就是罪恶的代表。在自然景观方面，西部片特征明显：陡峭的山谷、大片的沙漠、一眼望不到边的荒原；西部偏僻又安静的小镇、简陋的驿站、不起眼的酒馆、木头小屋、不大的警所，这些都是西部片中最典型的自然和社会景观。荒凉的西部小镇，在空旷的街道上两个粗犷的男儿面对面地站着，间隔 30 步。相互凝视很久后，两人几乎同时拔枪。"呼""呼"两声过后，其中一个摇晃了几下，扑倒在地。胜者把左轮手枪在手中转几个圈后插回枪套，转身上马向远方缓缓走去……一幕典型的西部片结束了。

西部片中荒野、枪、马、酒店，往往是不可或缺的元素，而在广阔无垠的西部大地上与自然和各种邪恶势力搏斗的英雄牛仔，则是西部片的绝对主题。宽广的自然是牛仔英雄气概的源泉，枪是牛仔勇敢和力量的保证，剽悍的骏马是牛仔独来独往自由的载体，酒店是牛仔施展威猛才华的场所。西部片宣扬着美国人心目中的个人价值——个人无限的才能，无尽的威力——西部片中的牛仔成为个人主义的英雄，孤胆英雄——征服自然、创造文明、压制邪恶、捍卫文明。以扮演牛仔成名的演员约翰·韦恩(John Wayne)被誉为"美国先生",牛仔成为"美国精神"的象征。这种以个人主义为特征的美国精神既不局限于西部片,20世纪三四十年代美国畅销的侦探小说(代表作家如雷蒙德·钱德勒 Raymond Chandler、罗斯·麦克唐纳 Ross MacDonald)中的私人侦探就是个人主义英雄的一个闪亮形象——维护正义、讨回公道、保护受害者,与错综复杂的社会斗争,与有钱有势的大人物较量,机智、勇敢,天不怕地不怕,与众不同;也不局限于早期的西部片,现代化的西部片以开拓太空、征服太空新边疆的侠义科幻片来延续一人横扫一切歹徒的个人英雄精神,电影《超人》、《蝙蝠侠》等颂扬的都是个人的勇气和力量。

中国武侠片与美国西部片互相取长补短。从20世纪70年代起,中国的功夫片开始进入好莱坞,展现了中国武术与世界各国竞技武艺的较量、碰撞与接纳。武侠片与西部片继续保持着各自的生命力不断取得新的进展。

讨论与思考

1. 结合《卧虎藏龙》和《壮志千秋》,谈功夫片与西部片有什么不同。

2. 为什么说西部片与功夫片在实现人的自我价值方面展示的是两条不同的路线?

京剧与歌剧

京剧是中国最大的一个戏曲剧种,被称为"大戏"、"国剧"。几十年前也称"皮黄",由"西皮"和"二黄"两种基本腔调组成它的音乐素材,兼唱一些地方小曲调(如柳子腔、吹腔等)和昆曲曲牌。但京剧历史不长,至今只有200多年的历史。京剧这个名字最早出现于20世纪初上海的报刊上,随后传到北京和全国其他地方。京剧在形成的过程中,吸收了许多如徽剧、汉剧、昆曲、梆子等地方戏的影响,又受到北京文化环境的影响,成了别具艺术特色的全国性剧种。它的行当全面、表演成熟、气势宏美,是近代中国戏曲的代表。

京剧有一套完整的表演体系,形成了唱、念、做、打、翻兼有,手、眼、身、法、步俱全的程式化、舞蹈化的特点。唱是按照一定的曲调演唱。念,指的是剧中角色的对话与独白。做是舞台形体动作的泛称,通过

手势、眼神、身段、步伐突出人物的形象。打则是传统武术的舞蹈化,用以表演战斗、搏击等情景。剧中的唱词大部分是七字句和十字句的排句。京剧角色的划分除了依据人物的年龄、性别和身份、职业等社会属性外,更重要的是按照性格特征对人物进行分类,生、旦、净、丑四个行当是对京剧角色的大体划分。"生"扮演的是男性人物,可以分成小生、老生、武生;"旦"扮演的是女性人物,分成青衣、花旦、武旦、老旦;"净"扮演的是性格豪爽的男生,也叫花脸,因脸上描了花脸得名;"丑"扮演的是机智幽默或阴险狡猾的男性。一百多年来,因为演员的表演艺术风格各不相同,并且这种风格特点得到师承和传播,京剧各个行当都出现了不少流派。京戏中有一种不同于其他国家戏剧的造型艺术,那就是脸谱。脸谱在京剧人物造型中有极其重要的地位,它是对男演员脸部的彩色化妆,主要用于净(花脸)和丑(小丑),最大特色在于依靠色彩来描绘人物的性格、品格、身份等等,脸谱对人物的善恶评价一目了然。一般说来,红色描绘人物的赤胆忠心,紫色象征智勇刚义,黑色体现忠耿正直,水白色暗喻生性奸诈,绿色勾画出人物的侠骨义肠……。京剧有大量丰富的剧目,像《宇宙锋》、《群英会》、《打渔杀家》、《霸王别姬》都是相当有名的。京剧剧目的内容多与传统相关,相当部分都是对中华民族传统美德的弘扬,诸如惩恶扬善、崇俭戒奢、精忠报国、孝亲尊师、

扶弱济贫等等,还有不少戏表现了民族的智慧和人生的哲理,并给人以历史的知识。京剧达到了中国戏曲艺术发展的高峰。

京剧是中国人特有的,西方人喜欢听歌剧。歌剧可以分为正歌剧、喜歌剧、大歌剧、小歌剧、轻歌剧、音乐喜剧、室内歌剧、配乐剧等不同体裁,它综合音乐、诗歌、舞蹈、舞台美术等,是用声乐和器乐表现剧情的一种戏剧形式,通常由咏叹调、宣叙调、重唱、合唱、序曲、间奏曲、舞蹈场面等组成。咏叹调、宣叙调是歌剧的两种传统演唱形式,宣叙调类似于普通的朗诵,是一种半说半唱开展剧情的方式,这种段落有较多的角色对话,有点像京剧里的韵白。京剧中,青衣、小生或老生都有一种带有夸张语音音调的念白,可使道白便于与前后的歌唱衔接。

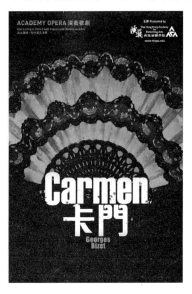

咏叹调是歌剧中主角们抒发感情的主要唱段,它们的音乐很好听,结构较完整,能表现歌唱家的声乐技巧。歌剧重唱,根据唱歌的人数有二重唱、三重唱、四重唱、五重唱等,由几个不同的角色按照各自特定的情绪和戏剧情节同时歌唱,有时会把持赞成和反对意见的角色组织在一个作品里。另外还有群众场面的合唱,根据剧情要求是男声的、女声的、男女混声的,或者童声的合唱,在某些歌剧中,合唱队的阵容甚至达到了整个交响乐团的规模。全剧开幕时有序曲或前奏曲,在每一幕中,器乐除作为歌唱的伴奏外,还起联接的作用,幕与幕之间常用间奏曲连接,或每幕有自己的前奏曲。在戏剧进展中,还可以插入舞蹈。绘画被用来展示舞台背景。基于对话式表演的歌剧,有相当分量的戏剧元素,因此,最著名的歌剧作曲家之一的瓦格纳在提到歌剧类型时会称之为"音乐大合作"。

作为歌剧的一些要素早在古希腊的戏剧中就已经存在,例如合唱队的伴唱,以歌唱的形式表现的朗诵等,但真正意义上的近代西洋歌剧,却是在16世纪末意大利的佛罗伦斯,随着文艺复兴时期音乐文化的世俗化而应运产生的。西方公认的第一部歌剧,是在人文主义影响下,企图恢复古希腊戏剧精神而产生的《达芙妮》。1637年威尼斯创设了世界上第一座歌剧院,这是歌剧史上的一件大事,这种原本属于贵族文人的新兴歌剧逐渐走出宫廷,成了面向公众的艺术。歌剧在意大利产生后,很快传到欧洲各国,纷纷形成了具有特色的民族歌剧。其中最早接受并改造意大利歌剧的法国,创造出与法语密切结合的旋律,把芭蕾运用于歌剧中;德、奥针对当时歌剧的平庸、肤浅,把音乐与戏剧有机统一起来,强调歌剧内容的深刻性。19世纪以后,歌剧有了更大的发展,涌现出一大批歌剧创作大师,像意大利的罗西尼(Gioachino Antonio Rossini)、德国的瓦格纳(Wilhelm Richard Wagner)、俄罗斯的柴科夫斯基(Peter Ilyich Tchaikovsky)等都是歌剧发展的杰出贡献者。

延伸与点评

京剧与歌剧有很大的不同,可以表现为以下几个方面。首先,京剧注重表演的虚拟性。虚无是中国道家哲学的基本观念,道家认为,无为万物之母,有无相生,这对京剧艺术影响很大,京剧表演是虚实相间,演员不需要什么道具,一桌两椅就能再现现实生活,舞台是有限的,虚拟是无限的。三国演义中的曹操,率领几十万大军直下江南,就用几个将、几面旗帜代表了;骑马下马、开门关门,通过几个具有规范的动作就可以表现出来。战争不管是水战、陆战,还是马战、车战,都可以在小小的舞台上表现。而歌剧突出写实,注意细节的真实,满足视听的真实之美,把耳闻目睹的具体实相融合于和谐整齐的形式。京剧中的旦不论花旦、武旦、老旦、刀马旦,都是妇女的角色,但并非一定要女性来担任,中国的四大名旦梅兰芳、尚小云、程砚秋、荀慧生都是男旦角。而歌剧把歌手分为男女两个系列，按由低至高的顺序，分别为男低音、男中低音、男中音、男高音和女低音、女中音女高音，音调的不同可以确定他们所扮演的角色，但不像京剧那样演员的性别不对应角色的性别。第二是程式性。京剧舞台艺术在文学、表演、音乐、唱腔、锣鼓、化妆、脸谱等各个方面，通过长期的舞台实践，构成了一套互相制约、相得益彰的格律化和规范化的程式。它是被重复使用的对生活动作的规范化、舞蹈化的表演。戏曲表演中的关门、推窗、上马、登舟、上楼，等等，皆有固定的格式。例如上马的动作按规范都是右手按马鞍，持马鞭抬左脚，跨右脚，用马鞭打马再举马鞭。开门都是左手按门板，右手拉门插，然后双手往里拉门，再两手向左右分门，最后迈左脚出门。这种程式在古典戏剧中是永恒不变的，京剧正是由这种一连串相对固定的表现方式，根据剧情连接而成。而歌剧注重创作，歌剧每一部都是独立的。与京剧重视理想化的道德不同，西方歌剧注重对生命的思考，它最大的意义是让人感到一种本我的生命状态。它不像京剧按曲调填词，唱腔局限于"西皮"和"二黄"，歌剧的音乐是随着时代的变化而发展、成熟的。巴洛克时期音乐以复调为主，而到了古典时期，主调音乐占据了音乐的中心，使歌剧的戏剧性加强，音乐起着推动剧情，对人产生情绪暗示的作用，有时它对剧情的推波助澜往往要超过演员出场时的唱。第三是综合性。京剧作为戏曲艺术本身首先是文学、音乐、美术与表演艺术的综合；而在表演艺术方面，它又是讲究唱、念、做、打的综合，它包括了歌唱、说话、表演动作和舞蹈、杂技等等方面。而歌剧只是西方戏剧的一个类别。西方戏剧的分类很细，除了歌剧外，还有几乎是从来不"唱"不"舞"的话剧，通过"舞蹈"来反映剧情的舞剧、纯粹靠"表演"来反映剧情的哑剧等等。这种分类造成的相对独立，使"哑剧"中没有一句话、一个完整的舞蹈、一首歌；而对"你好、请坐下"这类的寒暄，"歌剧"中都是用歌唱来表现的。

作为世界文化的共同财产，京剧与歌剧如今都走出了自己的国门。人们可以在西方的舞台上看到中国的京剧《霸王别姬》，也可以在中国的剧院欣赏西方的歌剧《剧场魅影》。

讨论与思考

1. 分别介绍京剧与歌剧的表演方式。
2. 京剧与歌剧的表演体系有什么不同？产生这种不同的深层次原因是什么？

《愚公移山》与《老人与海》

《愚公移山》是中国2000多年前的一则富有神话色彩的寓言故事，出自战国《列子·汤问》，原文是一篇不到400字的小文，它讲了这样一个故事。古时候有两座山，一座叫太行山，一座叫王屋山，位于冀州的南面，黄河的北面。方圆有七百里，高达七八千丈。有一个老人叫愚公，住在北山，年纪将近九十岁了，面对着山居住。苦于交通阻塞，进出要绕远道，他就召集全家来商量说："我要和你们尽全力挖平险峻的大山，一直通到豫州的南部，汉水的南岸，可以吗？"大家纷纷表示赞成。他的妻子提出疑问说："咱们既然已经在这里生活了许多年，为什么不能这样继续生活下去呢？把我们大家的力量加起来，还不能搬移一座小山，又怎能把太行、王屋两座大山搬掉呢？况且，这么大的两座山，即使可以一点点移走，哪里又放得下这么多石头和泥土？"大家纷纷说道："把它们扔到渤海海边和北方的偏远地区。"于是愚公率领挑担子的三个儿孙，敲凿石头，挖掘泥土，用箕畚搬运到渤海边。邻居

京城氏的寡妇有个孤儿,刚七八岁,也蹦蹦跳跳地去帮助他们。寒来暑往,季节交换,才往返一趟。邻居有个人叫智叟笑着劝阻愚公说:"你太不聪明了。凭你在世上这最后的几年,剩下的这么点力气,连山上的一棵草都铲除不了,又能把泥土石头怎么样呢?"愚公长长地叹息说:"你思想顽固,顽固到了不能通达事理的地步,连孤儿寡妇都不如。要知道,即使我死了,还有儿子在呀;儿子又生孙子,一代接一代,子子孙孙是没有穷尽的啊。可是山却不会再增高加大,还愁什么挖不平呢?"说得智叟无话可说。山神听说愚公移山这件事,怕他不停地挖下去,就向天帝报告了这件事。天帝被愚公的诚心所感动,便命令大力神夸娥氏的两个儿子背走了两座大山,一座放在朔方的东部,一座放在雍州的南面。从此以后,冀州的南部,一直到汉水的南边,再没有高山阻隔了。成语"愚公移山"就取自这个故事,常用来比喻坚定不移地做一件事情,汉语中与此类似

的近义词还有"锲而不舍"、"持之以恒"、"始终不渝"等等。"愚公移山"四个字已经广泛地被人们所接受,1945年,毛泽东把愚公移山精神概括为四句话:下定决心,不怕牺牲,排除万难,去争取胜利。把当时的"帝国主义"与"封建主义"看做是压在中国人民身上的两座大山,号召全国人民以愚公移山的精神,通过艰苦卓绝的斗争,取得反帝反封建革命的最后胜利。人们还用艺术的手段表现愚公移山的精神,例如徐悲鸿创作的国画《愚公移山》;由韩永久作词、卞留念谱曲的流行歌曲《愚公移山》。2008年拍摄了一部影片《愚公移山》。该片以太原钢铁厂退休工人、全国劳动模范、联合国环境规划署"全球500佳"金奖获得者李双良科学治渣的先进事迹为原型,集中表现自主创新、敢为人先的主人翁精神。

《老人与海》是美国作家海明威(Ernest Miller Hemingway)1952年发表的中篇小说,小说讲了这样一个故事:主人公桑提亚哥(Santiago)是古巴的一个老渔夫,他在海上连续84天没有捕到鱼。起初,有一个叫曼诺林(Manolin)的男孩跟他一道出海,可是过了40天还没有钓到一条鱼,孩子的父母认为老人"如今准是倒了血霉",于是就把孩子安排到另一条船上去了。一天天过去,每天都空手而归的老人,瘦削憔悴,后颈满是皱纹,脸上长着疙瘩,连吃饭都成了问题,甚至连鱼饵都只能依靠孩子去买来。其他渔夫拿老人开玩笑,替他难受,但他的双眼像海水一样湛蓝,毫无沮丧之色,他坚信自己"是个不同寻常的老头儿","懂得不少窍门,而且有决心"。第85天,老人一清早就把船划出很远,"说不定今天就转运。每一天都是一个新的日子。"他的信心没有让他再失望,他出乎意料地钓到了一条比他的小帆船还长两英尺的马林鱼。老人和这条鱼周旋了两天,"它能熬多久,我也能熬多久","我要跟你奉陪到死","它正使出所有的力量,而要对付的仅仅是我的意志和我的智力","我要让它知道人有多少能耐,人能忍受多少磨难"。老人终于用鱼叉叉中了它,把它绑在船边想拖回岸边。但被杀死的鱼在海上留下了血腥味儿,引来无数鲨鱼的争抢,老人用船上所有的工具与鲨鱼进行了殊死搏斗,"跟它们斗,我要跟它们斗到死"。但终究抵不过成群鲨鱼的抢食,等好不容易回到海港时,马林鱼只剩下一付巨大的骨架。孩子来看老人,老人觉得自己被鱼们打垮了。但孩子认为桑提亚哥没有被打败。他要重新跟老人一起出海,要老人把什么都教给他。那天桑提亚哥在茅棚中睡着了,梦中他见到了狮子。《老人与海》震撼了世界,是影响世界的百部经典之一,该书在出版后的48小时内卖出了530万本,成为美国历史上里程碑式的著作之一,作品在当年就获得了普利策奖,1954年获得诺贝尔文学奖,被译成几十种文字,曾数次被改编成电影。

延伸与点评

不管是愚公还是老渔夫,世人称道的是他们的生活方式,是他们生活方式背后的精神理念。应该说他们有不少共同的方面,例如他们都表现出对恶劣自然条件的反抗、都再现了人的顽强的毅力、执着的精神,都是人的本质力量的体现。然而他们的方式有很大不同,这种不同至少可以表现为两个方面:首先,与外部世界的抗争凭借的是单个的力量还是集体的合力。中国人之所以颂扬"愚公移山"的精神,是因为它符合中国人的常理。20世纪20年代,著名史学家傅斯年就提出《愚公移山》精神核心就是"为公"、"民众"和"努力"三个方面。"为公"讲的是出发点,"民众"讲的是力量主体、努力讲的是精神素质或状态,这就把中国人所强调的集体主义、团队精神凸显出来了。中国人认为,一个人的力量是微不足道的,但人多力量大,一滴水只有放在大海中才永远不会干涸,愚公移山就是对这一精神的弘扬。他用子子孙孙万世不竭的无限性凝聚成庞大的群体化解了现实的困境。而老渔夫体现的是作为单个人面对艰难困苦时所应有的坚不可摧的精神力量,一边是老人,一边是大海,力量的悬殊如同蚂蚁与大象。但他一个人出海,一个人与大马林鱼周旋,一个人与成群的鲨鱼搏斗,在与伤痛、与自身体力搏斗的三天两夜的时间里,一只手拽着钓索,只能用一只手剖鱼,靠吃生鱼来维持体力。他自言自语,与飞鱼、海鸟对话,"人非常老迈了,肩膀却依然很强健,脖子也依然很壮实",显得乐观而不服输,"一个人并不是生来要被打败的,你尽可以把他消灭掉,可就是打不败他"。这种硬汉,是西人心目中的英雄,坚强、自信,面对不可逆转的命运,毫不畏缩,具有人的尊严与勇气,张扬自我是实现人格理想的必由之路。

其次在人与天的关系上,《愚公移山》强调的是统一,《老人与海》反映的是对立。"天人合一"说的是人与大自然的关系,它的核心是把

人类看做自然界的一个和谐的组成部分。在人与自然的相处中,人有权力对不适合自己生活的环境提出改变的要求,这实际上是愚公移山的主题。愚公精神感天动地,天帝发话,让大力神的儿子背走了两座山,使自然与人相处得更为和谐,就是这一主题的体现。而在《老人与海》中,老人和鱼却是"你死我活"的关系,老人杀死了马林鱼,而鲨鱼却掠夺了老人的胜利成果,老人事实上还是败在了自然的手上。尽管老人祈求天主或者圣母的帮助,"我愿意念十遍《天主经》和十遍《圣母经》";"我不能让自己垮下去,就这样死在一条鱼的手里,……求天主帮我熬下去吧。我要念一百遍《天主经》和一百遍《圣母经》。"但最终无济于事,因为人与自然界是对立的。

《老人与海》有句话很有意思,"鱼啊,我爱你,非常尊敬你。不过今天我得把你杀死。"老人的这种矛盾心理,折射出的是现代工业革命带给人的困惑。当人发明了越来越多的机器去与自然对抗,甚至用枪炮与人类自己对抗的时候,人类得到的越多,失去的也越多。正如恩格斯《自然辩证法》中说的,"我们不要过分陶醉于我们人类对自然界的胜利。对于每一次这样的胜利,自然界都对我们进行报复。"重新审视天与人的关系,成了当今世界共同的话题。

讨论与思考

1. 简述《愚公移山》和《老人与海》的主要内容。

2. 《愚公移山》和《老人与海》的共同主题是什么?他们是怎么解决这个问题的?

《孙子兵法》与《战争论》

《孙子兵法》是中国古代第一部有系统的兵书,由孙子一派撰写。孙子,名武,生卒年不详,生活的年代大致与孔子同期。是春秋后期著名的军事家,也是一位伟大的谋略家和哲学家。关于孙子一生的详细事迹和最终结局无从得知。我们只能从司马迁《史记》几百字的记述中有所了解,其中讲道,孙子出身于齐国乐安(今山东惠民),后来辗转到吴国,在吴国潜心研究兵法。当时,吴王身边有一位他非常信赖的谋臣伍子胥,被孙子的雄才大略所折服,7次向吴王推荐。当吴王看到孙武的十三篇兵书,很快重用他,借助于孙子的杰出才能,吴国打败了西边的强敌楚国,自此进入了强国的行列。《孙子兵法》成书于春秋末期,共十三篇,内容涉及作战、谋攻、军形、兵势、虚实、军争、行军、地形、火攻等许多话题,许多思想十分深刻。

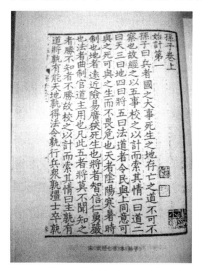

例如:主张"慎战",因为战争是国家的大事,关系到将士和老百姓的生死;没有好处不要行动,没有取胜的把握不要用兵,不到危险和紧迫关头不要开战;以"不战而屈敌人之兵"为上策,百战百胜并不是最高明最完善的战略,不经交战而使敌人降服,这才是最高明最完善的战略;主张"先计而后战",先计划、先谋算,后开战,要从治道、天时、地利、将帅、法令等几个方面进行综合考虑,多算胜,少算不胜。孙子把知彼知己作为战争取胜的先决条件。他认为,决定战争胜负有五个条件,其中最首要的是要判明敌我情况,知道能打胜就打,打不胜就不打,有了这种判断力就会打胜战。他有一段名言:"知彼知己,百战不殆;不知彼而知己,一胜一负;不知彼,不知己,每战必殆。"强调一个优秀的将领,应该把构成战争的基本要素都了解清楚,孙子的这个思想得到了历代军事家如曹操、毛泽东的肯定,说它是科学的真理。孙子兵法中有一对最基本的范畴叫"奇正","奇"是旁出奇袭的灵活战术,"正"是正面对阵的常规战术。按照孙子的说法,作战是用正兵挡敌,用奇兵胜敌。虽然作战的形式不过就是"奇"、"正",但奇正的变

五、文学艺术与典籍

化无穷无尽。《孙子兵法》是中国古代流传下来的最完整、最著名的军事著作,在中国军事史上占有重要的地位,对中国历代军事家、政治家、思想家产生了非常深远的影响,后人对它评价很高,多有前无古人后无来者之意,明代的大型军事类书《武备志》说:"前孙子者,孙子不遗;后孙子者,不能遗孙子。"

《战争论》由德国军事理论家和军事历史学家卡尔·冯·克劳塞维茨(Carl Von Clausewitz)撰写。他1781年出生在普鲁士,12岁参加了普鲁士军队,13岁开始走上战场,后自修了战略学、战术学和军事历史学,1803年毕业于柏林普通军校。曾参加过抵抗拿破仑进攻俄国的卫国战争,1818年出任柏林军官学校校长并晋升为将军,1831年死于欧洲流行的霍乱。在担任军官学校校长的12年中,克劳塞维茨致力于《战争论》的写作,他研究了1566—1815年期间所发生过的130多次战争,撰写了论述荷兰独立战争、古斯塔夫二世·阿道夫战争、路易十四战争、菲特烈二世战争、拿破仑战争、1812年卫国战争、1813年德意志解放战争等许多军事历史著作,为后人留下了大量的资料。后来他妻子玛丽整理出版了《卡尔·冯·克劳塞维茨将军遗著》,共十卷,著名的《战争论》是前三卷。《战争论》全书共3卷8篇124章,论

及的主要话题有战争的性质、战争理论、战略概论、战斗、军队、防御、进攻、战争计划等。该书还附录了克劳塞维茨在给王太子讲授军事课的材料,按照他妻子的说法,虽然这不是战争论的一部分,但很重要,因为它包含了《战争论》的胚胎。

克劳塞维茨被视为西方近代军事理论的鼻祖,对近代西方军事思想的形成和发展起了重大作用的《战争论》被誉为西方近代军事

理论的经典,其中的很多思想受到人们的积极肯定和广泛应用。例如,对政治与经济的看法,克劳塞维茨提出,政治是战争的母体。在任何情况下,都不应把战争看成独立的东西,而要看做是政治的工具。对战争的性质的认识首先是"应该由政治因素和政治关系产生的特点和主要轮廓的概然性来认识"。军事艺术的最高领域就是政治,即使战争爆发,也并未脱离政治,仍是政治交往的继续,是政治交往通过另一种手段的实现,是打仗的政治,是以剑代笔的政治。列宁对此大为称赞,说他是"一位非常有名的战争哲学和战争史的作家"。克劳塞维茨对军事理论的另一贡献是揭示了精神因素的制胜作用,认为精神因素主要是由统帅的才能、军队的武德及其民族精神构成的,它是战争最重要的问题之一。因为,精神因素贯穿在整个军事领域中,物质的力量与精神的力量是完全融合在一起的;物质的原因和结果不过是刀柄,精神的原因才是真正的锋利的刀刃。他首次在西方军事科学中明确提出了交战、战局乃至整个战争的一些实施原则:最大限度使用全部力量;集中尽可能多的兵力于主突方向;发挥军事行动的突然性、快速性和坚决性等。

延伸与点评

比较《战争论》与《孙子兵法》这两本书,可以发现它们之间有不少相通之处:关于进攻和防御,前者认为,这是战争中的两种基本作战形式,二者相互联系、相互转化,一种对另一种补;后者则说"守则有余,攻则不足",要想不被敌人战胜,就要防守严密;要想战胜敌人,就要进攻得当。前者突出战争的政治属性,后者则强调战争的"道",用兵是国家的大事,关系到军民的生死、国家的存亡。关于战争艺术的论述,它们都是一种辩证智慧,前者反对军事学术中的"永恒的原则",认为"战争现象是不断发展的,战争是一个充满不确实性的领域",没有什么固定不变的东西;后者强调"战胜不复,而应形于无穷",战争如水,不断处于流变之中,应该适应不同的情况变化无穷。当然两者也有不同。在讨论军事天才的基本素质方面,孙子把"智"列为第一位,而"勇"位居第四。克劳塞维茨则认为战争是危险的领域,"勇敢"是军人的的第一要求。在攻击观上,虽然他们都重视攻击,但孙子认为攻击并非仅限于使用武力,进攻中武力的使用愈少愈好,最好完全不用,进攻的最佳目标是保全,而克劳塞维茨则把进攻归结为武力的使用,攻击的目标是毁灭。在战役中,孙子主张避实击虚,打击敌人的兵力薄弱之处。而克劳塞维茨则主张"重心对重心",集中优势兵力,尽可能实施主力会战。

值得一提的是这两本军事著作在文字表达方式上的差异。《孙子兵法》全书不过6千字,大约相当于现在一篇论文的字数,每一篇也不过400字左右。这种风格实际上是先秦思想家的风格,《老子》全书共5000个字,《论语》每一章也不过几句话。所以如此和思维方式有关,中国古人喜欢用警句表达自己的思想,它有几个特点:首先是语言精练,《孙子兵法》中句子都很短,很少有超过10个字的。在古人看来,言只是指示,没有必要去描述现实,没有必要弄清言所表达的意思是怎么来的,也没有必要通过语言交流来达到对事物本质的认识。其次有深度,要经得起时间的考验。来自《孙子兵法》中的很多成语、名言,像"兵不厌诈"、"兵贵神速"、"后发先至"、"不战而屈人之兵"、"置之死地而后生"等一直流传至今。第三是富有暗示,习惯借助语境从这一思想进入到另一种思想,或者用某种双关语来表达。这样就出现了一种独特的文化现象,《孙子兵法》问世后,很早就有人为它作注,唐宋时注家风起,现有宋本《十一家注孙子》比较有名。以《战争论》为代表的西方学术著作的表达方式与此大不相同,它们惯于逻辑推理,注重论点、论据、论证过程,喜欢分离主体与客体,力图通过对对象的分类、概括、判断、综合,形成对事物的本质认识。因而,注重的是概念、为概念下定义的分析与确定,及概念内部的逻辑联系。它们喜欢在建构体系上下功夫,把体系的严密、完整、庞大作为理论高明的标准。这样,《战争论》的字数达73

万,篇幅大大超过了《孙子兵法》。影响克劳塞维茨的黑格尔更为典型,他的思想体系极其庞大,吸纳了整个自然的、历史的和精神的世界,而思想的推进过程是从"无"这个抽象观念通过肯定、否定、否定之否定的三段式得以实现的。不了解这两者的特点,对中西思想家的把握是比较困难的。《孙子兵法》与《战争论》都为世界所共享。

《孙子兵法》于公元 8 世纪先传到日本,15 世纪再传入朝鲜半岛,18 世纪传到欧洲,现有英、法、日、俄、德、捷等十几种文字的译本。它的影响远远超越了军事领域、哲学领域,渗透到社会生活的很多方面。《战争论》也走出了它的国界,中国的毛泽东就专门研读过这本书,曾不止一次地把《战争论》与《孙子兵法》相提并论,它是毛泽东军事理论的一大来源。

讨论与思考

1. 《战争论》与《孙子兵法》是两本什么样的书?
2. 分析《战争论》与《孙子兵法》的共性与个性。

《四库全书》和《百科全书》

《四库全书》是中国古代最大的一部官修书,也是中国古代最大的一部丛书,分经、史、子、集四部,故名四库。于 1772 年开始,经十年编成。《四库全书》的底本有四个来源,一是内府藏书,二是清廷官修书,三是从各地征集来的图书,四是从《永乐大典》中辑出的佚书。被任命为四库馆臣的学者们对以上各书提出应抄、应刻、应存的具体意见。应抄之书是被认为合格的著作,可以抄入《四库全书》。应刻之书是被认为最好的著作,这些著作不仅抄入《四库全书》,而且还应另行刻印,以更为广泛地流传。应存之书是被认为不合格的著作,不能抄入《四库全书》,而在《四库全书总目》中仅存其名,列入存目,这类著作共有 6793 种、93551 卷,比收入《四库全书》

五、文学艺术与典籍

的著作多出将近一倍。据文津阁藏本,《四库全书》共收录古籍 3503 种、79337 卷、装订成 36000 余册,保存了丰富的文献资料。经部收录儒家的经典及其注疏,四书五经都在其列;史部收录历史及地理、职官、目录等著作,包括正史类、编年类、杂史类、别史类、传记类、地理类、职官类、目录类、史评类等 15 个大类;子部为诸子类著作,包括儒家、兵家、法家、农家、医家、道家、释家、小说家,天文算法、术数、艺术等也归录其中;集部是诗文辞赋类著作,包括楚辞、别集、总集、诗文评、词曲等 5 个大类。除了章回小说、戏剧著作之外,以上门类基本上包括了社会上流布的各种图书。就著者而言,包括妇女、僧人、道家、宦官、军人、帝王、外国人等在内的各类人物的著作。总共约 10 亿字,相当于同时期法国狄德罗(Denis Diderot)主编的《百科全书》的 44 倍。

《百科全书》(全称为《百科全书,或科学、艺术和工艺详解词典》),是 18 世纪法国一部分启蒙思想家编纂的巨著。从 1745 年开始酝酿,直到 1772 年完成,历时二十多年。文字部分 17 卷,图版 11 卷,共计 28 卷,含 71818 个条目、2885 幅插图。《百科全书》以分类条目的形式,荟萃了当时所知的大多数知识成就,描绘出当时法国社会政治、经济、文化、宗教、典章制度、风俗人情等各方面的全貌,而且反映了 18 世纪下半叶欧洲科学和技术的发展水平,表达了那个时代各个领域启蒙学者的要求与呼声。是世界上第一部现代意义上的百科全书。

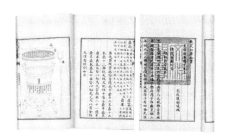

1772 年,《百科全书》编成之时正是《四库全书》始修之时,两书都聚集了当

时国中最优秀的学者。两书都是那个时代的煌煌巨著,但两者的性质却有着天壤之别。

1772年,乾隆皇帝在位37年,国力强盛,银库丰盈。早在乾隆初年,学者周永年提出编辑《儒藏》,主张把儒家著作集中在一起,供人借阅,与《大藏经》和《道藏》鼎足而立。此说得到社会的广泛响应,乾隆对此进行了精心的计划,终于在这一年下诏设四库全书馆,委派纪昀、陆锡熊、孙士毅等著名学者开始编纂《四库全书》。盛世修书在中国有着悠久的历史传统。中国古代百科全书性质的一种资料汇编叫类书,由于内容广阔,博采群书,分类编辑而成,类书也因而得名。现存著名的类书有:唐代的《艺文类聚》、《初学记》,宋代的《太平御览》、《册府元龟》,明代的《永乐大典》,清代康熙时期的《古今图书集成》,这些类书保存了古代大量的接近原作的珍贵资料。如《艺文类聚》是唐代开国初年由高祖李渊下令编修的,分46部,全书约百余万言。《永乐大典》是明成祖朱棣下令编纂的,全书正文22877卷,凡例和目录60卷,装成11095册,总字数约3.7亿字。收录古代重要典籍多达七八千种,上至先秦,下达明初,在当时真可以说是"包括宇宙之广大,统会古今之异同",经、史、子、集、释庄、道经、戏剧、平话、工技、农艺、医卜、文学等,几乎无所不包。所辑录书籍,一字不改,全部按照原著整部、整篇或整段分别编入,这就更加提高了所保存资料的文献价值。

因而,乾隆下令修书,自然是国家的一件大事。从周永年提出建议到乾隆下诏,乃至整个纂修过程中,乾隆皇帝几乎注视着每一步的进展。所有校刻的书,都需要乾隆亲自决定才能交付缮写处缮写;校对之后,再次进呈乾隆皇帝,由他信手抽阅,没有不妥之处才能作为抄写的定本。这里最关键的不妥是指不利于满清的文字。满清入主中原取代了明朝的统治,虽然政权基本稳固,但反清复明的力量一直未曾绝迹。饱读诗书的汉族文人,感慨家国落入外族人之手,难免在诗文中流露对明朝的怀恋,对清廷的不满。清廷因此大兴文字狱企图压服持不同政见者。然而,这种高压的方式并不能

五、文学艺术与典籍

真正收服人心,经过长时间的思考,乾隆终于决定利用编纂《四库全书》之机,"命中外搜辑古今群书","寓禁于征",毫不留情地禁毁对满清统治不利的书籍,焚书15万册,销毁版片总数170余种、8万余块。除了焚毁书籍,满清还系统地对明代档案进行了销毁,估计不少于1000万份,并系统地对残存书籍和档案进行篡改。禁毁书籍与四库所收书籍几乎一样多。现代历史学家吴晗说过,"清人纂修《四库全书》而古书亡矣!"文字狱如此之彻底,一些流失海外的文章书籍反倒得到了保存。如吴三桂的"反满檄文",《扬州十日记》,《嘉定屠城记略》等都是在中华本土湮灭二百多年后从日本找到的。这与《永乐大典》的不删改、照原著原文抄录大相径庭。

编写《百科全书》的法国的18世纪中叶,是思想和学术都在迅速变化更新的年代。文化启蒙运动如火如荼地展开,法国是启蒙运动的中心。以狄德罗和数学家达朗贝尔(Jean le Rond d'Alembert)为首领的撰稿人包括哲学、社会科学、自然科学和工艺等各个领域的专家160多名《百科全书》的作者,即"百科全书派",其中伏尔泰(Voltaire)、孟德斯鸠(Charles de Secondat, Baron de Montesquieu)、卢梭(Jean-Jacques Rousseau)、孔多塞(Marie Jean Antoine Nicolas de Caritat, marquis de Condorcet)、霍尔巴赫(Baron d'Holbach)等先贤大哲,都是运动的领军人物。新思想的萌生触及了保守势力的痛处。保守势力采取匪夷所思的手段,在《百科全书》孕育的二十多年里,使狄德罗遭遇了牢狱之灾,伏尔泰流亡英国……当局两度喊停《百科全书》。但《百科全书》还是冲破了政府和教会的干涉、阻挠和查禁,由狄德罗主持陆陆续续出版了28卷。其中狄德罗一个人就撰写了1139个条目。1776—1780年后人又增加补遗及索引7卷。

狄德罗的
《百科全书》

站在思想史发展的高度来看,书商勒布雷顿(Le Breton)、庞库克(Panckoucke)们也功不可没,尽管他们的目的是借启蒙运动发财,但他们的确是冒着被杀头的危险来出版"扰乱思想"的文字,与当局斡旋,给狄德罗们以资金和社会资源上的最大化的支持。在狄德罗被投入监狱后上下打点积极营救,在写给司法大臣的信中施压,声称长期关押狄德罗将导致他们的破产,这些努力最终促成了《百科全书》的出世,它为1789年的法国大革命作了舆论准备。

延伸与点评

《四库全书》第一部于1781年全部抄写完毕后,又陆续抄写了六部。这七部全书分别珍藏于文渊阁、文溯阁、文源阁、文津阁、文宗阁、文汇阁和文澜阁。这一庞大工程为后世保存了大量古书,还在全国各地掀起了刊刻丛书的热潮,带动了乾嘉学风的形成。然而乾隆修书的最终目的是为了控制儒林,在乾隆皇帝的严格监管下,那个时代的文化精英们兢兢业业地为清王朝"彰千古同文之盛",辑佚校勘、考核辨证,配合频繁的文字狱专事考据,与朝廷一起埋葬了数千种图书。此外,《四库全书》特别重视儒家著作,中国历代都把一般儒家著作放在子部之首,以便于统治者以儒家思想钳制全民,使大家安分守己做顺民。乾嘉时期的绝大多数学者也因此热衷于钻故纸堆,从事文字、音韵、训诂、目录、版本、校勘、辑佚这样的"小学"研究,几乎不去注意中国以外的世界,也较少接触现实的国计民生,免蹈文字狱之险。《四库全书》轻视科技著作,认为西方现代科学技术,是"异端之尤",可以"节取其技能,禁传其学术"。除了农家、医家和天文算法类收录少数科技著作之外,一般科技著作皆不收录。当所有的异己思想及新科技被排斥的时候,曾经迅速发展的脚步就开始踯躅不前。

而狄德罗主编《百科全书》的起因,却与乾隆皇帝直接过问编修《四库全书》完全不同,是因为不满足于单纯翻译10多年前的人编写的《钱伯斯百科全书》,认为当时的自然科学、社会科学和人文科学的各个领域已取得了长足的进步,已大不同于 15 年前。当时只有三十出头的狄德罗决定另起炉灶,力邀当时最优秀的学者,重新编纂一部向全人类介绍一切最新科学成就、汇集一切主要知识的百科全书,是一种纯粹的个人行为。这本以分类条目的形式"收集散见于世界各处的知识,将它们传递给后代,以使过去世代的作品能够有益于未来"的大书,事实上超越了一般性工具书的性质,第一次全面系统地总结了启蒙运动,高扬科学和理性的旗帜,反迷信、反狂热、反宗教迫害、反专制、反社会不平,开启了无数读者的理性。编纂者实事求是,唯物而且务实,以科学和民主为武器,毫不顾忌、毫不畏惧地向封建保守势力展开最直接的斗争,思想自由和表达思想的自由已成为人们神圣的追求。完全不同于《四库全书》对不符合要求的书籍的全毁、抽毁或改窜,不同于《四库全书》的重道轻艺、淡泊科学技术的倾向,《百科全书》也因此被后人誉为法国大革命的"兵工厂"。

一个是为了实现思想的大一统,一个是为了思想的启蒙,这就是两者的最大区别。这种区别带来的后果在以后中西方的发展中得到了充分的反映。

 讨论与思考

1. 叙述《四库全书》和《百科全书》的内容构成。
2. 为什么说追求思想的统一或启蒙是《四库全书》和《百科全书》的最大区别?

六、棋琴书画

古琴与钢琴

古琴是中国最古老的弹拨乐器之一,古代叫琴,又叫瑶琴、七弦琴等。"古琴"是现代人的叫法。古琴的长度一般在120—125厘米

之间,宽20厘米左右,厚约6厘米。琴最早是依照凤的身形而制成,其全身与凤身相应,有头,有颈,有肩,有腰,有尾,有足。"琴头"上部称为额。额下端镶有用以架弦的硬木,是琴的最高部分。

琴底部有大小两个音槽,琴面上有七根粗细不同的琴弦和十三个标志音阶位置的"琴徽"。古琴的音箱,不像筝等乐器那样粘合而成,而是把整块木头掏空,音箱壁较厚,又相对较粗糙,所以声更有独特韵味和历史的沧桑感。古琴的音色柔和、清新、宏亮,可以表现丰富的旋律,虽然音量小,但左右手多变的技法可以表现旋律的内在气质和力量,具有很强的艺术感染力。古琴的弹奏法、记谱法、琴史、琴律、美学等方面早已形成独立完整的体系,称为"琴学",它是中国传统音乐的代表,也是反映中国哲学、历史、文学的镜子。

中国传统乐器分为吹、拉、弹、打四大类,发展的顺序是先有打击乐和吹奏乐,后有弹弦乐。传说中古琴在神农、伏羲时代就已经

六、棋琴书画

产生,比较有把握的说法是至少在西周开始流行,《诗经》中有不少篇章都提到琴。据现有的图像及文献资料,琴至迟在汉末时已大致定型,为后世通用。唐代制造的琴传存至今,与宋元明清时造的琴,仅有造型艺术风格上的区别和音色追求的区别。古琴最初用于郊庙祭祀、朝会、典礼等雅乐,主要在士以上的阶层中流行,秦以后盛兴于民间。演奏技法繁多,右手有托、擘、抹、挑、勾、剔、打、摘等;左手有吟、注、撞、进复、退复、起等。演奏时,将琴置于桌上,右手拨弹琴弦、左手按弦取音。古琴的演奏形式主要有琴歌、独奏两种。周代,多用琴瑟伴奏歌唱,叫"弦歌",春秋战国时期,古琴的独奏音乐已具有一定的艺术表现能力,如伯牙弹琴子期善听的传说。著名的琴曲如《高山》、《流水》、《阳春》、《白雪》等均已载入史册。琴不是一种普及性的乐器,更多的是作为文化人的一种雅好,数千年来与文人的生活密切相关,它是文人的必备乐器。琴棋书画,琴居其首,琴的音乐神圣高雅,坦荡超逸,成为中国文化和理想人格的象征。孔子对琴情有独钟,为宣传自己的政治主张他周游列国,有一次途中被围困在陈蔡那个地方,口粮也吃光了,他的很多学生都受不了,坐立不安,只有孔子在弦歌抚琴,表现出对信念的坚定。俞伯牙高山流水遇知音的传说流传更为广泛,表达的也是古代文人的精神面貌。

古琴是中国古代地位最崇高的乐器,在隋唐时期就已经走出了国门,近代又伴随着华人的足迹遍布世界各地,成了世人心目中东方文化的象征,2003年联合国教科文组织宣布中国的古琴艺术为世界第二批"人类口头和非物质遗产代表作"。

钢琴英文名是Piano,用键拉动琴槌以敲打琴弦,是一种键盘乐器。键盘乐器与18世纪以来欧洲国家已经定型的管弦乐器和弹弦乐器一起,构成了西洋乐器的主要类别。现代钢琴主要有两种形式:直立式钢琴与三角平台式钢琴。直立式里有标准尺寸及小号直立琴。钢琴有二至三个踏板,最重要的有两个,一个在右,叫强音踏板,促使所有断音装置被解除,令任何弦被击时能自由地震动,直到踏板被解放;在左边的叫柔音踏板,是一个能造出柔和的声音的踏板。琴键基本上在85至88个之间。钢琴是一种名贵的乐器,结构复杂,由琴弦列、音板、支架、键盘系统(包括黑白琴键和击弦音槌)和外壳共六部分组成。钢琴的音域宽广,音量宏大,音色变化丰富,可以表达各种不同的音乐情绪,或刚或柔,或急或缓,均可恰到好处;高音清脆,中音丰满,低音雄厚,可以模仿整个交响乐队的效果。

现代钢琴是由意大利的乐器制作师克里斯多福里(Bartolommeo Cristofori)发明的。1709年,他以拨弦古钢琴为原形,制作

出一架被称为具有"强弱音变化的古钢琴"。"古钢琴"源于古希腊,它有两种形式,一是以手指拨动琴弦发音的多弦乐器,后与键盘结合成为拨弦古钢琴。另一种是以手指拨动琴键,装置于键尾的小槌击弦发音的古钢琴。克里斯多福里在钢琴上采用了以弦槌击弦发音的机械装置,代替了过去拨弦古钢琴用动物羽管拨动琴弦发音的机械装置,从而使琴声更富有表现力,音响层次更丰富,并能通过手指触键来直接控制声音的变化。以弦槌代替拨弦发音是钢琴的标志与象征,也是当时键盘乐器的主要特色。在随后的一些年月里,克里斯多福里改革了原来击弦机的结构,使击弦速度比原来加快了10倍,可以快速连续弹奏,音域也增加为4组。他的这一发明成了现代钢琴的雏形,以后随着科学技术水平的提高,人们对钢琴的制作工艺也实行了一系列革新,使演奏性能日益完善,至18世纪中叶,钢琴在德、奥和英国有了很大的发展,不久也传到了中国。20世纪初,中国还出现了钢琴供不应求的状况。

钢琴在流行、摇滚、爵士以及古典等几乎所有的音乐形式中都扮演了重要角色,一直受到作曲家的钟爱,被誉为"钢琴诗人"的19

世纪最伟大的钢琴演奏家和作曲家肖邦(Frederic Chopin)的创作几乎全是钢琴曲。在世界各国的成千上万种古今乐器当中,现代钢琴被众多的音乐家们誉为"乐器之王",这主要不是因为它的体积最大,或者内部结构最复杂,而是由于它优良全面的性能和广泛的用途都是其他乐器所不能比拟的。

延伸与点评

古琴是中国古典音乐的代表性乐器,钢琴是西洋近代音乐的代表性乐器,两者之间的差别十分明显。就文化的深层次上说,古琴讲的是顺应自然,钢琴讲的是对自然的标准化。中国古琴的制作以天然材料为主,发音来自弦与木质共鸣振动。琴弦用的是蚕丝,面板用桐木,因为直接取材于自然,使用的材料是独特的,所以有一木一琴之说,注重的是个性。西方钢琴的制作材料是以金属和各种标准化了的木料为主,都是人工的产物,用料、大小、厚薄、造型等方面都有统一的规定,注重的是共性。用自然材料制成的古琴尽量在发声中充分利用这些材料的独特性,充分发挥这些材料在发声上的作用,让它们尽可能多地参与乐器发声过程中的振动;用标准化材料制作的钢琴,却要减少材料在乐器发音中的作用,尽量让材料不参与或少参与发声时的振动来获取音色的共性。古琴重情味,特别重视自己的声音,尽力捕捉人的内在的感受、体验,音响的品质接近于人的嗓音;钢琴将音乐改造成具有相对抽象的形式体系,音响品质远离人的嗓音,趋于和任何一种自然声响都保持相当距离的音色,使音色效果获得一种共通性。古琴的顺应自然,体现的是对自然的贴近,对自然属性的尊重,对自然界多样化、丰富性、独特性的肯定,反映了中国古人对待自然的态度。《庄子》中的鼓盆而歌很说明问题:妻子死了,应该悲哀才是,庄子为什么会边敲盆子边唱歌,看不到难受的样子。庄子的理由很简单,人死是对自然的回归,人应该顺其自然。钢琴强调的对自然的标准化,与该时代的思维方式有关。十七八世纪,正是机器支配人的时代,机械力学给了人们很大的希望。那时人们的普遍观念就是人是机器,动物是机器,植物是机器。《人是机器》是法国哲学家拉美特利(Julien Offroy De La Mettrie)的作品,书中明确提出用有感觉的、有精神的、活的机器这一新概念来说明人,认为宇宙中最复杂的物体是人,人的身体状况毫无例外地决定人的心灵状况,人的机体组织则是类似钟表那样纯粹由物质的机械规律支配的自动机,食物是机器运转的材料。受这种机械观的支配,人们认为钢琴也是一个庞大的机器,钢琴对自然的体现也应该是有规律的,合乎标准的。

正因为这样,就可以发现,古琴之弦线,经手指的拨奏显得更加自然,音色更加原始;钢琴之弦线,经榔头的敲击,比较生硬。钢琴与古琴都是人的力量的体现,但力量的主要指向不同,古琴为内,钢琴为外。所以,古琴的听众,首先是琴人自己,其次是一二知音;演奏场合常常是琴人独处的琴室、知音集中的琴社以及宁静的山水自然之境。钢琴的听众,可以是琴人自己,但主要是其他听众;钢琴的演奏场所,伴随着西方民主化的进程,由皇宫到沙龙、音乐会、酒吧,范围日益扩大。

音色是音乐的存在形态,在很大程度上是属于民族的,仅此而言,古琴与钢琴也是不能互相替代的。

讨论与思考

1. 为什么说古琴是中国古典音乐的代表性民族乐器,钢琴是西洋近代音乐的代表性乐器?

2. 为什么说作为文化,古琴与钢琴是不能被替代的?中国古琴与西方钢琴反映的文化内涵有什么不同?

毛笔与钢笔

毛笔是一种以各种毛类梳扎成锥形笔头,粘结在竹管或木管一端,用于传统书写与绘画的工具。它源于中国,为中国的文房四宝之一。毛笔的起源很早,中国有个成语叫恬笔伦纸,其中的一个意思是中国的毛笔是由秦国大将蒙恬发明的,旧时的制笔行业就供奉蒙恬为行业祖师爷。据说蒙恬驻军边疆,经常要向秦始皇奏报军情,而当时文字书写,是用刀契刻的。由于边情瞬息多变,文书往来频繁,

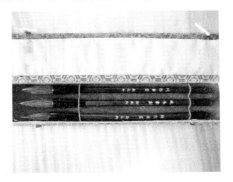

用刀契刻字速度太慢,不能适应战时需要。蒙恬急中生智,随手从士兵手中的武器上撕下一撮红缨,绑在竹杆上,蘸着颜色,在白色的丝绫上书写,由此大大地加快了写字速度。此后,又因地制宜不断地改良,根据北方狼、羊较多之便,利用狼毛和羊毛做笔头,制成了早期的狼毫和羊毫笔。有书记载说蒙恬始作秦笔,其实,毛笔的历史可以大大提前,人们一般的看法是起源于公元前1600—1066年左右,目前发现的最早的毛笔字是西周晚期的,最早的毛笔是战国早期的楚笔。1954年在战国墓中发现的楚笔,笔头用兔毛制成,笔身套入竹管,用细丝线缠住笔头与笔管。毛笔在当时有不同的称呼,燕国称"弗",吴国称"不聿",秦国称"笔",甲骨文中的"聿"就是笔字,像一手握笔的样子。毛笔的原料主要是兽毛和竹管,古代制笔最初曾经利用过各种禽兽、牲畜的毛,如鸡毛,鹅毛,雉毛,羊毛,鹿毛,猪毛,豹毛,虎毛,甚至还有用人的须和胎发的,兽毛中兔毛是制笔的最好原料。因为毛的种类和特点不同,可以分为软毫、硬毫、兼毫三大类。软毫的原料是山羊和野黄羊的毛,统称羊毫。羊毫笔吸墨量大,写起字来柔软圆润;硬毫有紫毫、狼毫,紫毫因色泽紫黑

光亮而得名,它用的是兔毛,弹性比狼毫更强,此种笔挺拔尖锐而锋利。狼毫用的是黄鼠狼尾巴上的毛,比羊毫笔力劲挺,宜书宜画,但不如羊毫笔耐用。兼豪是软硬两种毛按比例搭配。初学写毛笔字,大多使用兼毫类毛笔。毛笔的大小形状也不一样,有小楷、中楷、大楷,最小的叫圭笔,大的笔重量达几十斤,笔杆可像碗口那么粗。中国历史上比较有名的是安徽宣城生产的宣笔和浙江湖州的湖笔。唐宋时期,宣笔名满天下,元时湖笔后来居上,替代了宣笔的位置。湖笔选料考究,工艺精绝,从原料到成品要经过上百道的程序。一支好的毛笔,应该具备四个特点:尖、齐、圆、健。"尖"是说笔毫聚拢时,末端要尖锐如针,写起字来锋棱易出;"齐"说的是笔尖润开压平后,毫尖平齐,无犬牙交错状;"圆"是说笔毫圆满如枣核之形,毫毛充足,饱满圆浑;"健"则指笔毫柔中带刚,重压后提起,随即恢复原状。一般而言,兔毫、狼毫弹力较羊毫强,书亦坚挺峻拔。毛笔有了这些特点,就能挥笔自如,得心应手。

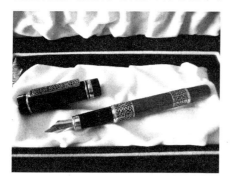

中国人发明了毛笔,西方人发明了钢笔。钢笔在上两个世纪是人们普遍使用的书写工具。构成钢笔的重要部分为笔尖、钢笔的打水与出水系统笔囊以及钢笔的主体笔杆。钢笔发明于1884年,当时美国一家保险公司的一个叫沃特曼(Lewis Waterman)的雇员,制出了笔尖、笔舌。笔尖和笔舌上都开有细小的缝隙,以便吸水。他从植物体内毛细管输送液体的原理得到启示,发明了一种用毛细管供给墨水的方法,用一条长长的硬橡皮,连接笔嘴和笔内的墨水储管,又钻了一条细如毛发的通管,这条通管可容少量空气进入墨水储管,使里面的气压保持平衡,因此只有在笔嘴受到压力时,墨水才会慢慢流出来。最初期的沃特曼自来水笔,加墨水时要用滴眼药水的滴管,后来改用有弹性的橡皮囊,只要把里面的空气挤出去,插进

六、棋琴书画

墨水,就能自动把墨水吸进去。钢笔发展到现代,形成了金笔与铱金笔两大种类,金笔的笔尖采用黄金合金,笔尖较软,弹性好,手感舒适;铱金笔的笔尖不含黄金,部分笔尖镀金,笔尖较硬,适合初学写字者。一支钢笔的好坏主要看以下几个方面:整支笔的顶端——笔帽上带有品牌标志的笔夹、笔杆的手感轻重与制作材料、笔囊的吸水能力与出水的顺畅程度、笔尖的出水流畅与书写圆润情况。关于钢笔的发明有一个说法,说自来水笔纯粹是沃特曼在一次盛怒之余发明出来的东西。1884年,沃特曼担任一个保险公司的营业员,好不容易才在与几位同行的竞争之下赢得一大笔生意。签约时,沃特曼递给他的顾客一支精美的羽毛笔和一瓶墨水,请顾客签字。不料,那支笔漏了一滩墨水,把那份文件弄脏了,当他急急忙忙去拿一份新合约纸的时候,一位竞争对手乘虚而入,抢走了那一笔生意。这一事件萌发了制造钢笔的念头。沃特曼的发明是在前人成果的基础上形成的,例如1700年法国路易十四时代的乐器制作大师尼古拉斯·比翁(Nicholas Beorn)最早为自来水笔留下的画图,1803年英国的一位工程师布赖恩·唐金(Bryan Donkin)获得的钢制笔尖的专利,1809年佩雷格林·威廉森(Peregrin Williamson)在美国第一次获得制笔方面的专利权,这是一种笔管中有墨水的贮水笔。不过西方人用笔的历史很早,古代罗马人是用细小的刷子或芦苇杆蘸着粗制的墨水来写字的,罗马人称这样的笔为Penlcillus。公元700年,罗马人发明了羽毛笔,用的是大鸟身上的羽毛,它在后来的1000年中成为西方的主要书写工具。

钢笔在长期的发展过程中,形成了不少品牌,例如美国的沃特曼(Waterman)、派克(Parker)、德国的万宝龙(Mont Blanc)、意大利的威斯康提(Visconti)等,英雄、永生、金星是20世纪下半叶中国最著名的钢笔品牌。到了今天,随着圆珠笔的广泛使用和电脑的普及,钢笔逐渐退出了日常生活。

延伸与点评

比较毛笔与钢笔可以发现：毛笔自从发明使用以来，经历数千年，除了大小粗细、品种增加，以满足不同的书法和绘画的需要以外，没有根本性的改变。可以把汉代作为中国制笔技艺进入完全成熟时期的标志，因为一方面伴随着汉文化的萌生、发展和成熟，汉代制笔工艺已经达到了相当高的水平。另一方面，汉后历代的制笔工艺基本上没有什么重大的改革和创新，突出的只是在制笔原料与笔杆文化上的拓展。例如制作笔管的有水竹、鸡毛竹、斑竹、棕竹、紫檀木、鸡翅木、檀香木、楠木、花梨木、沉香木、雕漆、绿沉漆、象牙、犀角、牛角、麟角、玳瑁、玉、水晶、琉璃、金、银、瓷等，这些材料大多与使用者的身份相关。而西方的钢笔则是对原始的芦苇笔、羽毛笔制作工艺的突破。沃特曼对钢笔的改造是在笔尖上开了个小孔和小沟，使钢笔下水变得自然流畅，虽然这只是很小的变动，却具有创新的意义，它改变了原来的工艺，实现了知识的增值，开拓了认识的新领域。与毛笔"从一而终"不同，钢笔除了在细节上不断改进之外，还产生了自来水笔，圆珠笔，以及许多各具专门用途的笔。

毛笔与钢笔分属不同的类别，前者属于软笔，后者称为硬笔。由于钢笔要把毛笔的粗壮点画变为纤细的点画，去其肉筋存其骨质，注重的是线条、结构、章法，所以用钢笔书写的线条是硬的，没有粗细，适宜于书写线形的拼音文字。用毛笔书写的线条是软的，可粗可细，可长可短，适宜于书写笔划有粗细、能刚能柔的篆书或楷书，以及如行云流水的行书、草书。钢笔字的主要目的是记录语言，表达想说的事实，实用性强，毛笔字除了这些相同的功能之外，还可以使写字成为一种书法艺术。钢笔要作画，只能是黑白的素描，属于硬笔画。毛笔可以画黑白画，也可以画彩色画。钢笔字的美主要表现为匀称、平衡、秩序、比例、明确等形式，毛笔字除了这些，更讲究对比对称、变化和谐、多样统一。对毛笔与钢笔的这种差别,有人形象地将其表述为毛笔字的笔画为"面",钢笔字的笔画为"线"。就总体而言,钢笔不具备毛笔那种表现线条粗细变化反差的能力。

毛笔与钢笔在中西文化中的地位大不相同,中国就有人主张把毛笔作为中国的第五大发明,认为如果没有毛笔,中国的汉字、绘画、艺术、各式文献形态、中国文化的精神面貌都不会是现在的状况。事实上,书法艺术是中国特有的,西方没有与之相应的艺术,钢笔字没有独立审美的意义。在西方的美术史中,有绘画,有雕塑,有建筑,但没有书法,没有中国书法方面所特有的美学概念、术语和比喻,当然更不会有"字如其人"这样的观念了。

讨论与思考

1. 构成钢笔与毛笔的主要部件是什么?什么是判断钢笔与毛笔好坏的标准?
2. 钢笔与毛笔在历史上的发展有什么大的不同?
3. 为什么西方不存在类似中国的书法艺术?

中国象棋与国际象棋

象棋,又称中国象棋,是种双人对弈的图版游戏,主要流行于华人及亚太地区。象棋的棋盘由九条纵线和十条横线相交而成,棋子通常用木或塑料制作,圆形的棋子上刻有文字,棋子在线的相交点上行走,纵线在中间被断开,叫做"河界",在纵线四、六画有交叉线的地方,称为"九宫格"。象棋中作为参战战员的棋子共32个,红黑双方各有16个子,分为车(2)、炮(2)、马(2)、相(2)、士(2)、兵或卒(5)、将或帅(1)七类。它们的职责、作用各不相同:车,勇猛迅速,攻、守、进、退,无往不利,相当于马或炮的二倍,实力最强;炮,关乎全局,行动迅速而易于成势,敌缺象而有士时,最有利于炮之攻势,实力为车之下;马回环跳跃,盘旋曲折,线的活动较车、炮为迟缓,面的活动则较广泛而灵动,实力仅次于炮;相、士以保卫将(帅)为专职,相活动范围较大,士活动范围较狭;兵,数量最多,勇于牺牲,不易杀尽,过河的兵可以横行直冲;将,为全局核心,敌我双方胜负的目标与标志,战斗力最弱。

中国象棋有悠久的历史。现在中国象棋的基本样式在北宋时期已经确立,32枚棋子,有河界的棋盘,将在九宫之中等等。南宋时期,象棋"家喻户晓",成为广泛流行、受到社会各阶层民众喜爱的棋艺活动。不过,象棋起源的追溯可以大大提前,战国时期,中国文献中已经有了关于象棋的正式记载,例如《楚辞·招魂》。以后的考古发现、史籍上的不少记载,都留下了秦汉、三国、隋唐时代象棋游戏的印记。当然,早期的象棋和现在相差甚远,就是在北宋时,象棋还有其他的形式,司马光曾创《七国象棋》,棋子中就有弩、弓、刀、偏、裨等古代战争编制,完全就是军事化的游戏(参见刘秉果《中国体育》,上海古籍出版社出版,第355页),现在的象棋样式是中国象棋运动长期发展的结果。

与中国象棋十分相近的是国际象棋。国际象棋过去被称为万国象棋,英文"chess"本身只是棋的意思,为了与中国象棋区分开来,人们加上"国际"二字叫国际象棋。在亚洲一些华语地方,也有人称它为"西洋棋"。国际象棋棋盘是个正方形,由横纵各8格、颜色一深一浅交错排列的64个小方格组成。深色格称黑格,浅色格称白格,棋子就放在这些格子中移动。棋子共32个,分为黑白两组,各16个,由对弈双方各执一组,兵种有王(1)、后(1)、车(2)、象(2)、马

(2)、兵(8)6 种。根据规则,王横、直、斜都可以走,威力相当于车,大于马,它的存亡决定一局棋的胜负,所以价值最大;后是国际象棋中威力最大的子,横、直、斜都可以走,步数不受限制,价值仅次于王;车横、竖均可以走,价值相当于一个半马;象只能斜走,威力取决于棋局的形势,价值相当于马。马最灵活,价值相当于三个兵;兵只能向前直走,每着只能走一格,是所有棋子中威力最小的。

国际象棋约有 1500 年的历史。关于它的起源说法不一,但世界上多数现代棋史学家认为国际象棋的原型最早出现在中国或印度。按照现有得到文物数据支持的说法,它起源于大约公元 6 世纪的印度东北地区,它的梵文名字是"恰图兰卡",意思为印度军队的四个组成部分,它们是双轮马拉战车、骑兵、大象、步兵,分别相当于国际象棋中车、马、象,这正好是古印度军队的组成兵种,公元前 325 年亚历山大(Alexander)看到的抵抗他入侵的印度军队就是国王率领的 5 万名步兵、1000 辆马拉战车,130 头战象和 3000 名骑兵,这几乎是国际象棋的原型。尽管国际象棋起源何处没有最后的定论,但"源于亚洲、流传到欧洲、至 15 世纪末进化为现制"的说法是为世人所公认的。

延伸与点评

从文化的角度比较中国象棋与国际象棋很有意思,它们有不少相似之处:游戏的最终目的都是为了战胜对方,它们都可以看做是都在指挥部队,都是一种不流血的战争,都是一种战争游戏,棋子类别也大体相同,国际象棋中大部分棋子的命名,也完全是按照中国象棋的叫法而定的。King 译为王;Rook 意为城堡,但译为"车";Knight 骑士称为"马";Bishop 传教士,称为"象";Pawn 译为兵。18 世纪国际象棋进入中国时,常常是用中国象棋的术语来解释国际象棋的,可以说中国象棋与国际象棋没有本质上的区别,只是由于中西方的历史、地理、文化背景的不同,使得两者在规则、走法上具有差异。大家知道,国际象棋有 64 个方格,棋子放在格子中间。中国象棋的棋盘比国际象棋多一条线,棋子不放在格子中,而是放在线路交叉的地方,位置却从 64 增为 90,有人认为这很大可能是受围棋的启发,因为围棋子就放在线路交叉处,而象棋盘又刚巧是围棋盘格数的四分之一。起始于尧舜时代的围棋比中国象棋的历史要早得多。在国际象棋发展的历史过程中,国际象棋的形状大不相同。据考证,棋子的设计扣住了战争、革命、和平、宗教、科技、艺术等多方面的内容,有一副描写美国独立战争的装饰性的国际象棋,一方是穿蓝色军服的美国士兵,指挥官是乔治·华盛顿(George Washington);另一方是身穿红色军装的英国士兵,由英皇乔治三世(George William Frederick)统帅。还有一副 1870 年制作的象牙棋子,以善与恶为主题,邪恶方为红色,是炼狱里火焰的象征;正义方则身着天使般圣洁的白色衣饰。尤为特别的是中国人制造的国际象棋,因为知道中国皇帝的禁忌,王常常是由戏台上扮演的、或者中国神话传说中的帝的形象来充当。而中国象棋中的河界,通常标作楚汉河界,源自楚汉相争时的鸿沟,再现了当时两军对垒的场景。中国象棋最初的子力中并没有炮,它与中国火药发明并用于军事,形成炮战密切相关。显然,不管是中国象棋,还是国际象棋,它们都是社会环境的产物,是文化的结晶。

中国象棋与国际象棋的差异触及文化的深层领域。受女权的影响,国际象棋的后 Queen 威力巨大,最多可以控制三分之一的战场,意大利称它为 Robioso(狂暴的棋子)。在古西方的历史上,女王的统治屡见不鲜,著名的就有埃及女王、英国女王、丹麦女王、瑞典女王等等。而中国象棋里是没有"后"这个棋子的,这与传统社会男尊女卑的儒家意识相吻合,可以说整个中国封建历史就是一部"父权的历史"。宋明理学使中国妇女地位极其低下,夫为妻纲成了中国封建社会人伦的一大准则,妇女被视为是引发政治动荡、导致国家覆灭的根源,即所谓的"祸水"、"灾星","妇女上船船就翻,妇女上房房就坍"成了传统社会的一种心态。武则天做了皇帝,也免不了被视为是中国历史的异端。妇女的价值和地位被定位在生育上,即为延续一个家族的血缘而必须为这个家族生育出男性后代,妇女存在的意义和价值就是让男性快乐。"兵"是数量最多的子,站在最前方,用自己的身体保卫王朝,而且是只能冲锋不能后退的,在这点上中西方对士兵的要求都一样。但中国象棋中的小兵永远都只是小兵,即使在过河之后变得厉害了一点,也永远成不了将军。而国际象棋中的小兵就有改变自己命运的机会,如果勇敢地冲到底线将升格为除了王以外的任意一子。这反映了中国封建社会森严的等级制度,也反映了西方"论功行赏"的传统和张扬自我、突出个性的人本主义特征。

作为棋类艺术的国际象棋与中国象棋,都起源于劳动人民的生产实践,是经过提炼和升华的一种艺术。与其他艺术形式例如文字、诗歌、音乐、舞蹈、绘画相比,它们更接近社会的人文环境和当时的社会状态,它几乎是人类社会状态的一个缩影。现在有人提出要结合"中国象棋"优势,开创"国际象棋"之路,这是有意义的,因为他看到了中西文化发展的一种内在需求。

讨论与思考

1. 分析中国象棋和国际象棋与社会历史发展的关系。
2. 为什么在国际象棋中有"后"这个具有很大威力的棋子?为什么同样是兵,在中国象棋与国际象棋中的着法却大不一样?

《灸艾图》与《杜尔普博士的解剖课》

《灸艾图》又叫《村医图》，是中国宋代画家李唐的作品。李唐擅画山水，常写山川雄姿气势，亦兼工人物，并以画牛著称，与时人刘松年、马远、夏圭合称"南宋四家"，对后世颇有影响。清代皇帝乾隆曾经看过李唐的这幅《灸艾图》，并盖上"乾隆御览之宝"之印，这幅

画现藏中国台湾省台北的故宫博物院。该画描绘了乡村医生在农村治病的情景。画面中，医生坐在小板凳上，用艾条薰灼患者的背部，侍童站立医生的右侧，手中拿着一贴早已配置好的膏药，等候在旁。被治的老人疼痛不已，不断挣扎。为配合医生的治疗，左右两个壮汉双手紧紧抓住患者的双臂，不使他动弹。小孩子则被吓得躲在大人的身后，又好奇又不敢看。医生、病人、观者的神态各不相同，活灵活现。

《杜尔普博士的解剖课》(*The Anatomy Lecture of Dr. Nicolaas Tulp*)是荷兰著名画家伦伯朗(Rembrandt Harmenszoon van Rijn)1632年的作品，该画是应阿姆斯特丹画业同业会委托而绘制的集体肖像画。图片上的解剖课以解剖学阶梯教室为背景，着重突出了杜尔普教授，他独坐在一边，手拿解剖刀，头戴宽边帽子，身着黑色长袍，长袍配白色

衣领，显露出自信和威严。右下角斜放着一本很大的解剖学讲义。画中另一主要人物是死者阿里斯·金特，他秃头大耳、身体健壮，是

理想的解剖材料。画中杜尔普博士切开死者的左手和左臂,面对着七位学者,一面分离肌肉,一边阐述着人体的结构原理。听课者情态各异,但都非常认真:有的情不自禁地凑上前来吃惊而专注地看着教授所示的地方;有的手拿教材默默地思索;有的好像茅塞顿开;有的又好像如梦初醒。

延伸与点评

《灸艾图》与《杜尔普博士的解剖课》都是以医学为题材的世界名画。灸艾与解剖入画,反映了中医与西医的不同特点。

《灸艾图》说到了灸疗法,灸疗法是中医学中最古老的疗法之一。灸,《说文解字》释为"灼也",即以火烧灼之意。灸疗法就是把天然植物艾叶加工成绒作为材料,点燃后将艾绒按一定的穴位放在皮肤上或靠近皮肤,利用热的刺激来治疗疾病。人们常常把针法与灸法连在一起,并称针灸。针法是用特制的金属针,就一定的穴位,刺入患者体内,用捻、提等手法以达到治疗的目的。针法与灸法虽然使用的材料不同,但基本的道理一致,都是通过俞穴,作用于经络、脏腑,以调和阴阳,扶正祛邪,行气活血,达到防治疾病的目的。针法与灸法最好两者并用,唐代医学家孙思邈在医书《千金方》上说过:"针而不灸,灸而不针,皆非良医也。"

关于灸疗法的起源,没有确切的说法,但是不少学者认为,这一疗法的出现不会晚于原始社会。关于灸疗法的文献记载,可追溯到春秋战国时期。湖南长沙马王堆三号汉墓出土的医学典籍《足臂十一脉灸经》《阴阳十一脉灸经》,对灸疗作了详细记载,提出多种经脉病症以及心痛、癫狂、咳血、耳聋、噎等急难病症,均可采取灸疗的方法进行治疗。甚至在一些非医学书籍中,也常常可以见到用灸疗来引喻射事。《庄子·盗跖》篇就评论孔子,说孔子硬劝盗跖实在是无病自灸,自寻烦恼;《孟子》中批评那些要称王天下的人是患了七年的病,平时不栽培,临时却要寻求三年的陈艾,实在是做不到的。所有这些充分表明,在中国的春秋战国时期,灸疗之法已经相当盛行了。随着历史的进展,灸疗法有了很大的发展。古代中国不少医学大家,虽精通方药和针法,但在实际治疗中,则偏爱灸法。被誉为神医的华佗,给患者治疗疾病时多采用灸法,他一般选用一两个穴位,每个穴位灸七八个艾柱,病就能当场痊愈。唐代药王孙思邈,幼时多病,中年开始用灸法健身,常"艾火遍身烧",结果到了93岁时仍"视听不衰,神采甚茂"。灸疗在中医史上产生了许多奇迹,作为实践经验的总结,从晋代起,大量的灸法专著得以问世,许多医学著作都只述灸法不言针法,从而形成了中医学著名的分支学科——灸学。灸疗有着强大的生命力,民间至今还流传着"家有三年艾,郎中不用来"的谚语。医书上说,"凡药之不及,针之不到,必须灸之"。表明它有独特的作用。实践证实,灸法可治疗呼吸系统、消化系统、泌尿生殖系统、妇产科、心脑血管、骨伤及风湿类、皮肤科等诸多疾病。有的日本学者专门介绍了灸法对人的治疗效用,如美化肌肤、安定精神、驱除疲劳、促进睡眠、培养精力、培养一个不轻易生病的身体等。

《杜尔普博士的解剖课》反映了西方十六七世纪人体解剖学兴起的社会背景。人体解剖学是一门研究正常人体形态和构造的科学,是西方医学的基础学科之一。它历史悠久,最早可以追溯到被称为医学之父的古希腊的希波克拉底(Hippocrates),稍后还有亚里士多德(Aristotle)、盖伦(Galen)等,但真正使解剖学得到长足进展的是在文艺复兴时期。解剖学史这样记载:医学家最初开始了人体解剖学的探索,又是医学家奠定了现代人体解剖学基础,而文艺复兴时期的艺术家们加速了人体解剖学的发展。值得一提的是对解剖学具有划时代贡献的维萨里(Andreas van Wesel)。1543年他发表了《人体的构造》一书,该书抛弃了传统的腐朽知识,纠正了盖伦许多错误的论点,遵循解剖的顺序较系统地记叙了人体的骨骼、肌肉、血管和神经的自然形态和分布,描述了人身体的活动,从而使维

六、棋琴书画

萨里成为现代人体解剖学的奠基人。与他同时的一批解剖学者和医生，如欧斯达丘司（Eustachius）、习尔维（Sylvius）、瓦罗留（Varolio）、保塔罗（Botallo）等，发现了一些人体的结构，以他们名字命名的结构至今仍保留在解剖学的教科书中。后来的英国学者哈维（William Harvey）创建了血流循环学说，把生理学从解剖学中分立出去。

考察文艺复兴时期的近代解剖学，可以看到医学与艺术人联姻。那时搞绘画的人常常是搞解剖的，伦伯朗的《杜尔普博士的解剖课》固然是一例，但只是其中之一。前面说的医学人体解剖学的奠基人维萨里，并没有去区别艺术与医学解剖学的特点，反而在为医学所用的解剖学人体描绘中，赋予强烈的艺术色彩。许多人体图谱是具有特定姿态、动作甚至表情的人物，也是具有人性化特点的人体图谱。被称为文艺复兴时代完人、既是艺术家又是科学家的达芬奇，对人体解剖学的研究先后进行了四十余年，他的解剖绘画习作几乎是在解剖尸体的同时完成的。他认为，人体解剖知识是了解人体结构与人体动态的钥匙，是在艺术上真实地表现人的形态时所必备的本领，他绘制的"怀孕的子宫"便是一幅"医学解剖"艺术作品。解剖学与绘画的这种统一，反映了它们的共同旨趣：都需要精确的解剖学知识，都把人体作为与自身相对的客体，都把客体作为自身研究的对象，都采用分析的方法，都注重追求可把握的实在，都强调把握对象的真实精确。正因为这样，我们可以理解，为什么维萨里主张直接观察而不是通过解剖动物来认识人体，为什么会去偷绞刑架上犯人的尸体，甚至带领学生偷盗墓中的尸体。

解剖学的精确性、准确化是西方医学的根本特征，诊断学、药物学、治疗学都离不开这一特征，这与中国医学有很大不同。中医也有关于人体结构的知识。"解剖"这个词语最早见于医书《黄帝内经》，书中说道："夫八尺之士，其死可解剖而视之。脏之坚脆，腑之大小，谷之多少，脉之长短——皆有大数。"该书还有对头骨、胸围、腰围等的详细度量。后来的汉代名医华佗，能用麻醉进行外科手术。南宋时的宋慈对人的骨骼有了全面的描述。然而,与以形态结构为主,辅以机理的西医解剖学的着眼点截然不同,中医则是以整体、机理为主,以形态结构为辅。中医讲的五脏六腑,有的虽然与西医脏器的名字相同,但生理、病理的含义却不相同;有的在解剖刀下并不存在,而且中医脏器间的联系与解剖学也不相符。中医的各脏器是一张相互关联的大网,脏器功能的分界比解剖学要模糊得多。肺与大肠,西医分得很清楚,一个管呼吸,一个管消化,但中医却认为"肺与大肠相表里",治疗便秘可用清肺的方法,表明人体不同器官相互使用,相互关联。《灸艾图》讲的灸疗,目的就是要调整经络脏腑功能。中医认为经络遍布人的全身,主宰人体的生命状态,所以有这样的说法:通则不痛,不通则痛。但经络在西医的视域中没有得到实证。

应该说,精确性与模糊性在世界医学中各领风骚,人们越来越认识到两者联手的必要,中西医结合成了当代医学发展的一大趋势。

讨论与思考

1. 介绍《灸艾图》与《杜尔普博士的解剖课》两幅画所描述的大概内容。

2. 怎样理解中医的模糊性与西医的精确性?为什么说经络与解剖分别是构成中西方医学的理论基础之一?

"牧牛图"与"最后的审判"

"牧牛图"是大足石刻的一组艺术雕像。它位于中国的重庆,属唐末、宋初时期的宗教石刻,由天然的石壁刻字造像而成,是中国著名的古代石刻艺术,也是中国石窟艺术群中保存最完好的石窟之一,被联合国列为世界文化遗产。《牧牛图》雕像长27米,高5.5米,随着山岩地形的弯曲,巧妙地结合岩壁上的流水,以连环画的表现

六、棋琴书画

手法,有图有文,有崎岖的山径,静美的林泉。在这大自然的美景里,刻出十个牧童放十条水牛。图中牧童多姿多态,有的袒胸憩睡,有的牧歌高奏,有的并肩谈笑,有的挥鞭打牛;牛也其状不一,或卧、或息、或吃草、或饮水、或昂首舔食、或牛性大发不可遏制。这些逼真的造像,情景交融,全图各组配刻一组颂词,图后还刻有祖师

(赵智凤像)说法图及明月颂等,风趣盎然,表现了宋代牧童生活。牧牛图一般被认为有十幅画组成,分别描述了以下内容:①"未牧",牧人立于牛后,双手紧拉牛鼻索往后拽,牛头向西,昂首欲往前奔,彼此相持不下。②"初调",牧人身穿棉衣,背一斗笠,左手执绳,右手举鞭,强使牛回头转向。③"受制",牧人上着袒胸露腹对襟衣,下着三角短裤,左手举鞭驱牛,右手执绳牵牛,双腿赤裸而立,牛尾翘起,驱牛下坡,牛往山下奔跑。④"回首",牧人戴着斗笠,背一半球形鸟笼,左手执绳,左腿曲蹬石梯,右腿直立着地,身前倾上引作蹬山状。牛后上方有一虎随时准备扑牛,牛向西立,两耳竖立。⑤"驯伏"、⑥"无碍"(两幅合刻),两个牧人相互依偎坐于山石上,各将手搭于对方肩头,右牧人右手于胸前执绳,左手握鞭攀在左牧人肩上,牛向西立牧人右侧,口微张,似在咀嚼,又似在倾听主人谈话。左牧人左手执绳,右手执鞭攀在右牧人肩上。牛于牧人左侧向西跪伏于地,饮着山泉,二牧人谈笑风生,手上绳毫无着力,不刻意管顾牛。⑦"任运",牧人向东立于牛后,上着短袖袒胸薄衣,下着长裙,左手执鞭和绳,牛鼻无绳,两蹄分开,在溪边作饮水状,远处有一牧童,左手垂鞭,右手指牛作笑状。⑧"相忘",牧人向左斜睨,双手击掌和拍,左脚踏石,神情欢快。牛头向东,伸出舌头舔右蹄,牛前是果树,二鸟在花果中觅食。⑨"独照",老牧人长须飘拂,赤足坐在山石上,前立一只白鹤,双手执笛横吹,神情专注,牛鼻上无绳,昂首张

嘴向山溪流。⑩"双忘",牧人仰卧在岩石上,头东脚西,袒胸露腹,右手垫脑后作枕,左手搭于头上,酣然大睡。头后有棵树,树上倒挂一猴,伸出左前爪抓牧人衣。牛卧牧人之西。牛头向西,四腿跪伏于地,尾似在摇,头微微上仰,流露出一副专注的眼神。

教堂壁画《最后的审判》是意大利文艺复兴时期伟大的绘画家米开朗基罗(Michelangelo Buonarroti)的作品,前后用时近6年。1536年,米开朗基罗来到罗马教皇的私用经堂西斯廷教堂,当时反对宗教改革的教皇保罗三世(Pope Paul III)不顾艺术家60岁的高龄,要他为西斯庭教堂祭坛后面的大墙绘制壁画,《最后的审判》就是在这样的背景下产生的。这是一幅多人物构图,在将近200平方米的大墙上,大约四百个等身大小的裸体人物被安排得错落有致。画中人物在水平面上组成群体,随着位置的升高,人群愈加密集。左侧人群走向的是天堂,右侧人群走向的是地狱,天堂属于善者,地狱属于恶者。壁画的主要内容来自基督教的教义,主要表现当基督来临的时候,原先死去的人都将复活,并与活在世上的人一起经受最后的审判,判决的依据是生前的所作所为——行善与作恶的多少——由此决定是上天堂还是下地狱。这样,画面所展现的是,在世界末日来临之际,基督自天而降,他把万民召集在面前,进行审判,区分善恶。画面最上端,左右各绘了一组不带翅膀的天使,擎着光轮,左面一组抱的是十字架,右面一组抱的是耻辱柱,两组人物在云端里向中央倾斜。下面占中心地位的是耶稣形象,他坐在象征荣誉和神性的宝座上,高扬的右手一如既往地示意把不在生命册上的亡众挥入火湖。耶稣的左边是被判入天堂的人,在天使的引领下缓步进入天堂,耶稣的右边是恶人受罚的场面,死者的灵魂被放在天平上。魔鬼向下拉着

六、棋琴书画

恶人,天使向上抬着善人,在天使的脚边有两个呼救的灵魂,他们手拉着天使的衣袍请求保护。下半部表现的是灵魂的恐惧,一些怪兽和魔鬼正在惩罚这些灵魂。在耶稣的中央下部,有一小舟上载七个天使,他们受圣命之差,驾云来到地狱,吹起长长的号角,召唤所有的灵魂前来受审。作品刻画的人物相当细腻,那些受审的人们表情各异,性格鲜明,有人扪心自问,有人惊魂未定,有人欣喜若狂,有人急于表述,有人则绝望至极。一些被打入地狱的罪人,有的在下降,有的在上升,画面左侧下部地面上有几个呈骷髅状的幽灵,由于他们的善良,骨骼上重新长出肉来。关于这幅画还有一个小插曲,巨作中的裸体人物曾引起争议,一些人认为猥亵了神灵。米开朗基罗刚去世不久,教皇庇护四世(Pope Pius IV)就下令给所有裸体人物画上腰布或衣饰。

延伸与点评

"牧牛图"与"最后的审判"都是以宗教为题材,而且都不止一次地出现。在佛典中,以牛作喻者甚多,如《阿含经》中有牧牛十二法,《五灯会元》中有福州大安禅师拜见百丈怀海禅师时以牛比佛性的问答。而"最后的审判"是圣经的传统题材,在所有的教堂里几乎都有这个主题的壁画。但两者毕竟代表的是不同的宗教文化,它们之间存在很大不同,例如,在宗教信念上,"牧牛图"反映的是多神论。唐宋时代,中国已经实现了三教合流,没有一种纯之又纯的单一宗教,所以,整个大足石刻所涉及的内容,既有佛教的,又有道教的,还有儒教的。佛教的造像还有不同派别,甚至还有释、道、儒"三教"合一造像区,老子、孔子、观音聚在一起。就在"牧牛图"中,整个驯牛的过程明显与宋明理学的思想相关。同时,牛也是道教的话题,骑着牛的老子常常是道教的偶像,"牧牛图"中出现的最后一幅画"双忘",几乎可以说是对庄子梦蝶的另一种描述。实际上,在中国的社会生活中,一个人常常会同时信奉佛教、道教和儒教,而且还会信奉不同的神,这种状况在基督教那里是不可能存在的。西方自罗马帝国时代起就把基督教作为唯一宗教加以信奉,认为统治宇宙的只有上帝或天主,上帝是天地的主宰和创造者,所以,西方是一神论的宗教。西方关于世界末日的说法,认为上帝最终能够审判世人,实际上就突出了基督教的唯一性。与这一差异密切相关的是崇拜对象。西方基督教崇拜的上帝,是脱离现实生活而幻想出来的具有人格的精神性的形象,它是天地万物的创造者和救世主,无所不在,无所不知,无所不能,它是人的尺度,能赏善惩恶。而中国没有像基督教那样的宗教,对人格神并不太相信,很少有系统论证彼岸世界的问题。中国汉族的神自古以来几乎都是实际生活的代表,天地君亲师都被古人奉为神。虽然中国古人敬畏天,但这个天不具备基督教中的上帝的含义,而不过是日常人伦的道德规范和宗教等级秩序的体现。所以中国人遇到难以说明的问题时,不是诉诸彼岸世界的神,而是求助此岸世界的先哲。"牧牛图"与"最后的审判"另一大区别还表现为对苦难的看法。基督教与佛教都认为现实世界是痛苦的,但对痛苦的根源是什么看法不同。基督教讲的是原罪,认为人类的祖先亚当(Adam)、夏娃(Eve)偷食了禁果,违背了上帝的命令,这成了人类的原始罪过,这一罪过传至他们的子子孙孙,所以人生下来就是有罪的,它是人类一切罪恶与灾祸的根源,今生的苦难是上帝对人的试探、试炼。佛教把痛苦的根源归结为人的自然意识,认为这种意识就像盲人摸象那样,真假不分,把现实生活看成是真实的,固执地讲究是非,拥有强烈的世俗欲望,看不到一切事物都是因缘和合而成,都处在变幻无常、刹那生灭的状态中。面对痛苦,基督教讲的是救赎,救赎的重点是赎,通过奋力拼搏,征服自然,挑战命运,战胜自我,从而得到上帝的拯救。佛教是一种内化的文化,它讲的是修行。作为中国佛教史上最后一个流派的禅宗,把"心"看做是修行的重点,人不必到心外求佛,因为一切客观存在及其变化,都是由"心"这个万物之主所决定的,"心"即思想、意识。所以修行要直指人心,在心上下功夫。人只要自悟净心,修心炼性,就能脱离苦海。可以说,基督教与佛教的这些见解在"最后的审判"和"牧牛图"那里得到了形象的表述。

1. 分别介绍"牧牛图"与"最后的审判"两大作品的主要内容。
2. "牧牛图"与"最后的审判"是怎样反映中西方宗教的苦难观?
3. 为什么说多神论或一神论是"牧牛图"与"最后的审判"的一大区别?

七、旅　　游

大雁塔与巴黎圣母院

　　大雁塔是古城西安的象征,也是闻名中外的胜迹。1961年被定为第一批全国重点文物保护单位。大雁塔始建于公元652年,因坐落在慈恩寺,故又名慈恩寺塔。大慈恩寺是唐长安城内最著名、最宏丽的佛寺。大慈恩寺在中国佛教史上具有十分突出的地位,玄奘曾在这里主持寺务,领管佛经译场,创立佛教宗派。大雁塔是楼阁式砖塔,据《天竺记》的解释,"雁塔"因塔的最底层的形状如雁而得名。塔高64.517米,底层边长25米,塔身呈方形角锥体,建在一座方约45米,高约5米的台基上,青砖砌成的塔身磨砖对缝,结构严整,外部由仿木结构形成开间,大小由下而上按比例递减,塔内有螺旋木梯可盘登而上。每层的四面各有一个门洞,可以凭栏远眺。据探测,大雁塔地下有空洞,很可能是大雁塔的地宫,内藏玄奘当初带回的珍宝。整个建筑气魄宏大,格调庄严古朴,造型简洁稳重,是唐代建筑艺术的杰作。当时的举子及第之后,均来大雁塔题名,使古塔名声大震。建造大雁塔的起因有不同的说法,有一种看法是玄奘大法师在唐永徽三年(公元652年)为了放经书向太子李治即后来的皇帝唐高宗提议而建成，由玄奘亲自督造的。以后多次重修，大雁塔初建时只有五层，后来到过十层，现在的塔为七层，这种楼阁式砖塔是中国佛教建筑艺术的杰作。

塔起源于印度，主要含义是"高显"和"坟"，最初是佛家子弟为了藏置佛祖的舍利和遗物建造的，公元1世纪前后传入中国。中国早期的汉字中并没有"塔"字，它被译成不同的名字。后来，人们根据梵文"佛"字的音韵"布达"造出了一个"荅"字，并加上一个"土"字旁，以表示坟冢的意思。这样，"塔"这个字既确切地表达了它固有的埋葬佛舍利的功能，又从音韵上表示了它是古印度的原有建筑，准确、恰当而又绝妙，于是"塔"的名称广泛流行。中国的塔很多，据推测可能有2万多座，基本结构大体相同，由埋葬舍利和陪葬器物的地宫、覆盖在地宫上的塔基、古塔结构的主体塔身和塔身上的顶塔刹四部分组成。塔常常与佛寺连在一起，有"有塔必有寺"的说法。早期的佛寺以佛塔为中心建造而成。中国第一座佛寺白马寺的中心就是一座大型方木塔。史书上说，白马寺是先建木塔，以塔为中心的。不过后来发生了变化，随着念经拜佛殿堂的升级，先是寺、塔并列，然后逐步把塔排出寺外，或建于寺旁。塔不仅供奉佛像，还可以登高眺望。中国早期的塔是木质的楼阁式塔，这种形式是隋以前中国古塔的主流。随着佛教在我国的广泛传播，佛塔也发生了很大变化，亭阁式塔、密檐式塔、花塔、金刚宝座塔、过街塔等相继出现。古塔所使用的建筑材料除了木以外，唐代以后开始兴起砖石塔，宋代以后，开始出现了金属塔和用琉璃砖瓦砌筑的古塔。到了元代，佛塔的建造就没有什么大的突破了。

巴黎圣母院坐落于法国巴黎市中心塞纳河中的西岱岛上，始建于1163年，是巴黎大主教莫里斯德苏利（Maurice de Sully）决定兴建的，1250年建成，历时近90年。教堂平面宽约47米，深约

125米，可以容纳近万人。中厅很高，圣坛上部当中的尖塔高90米，正面一对塔楼高60米，她是巴黎最古老、最大、建筑最出色的天主教堂。该教堂以其哥特式的建筑风格，祭坛、回廊、门窗等处的雕刻和绘画艺术，以及堂内所藏的13—17世纪的大量艺术珍品而闻名于世，是巴黎最有代表性的历史古迹、观光名胜与宗教场所。教堂的正面分三层，最下面有三个尖拱门，门上方是所谓的"国王廊"，上有分别代表以色列和犹太国历代国王的二十八尊雕塑。"长廊"上面为中央部分，两侧为两个巨大的石质窗子，中间是一个玫瑰花形的大圆窗，窗中央供奉着圣母圣婴，两边立着天使的塑像。教堂内部极为朴素，几乎没有什么装饰。厅内的大管风琴也很有名，共有6000根音管，音色浑厚响亮，特别适合奏圣歌和悲壮的乐曲。几个世纪以来，巴黎圣母院一直是法国宗教、政治和民众生活中举办重大事件和举行典礼仪式的重要场所。

巴黎圣母院是早期哥特式建筑最宏伟的代表。哥特式建筑是11世纪下半叶起源于法国，13—15世纪流行于欧洲的一种建筑风格，主要见于天主教堂，也影响到世俗建筑。哥特原指古代欧洲的日耳曼部族，事实上，哥特式建筑与哥特人没有什么关系。哥特教堂最早的作品是1114年建造的巴黎郊区的圣丹尼教堂，它是哥特式教堂的原型。由此发展起来的哥特式建筑摆脱了古罗马的影响，形成了由石头的骨架券和飞扶壁组成的哥特式教堂的结构体系。它的建筑特色是：尖塔高耸、尖形拱门、大窗户及绘有圣经故事的彩色大玻璃。设计充分利用十字拱、飞券、修长的立柱，营造出轻盈修长的飞天感。由于采用了尖券、尖拱和飞扶壁，哥特式教堂的内部空间高旷，开阔明亮，装饰细部如壁龛等也都用尖作主题，突出了高耸削瘦的整体风格，表现了神秘、哀婉、浓厚的宗教情感。按照罗丹的说法，在它们的各种表现中，在嵌饰于大门上的人的形像中，甚至在点缀那柱头的植物的枝条中都可以发现天国的美。哥特式建筑以其高超的技术和艺术成就，在建筑史上占有重要地位。

七、旅 游

延伸与点评

在中国的宗教建筑中,中国的佛塔与哥特式教堂可以一比。它们有共性,例如外形,都为高、直、尖,具有耸向天际的动感;但更多的是个性。中国佛塔的形式多样,不同类型的塔有独特的审美意义,并且塔在整个宗教建筑中有独立的意义;而哥特式教堂形式比较单一,尖塔依附于其他建筑。中国的佛塔更具有世俗化的人情格调,围绕着古塔,中国留下了许多美妙真切的诗词和各种动人的传说,寄托着世人的情感、理想与愿望;而哥特式教堂是人的理性愿望的外部标志,圆形、矩形、三角形是建筑的基本元素,给人的是庄严、肃穆、神秘与神圣之感,是用石头表现的交响乐。中国佛塔是塔寺园林宫殿的综合体,注重群体组合,洛阳的白马寺是用皇家公园改建的,风光优美的自然山水常常是造塔建寺的首选;而哥特式教堂常常是独立的一座建筑,注重的是实体的重量感,如厚实的墙体、粗大的梁柱等,擅长对纯几何形的造型元素的运用。

如果在总体上对中西宗教建筑作比较,可以发现,在西方,教堂、神庙等往往是一座城市、一个国家最好的建筑,它能代表当时建筑艺术和技术的最高水准。而古代中国,除了是皇帝下令建造的,一般宗教建筑在规模、材料、造型等各方面与宫殿是很难比肩的。其所以如此,与宗教在一个国家的地位密切相关。中世纪西方许多国家地区实行的是政权和神权合而为一的政治制度,那时教会的神权具有至高无上的地位,它的极端表现就是国家元首和宗教领袖同为一人,政权和教权由一人执掌;国家法律以宗教教义为依据,宗教教义是处理一切民间事务的准则,民众受狂热和专一的宗教感情所支配。国王要取得王位的巩固必须得到教会的支持,否则就意味着失去统治百姓的合法性。而宗教在中国的力量要弱得多,从秦始皇统一中国起,君主专制作为传统政治体制的核心,突出表现就是皇权至上。皇上以万民之父的身份君临天下,成为集行政、立法、军事指挥、司法、监察、考试录用官员、文化道德倡导等诸种权力于一身的最高统治者。在宗教问题上,皇权至上表现为皇权高于神权。在中国历史上宗教势力对中国的影响还是比较大的,但这种影响主要取决于皇帝。汉帝并祀佛老,于是佛教始入中国,与黄老并重,南北朝有数代皇帝信奉佛法,带来的是佛教大盛;唐代皇帝尊老子为祖,道家思想及道教随之获得了一线生机。事实上,不管是佛教还是道教,它们只能是皇权的附庸,决不可能出现西欧那种凌驾于皇权之上的现象。中西政治体制的这种差异当然是理解中西宗教建筑特征的一个切入点。

讨论与思考

1. 介绍大雁塔与巴黎圣母院的历史与建筑特色。
2. 分析佛塔与哥特式建筑的共性与个性。
3. 中西政治体制的差异对宗教建筑有什么影响?

泉州的老君岩与米洛斯的维纳斯

老君岩位于中国福建省泉州市北郊清源山下,原来是一个道教建筑群,规模宏大,有真君殿、北斗殿等,相当壮观,明代时道观已破坏,但老君像被保留下来了。老君像刻于宋代,高达5.63米,厚6.85米,宽8.01米,席地面积55平方米。清代有人说,它原是一块形状肖似老翁的天然巨岩,巧夺天工的民间工匠略施技艺雕琢而成。它神

七、旅　游

态生动,面容慈祥,双腿一屈,席地而坐,左手扶膝,右手凭几,静观世间变化的沧桑。耳朵和双膝不合比例,双耳垂肩、膝大无比,造像雕造手法粗犷夸张,但头、额、眼、鼻、胡须等部位十分精致,衣褶流畅分明,力法柔而有力,充分表现了我国宋代雕刻造像的手法与风格,具有很高的文物价值和艺术价值。老君岩原名仙岩,周围开旷辽阔,碧草如茵,山头时见云雾缭绕,风景十分宜人,很有点仙境的味道。后来因为有了老君像,就改称为老君岩。老君就是中国古代有名的思想家、哲学家老子,道家鼻祖。汉代时道教出现,道教中有一个神叫太上老君,他是道教三大最高神之一,后来老子被神化,道教奉老子为祖师爷,并进而尊老子为太上老君。随着老君造像的出现,清源山在很长一段时间内都是闽南道教活动的中心。因为成仙是道教的基本信仰之一,成仙的标志是长生不老,所以,当地有这样的话说,"摸到鼻,吃百二;摸到目,吃百六。"意思是说,摸到老君的鼻子,人可以活上一百二,摸到老君的眼睛,可以活上一百六。老子是先秦道家学派的创始人,古代人们对男子的美称是"子",对男子中德高望重的人则称"老"。老子究竟是谁,目前尚无定论。本来关于老子的行迹主要来自《史记》,但司马迁也没弄清楚老子的真实身份,只能含糊地说老子可能是三人中的某一个。不管怎样,在先秦思想家中,老子可能是最神秘的人,就像孔子在与老子交谈后所说的,老子是一条看得到头看不见尾的、能乘风驾云而上天的龙。老子生前并没有留下更多史料,在他去世后却受到相当大的关注。其实老子代表的道家和后起的道教并不是一个概念,但老子的著作《老子》被认为是道教的经典。唐代的皇帝姓李,尊老子李耳为祖先,把道教定为国教,足以反映老子在历史上的影响。《老子》是中国思想文化的智慧之根。

老君像是中国现存最大、雕技最绝、年代最久的道教石雕造像,有人称其为"老子天下第一",1988年1月,老君造像被列为全国重点文物保护单位。

在老君像雕成的1000多年前,也就是公元前150年左右,希腊人创作了"米洛斯的维纳斯"(Venus de Milos)。"米洛斯的维纳斯"也叫"断臂的维纳斯"、"维纳斯像"等,比较正式的说法是"米洛斯的阿芙洛蒂忒"(Aphrodite of Melos),为卢浮宫镇馆的"三宝"之一。雕像取材于帕里安大理石,高204厘米,1820年发现于爱琴海的米洛斯岛,根据雕像上的题字说明,作者是一位不出名的叫作亚力山德的人。作品中女神身材端庄秀丽,肌肤丰腴,美丽的椭圆型面庞,希腊式挺直的鼻梁,平坦的前额和丰满的下巴,平静的面容,流露出希腊雕塑艺术鼎盛时期沿袭下来的理想化传统。丰满的胸脯、浑圆的双肩、柔韧的腰肢,呈现一种成熟的女性美。她那微微扭转的姿势,使半裸的身体构成了一个十分和谐而优美的螺旋型上升体态,

富于变化却又含蓄微妙,充满了魅力。雕像没有追求纤小细腻,而是采用了简洁的艺术处理手法,体现了人体充实的内在生命力和人的精神智慧。雕像的上肢虽然残缺,但构成了一种独特的浑然完美之感。整个雕像的比例接近于古希腊古典后期的著名雕塑家利西普斯(Lysippus)所创立的头和身体的比例为1∶8的人体美比例,雕像的各部分比例几乎都蕴含着黄金分割的美学秘密,为后世艺术树立了不朽的典范。维纳斯是罗马神话中的爱与美神,也是象征丰饶多产的女神。她诱惑所有的神和人,会毫不费力地将聪明者的智慧偷走,以至于人们总说恋爱中的人是白痴。在史诗《伊利亚特》(Iliad)中,她是宙斯(Zeus)与狄俄涅(Dione)的女儿。不过后来发生了变化,有诗把她描述成海水中的泡沫,她的名字就是希腊文"泡沫"的意思。有一个关于她与金苹果的传说:在人类英雄帕琉斯(Peleus)和海洋女神忒提斯(Thetis)的婚礼上,众神均受邀参加婚礼,唯有不和女神厄里斯

(Eris)没有受到邀请。不和女神十分生气,作为报复,她在一个地方放了一只金苹果,上面写着:送给最美丽的女神。为了这个苹果,维纳斯(Venus)、雅典娜(Athene)、赫拉(Hera)三神吵了起来。她们让神王宙斯来评判她们三个中谁最漂亮,宙斯让阿波罗(Appollo)来评判。结果,为难的阿波罗把这个任务交给凡人帕里斯,而帕里斯把苹果给了维纳斯。雅典娜与赫拉十分生气,引发了希腊人远征特洛伊的十年战争。

这座雕像的发现相当偶然,她是希腊米洛斯农民在一座古墓旁整地时挖掘到的。出土时的维纳斯分成上、下两截,并与刻着名字的台座、拿着苹果的手腕以及其他断片等等一道,散落在附近的田地里,农夫十分好奇,费了很大的劲将它们拼凑起来,看到的是一尊女性雕像。当时法国大使从一位在岛上游历的法国海军军官那里知道此事后,赶往农夫住处,表示愿以高价收买。最后几经周折,花了8000银币,买走了雕像,维纳斯成了法国国家财产,陈列于罗浮宫。

延伸与点评

老君岩与维纳斯是中西雕塑的代表。中西雕塑有着不同的发展线路,中国汉代与古希腊都是以各自的神为主要表现对象,但后来就发生了变化。古希腊是以风俗→帝王将相→圣经→象征→名人→市俗为演进的主线,确立了以人为主题的雕塑形式。而中国的雕塑没有从绘画中分离出来,不具有独立的艺术地位,虽然题材很丰富,不仅有人物,动物,龙、凤、麒麟等虚构的动物,还有山水树林、云朵雾气、神话传说、历史故事、生活场景,以及大量动物器物的造型。各种题材并无明显主次之分,也无主辅之别,只是到了后期,特别是宗教雕塑兴起后,人像才得以充分发展。但发展的线索不清晰,总体上分为石雕与俑,石雕的主要形象是宗教人物与动物,人物则是俑的主要对象。

中西雕像的不同除了题材以外，就是直接看到的形体。中国很少把破碎的雕塑作为艺术品来欣赏的，乐山大佛这一世界上最大的石刻弥勒佛坐像也是完完整整的。因为中国雕塑重完整，而完整实际上强调的是圆。中国古人认为天是圆的，天圆地方追求的是一种圆满，圆是中国艺术的最高理想。但西方雕塑不避残缺，维纳斯的断臂后人曾想过十多种修复的方案，但人们认识的最终结果是，断臂的才是最美的。这种状况不是偶然的，卢浮宫的三宝之一萨莫色雷斯的胜利女神（The Nike Victory of Samothrace）缺头少臂；阿波罗的雕像也是缺手缺臂的。西方雕塑常常把身体的某个部位加以突出，作出各种上举、前伸等引人注目的姿势，一只脱离人体的手、穿着鞋袜的腿都是雕塑的对象。法国雕塑家布德尔（Emile Antoine Bourdelle）的作品《绝望的手》用的只是痉挛扭曲的手掌和手指来表达愤怒的感情。他们认为残缺也是一种美。中国的雕像除了少量坐相之外，大部分是直立的，用以表现严肃庄重的神态，具体表情总体上变化较少。而西方雕像大部分处于运动状态，形体变动多，动作幅度大，面部表情变化大，沉思、兴奋、愤怒、欢快表现得十分真切。中国雕塑的性别特征相当模糊，基于伦理性的要求，中国的雕塑艺术很少出现裸体的人体雕塑，特别是在一些宗教题材上，常常有这样的现象：男性的脸庞却有明显的女性胸部特征，女性的脸庞则有男性的胸脯，表现的是一种中性特征。而基于写真和科学性的要求，西方的人像雕塑艺术自古希腊以来就以人体为主，注重形体的比例、结构、神态、转折，以裸体尤其是女性裸体为美。在艺术家的眼中，女人的肩膀、肌肉、胸部、曲线令人心醉。像米开朗基罗（Michelangelo）的"夜"、"晨"，贝尼尼（Gian Lorenzo Bernini）的"阿波罗与达芙妮"、马约尔（Aristide Mailllol）的"地中海"都是裸体女性的雕塑。

中西雕塑的差别远不止这些，就是到了今天，虽然文化日益交融，但差别依然存在。例如人体雕塑，中国的雕塑多的是英雄与名人，是理想的张扬，西方多的是女性人体雕塑，是生活的追求。

七、旅 游

讨论与思考

1. 对老君像与维纳斯艺术形象的一般叙述。
2. 分析中西雕塑发展的不同。
3. 中西雕像在形体审美上有什么区别?

平遥古城与罗马城

平遥古城是一座具有 2700 多年悠久历史的文化古城,位于中国北方的山西省,是中国境内保存完整的明清时期县城的原型。迄今为止,这座城市的城墙、街道、民居、店铺、庙宇等建筑,仍然基本完好,与同为第二批国家历史文化名城的四川阆中、云南丽江、安徽歙县并称为"保存最为完好的四大古城"。1997 年 12 月 3 日,平遥以整座古城连同城外的双林寺、镇国寺一同被联合国教科文组织确定为世界文化遗产。联合国教科文组织的评价是:"平遥古城是中国汉民族城市在明清时期的杰出范例,它保存了其所有特征,而且在中国历史的发展中为人们展示了一幅非同寻常的文化、经济、社会及宗教发展的完整画卷。"平遥古城的一大特色是古城墙,它是明洪武三年(1370 年)出于军事防御的需要,在原西周旧城埂的基础上扩建而成的。平遥城墙是我国现存最完整的古城墙之一,规模宏大,建筑完整,城墙周长 6162.7 米。其中北墙长 1476.05 米,西墙长 1494.35 米,南墙长 1713.8 米,东墙长 1478.48 米,墙高达 12 米左右,城墙上的垛口和眺望孔为射击和监视来犯之敌所用,环城有 3000 垛口,72 敌楼,隐含了孔子 3000 弟子,72 贤人的历史典故。在城墙四周,由人工挖筑壕沟,再引水注入,形成一道保护城墙的屏障,叫护城河。它与城墙共同组成"高城深堑",既是利用宽深壕沟阻碍敌人进攻的一种有效军事防御措施,也是古代的一种消防措施。与城墙相连有六座城门,门外原设有吊桥,根据城门的朝向,分别叫南门、北门、上东门、下东门、上西门、下西门。城门是维系全城安全的关键,平遥城墙门洞全部为砖拱券样,内设厚重的木制门扇,木制门扇还由铁皮包裹,其上布满铁蘑菇钉,从而增强了门扇的刚度,减小了火攻城门的危险性。除了护城河、城门外,瓮城、城楼、角楼、马面、垛口等都是平遥城墙的重要组成部分。

罗马是意大利首都,全国政治、经济、文化和交通中心,也是世界灿烂文化的发祥地,为意大利占地面积最广、人口最多的城市,是世界最著名的游览地之一。约公元前二千年初,罗马人从东北移居于此,公元前8至前4世纪筑城堡,逐步形成早期罗马城。罗马古城酷似一座巨型的露天历史艺术博物馆。在罗马古都遗址上,矗立着帝国元老院、凯旋门、纪功柱、万神殿和大竞技场等世界闻名的古迹,还有文艺复兴时期的许多精美建筑和艺术精品。古城居于现在罗马的北部,20世纪20—50年代,在罗马南部建成了拥有摩天大楼的现代化新城。

罗马是一座广场之城,到处都是广场,凡是主要街道的相交处,几乎都有供市民休息与活动的广场,罗马广场的设计很有特点,一

般由建筑合围,空间较为封闭,平面形式也多不统一,矩形、梯形、圆形、椭圆形、几何形等不同形状的广场都有,并具有鲜明的特点。罗马的西班牙广场位于罗马三一教堂所在的山丘下,其以登上教堂的西班牙阶梯而闻名。这座教堂是1495年查理八世命法国人建造的,共有137级宽阔舒畅的阶梯,电影《罗马假日》即在此拍摄。

阶梯上特有的法国风味设计和广场上的一些英国咖啡馆,呈现出完全不同的气氛。阶梯与广场因17世纪西班牙使馆迁入此地而得名。西班牙广场上的咖啡馆是欧洲文人最爱去的场所,充满着艺术的气息。与广场合为一体的有雕像、喷泉。罗马最有代表性的喷泉当属特雷维广场的喷泉,泉水从石隙中涌出,形成一片片小瀑布,海神骑着两匹长着翅膀的烈马,破浪而出,衬托了海神出海的壮丽景观。维沃娜广场上的四大河喷泉也相当有名,泉池中雕塑有四座充满活力的男性裸体石像,流出四股清泉,象征着尼罗河、多瑙河等四条河流。广场、喷泉、雕塑再加上教堂成了罗马城的四大看点。在罗马的西北方有一个政教合一的国家叫梵蒂冈,原先是一座城堡,内有著名的圣彼得广场、圣彼得大教堂、教皇宫,是世界上最小的国家。

延伸与点评

比较平遥与罗马,可以发现,城墙是中西城市文化差异的一大焦点。在中国人看来,城墙是古代城市的一个重要标志,是构筑中国城市的框架,没有城墙的城市正如没有屋顶的房屋是不完全的。所以中国人很早就把城与墙联系起来了,先秦时期编纂的《考工记》就提到了城墙的制式,大小宽高都有具体的规定。当然,筑墙的材料有所不同,早期是挖濠取土,土城是宋代以前城墙建筑的主要形式,到了明代中期,砖城开始普及。不管是砖墙还是土墙,城墙最基本的意义是防御,中国汉字"城"的原始意义就是指城墙等防卫设施,城是用土筑城的"成",而"成"属于守卫武器这一类,它是由城围起来的人的聚居地,汉字中的"郭"、"邑"的意思与城大体相似,都与城市的防御功能有关。中国城市的建立常常表现为这样的特点,由外向内发展,规划在前,城市生活在后;先筑城墙,后迁移居民,形成城市。而西方人的理念与此大不相同,英文"城市"即"urban",原意是指城市的生活,后来引申到城市、市政等方面;城市的另一个词"city",其基本的含义是"市民可以享受的公民权利",表明了城市的社会意义,突出城市是文化较高的、能享受公民权力的地方,因此城墙并不像中国那样是城市的要素。西方城市的形成与发展是由内向外,这与地理、经济等方面的原因密切相关。交通要道、河流的汇合处常常使市商汇集、居民增多,逐渐形成城市。随着城市的不断拓展,城墙的建设就显得毫无意义,城市也显得毫无规则,建筑逐年建造、街道弯弯曲曲,呈自然发展状态。古代希腊典型的城市都围绕着一个山冈或高地构筑,山顶是自然要塞,后来城市自发地向四处扩展,原先的高地被后来称为"卫城",虽然有些城市也有城墙,例如雅典,但那是因为以后频繁的战争才建造的。罗马城的道路网相当发达,有"条条大道通罗马"之说,但市区的发展是沿着一条曲折的河道布局的,具有自然生成的品格。

城墙是一种墙文化,与西方大不相同的是墙在中国人的社会生活中起着相当重要的作用。在中国但凡是个单位,只要有一亩三分地的院子,就会有围墙,有大门,也就会有门卫、传达室等一些设施和岗位,中国的大学四周就以墙相围,与外界相隔。中国建筑一般都呈封闭的群体的空间格局,我们看汉字,就可以知道围墙的重要性:如国、围、困、囚、团、图、园等等,那个"囗"便象征着有东西来围住或者包住里面的人或物。许多以"园"命名的处所,都是集园林、住所、待客、休闲、娱乐等为一体的与外界相分离的综合建筑,如小说《红楼梦》中的大观园、上海豫园、北京的颐和园。四合院是中国北方的一种民居,它由四座房屋加上彼此间联系性的廊子等前后左右围成一个院子,最外围的是院墙。商周时代,乡野民居按邻里编户,一定数量的户聚集在一起,筑垣围住,叫做"邑",筑门供出入,称为邑门。隋、唐时期的长安城,除了中轴线上的宫城,其他城区分成108个普通居民区,叫做"坊",坊与坊之间用土墙封闭。坊墙有门,坊内有十字街。除了住宅区,还有买卖货物的市场区,市场也有围墙。但在西方,墙的地位与作用就不那么突出了。西方的很多大学

七、旅　　游

或者没有明显的校园,或者划分校园与校外的只是一条马路,围墙、大门,很少见到。除非在治安不良的地方,才会见到高高的围墙。他们的教育理念是没有围墙的大学(university without wall)。大学应善于运用都市的资源,都市也借助大学的文化财富充实自身。英国剑桥大学(University of Cambridge)成立于1209年,最早是由一批为躲避殴斗而从牛津大学逃离出来的学者建立的。剑桥大学本身就是一个拥有约10万居民的英格兰小镇,学校绝大多数的学院、研究所、图书馆和实验室都建在剑桥镇的剑河两岸,以及镇内的不同地点,没有通常意义上的完整校园,自然也就没有划定校园范围的围墙,没有中心,也没有挂着校名牌的校门。但是又可以说整个剑桥市都是它的校园。市中心几乎被学院所包围,好像成了剑桥的生活区。许多地方保留着中世纪以来的风貌,到处可见几百年来不断按原样精心维修的古城建筑。不仅校园,西方的民居也总是三三两两地沐浴在灿烂的阳光里,前有草坪花园,后有车库院子,矮小的木栅栏显示了我家与他家的界限。在美国如果哪家筑起高墙将自己与他人隔离出来,一定会被认为是不愿与人平等相处的人。

其实,墙的核心意义是"断",切断、隔断都属其中之意。这就牵涉到关于对象内部世界与外部世界的观念问题。因为西方文化追求个性,在建筑上表现为开放的单体空间格局,建筑物大多孤立在大地上,不是作为某一个建筑群组的一部分而存在,因而很少加以围墙来突出一个群组。即使有,也在若有若无之间,不给人封闭、压抑的感觉。从整体上来看,西方建筑对外部世界呈开放的态势,显得轩敞、一览无余。这与中国围墙文化的封闭、内敛、深藏不露形成鲜明的对比。西方建筑从正面一个方向即可获取主体印象,几乎就可以窥得全貌,即使是草坪、花园,也在开阔之处。中国的宫室建筑要在空中俯瞰才可获取整体轮廓,有围墙有大门,还要在进入大门不远处加上照壁,无法一眼看到内里,所以有"庭院深深深几许"的诗句。中国的园林建筑回环、繁复、曲折,绝没有西方的草坪、花园来得直接、简约、开敞。西方把中心广场称为"城市的客厅"、"城市的起居室"等等,有将室内转化为室外的意向。中国人往往将后花园模拟成自然山水,用建筑和墙加以围合,内有月牙河,三五亭台,假山错落……表明有将自然统揽于内部的取向。但相对于建筑的内部世界,中国则比较开放,西方则显得封闭。中国的四合院内部讲究沟通,前后相连,一个家庭的房间常常是相通的,房与房之间有时只有一帘之隔,家长统管一切,家庭成员的所有举动都在他的视域之中。而西方则习惯用隔断来维护所有家庭成员各自的隐私,很小的孩子就有自己的房间,家长进去事先要敲门,征得同意后方可进入。

正因为墙具有的这种文化意义,1989年11月9日柏林墙的拆除,首先受到了德国人的纵情欢呼,因为它预示着德国统一的即将来临。

讨论与思考

1. 分别介绍平遥城的城墙与罗马城的广场。
2. 为什么说城墙是中西城市文化差异的一大焦点?
3. 怎样在文化的深层次上考察城墙对人的启示。

故宫与凡尔赛宫

故宫位于北京市中心,是中国明、清两代24个皇帝的皇宫,它与法国凡尔赛宫、英国白金汉宫、美国白宫、俄罗斯克里姆林宫一起被誉为世界五大宫。故宫始建于公元1406年,1420年基本竣工。距今已有近600年的历史。故宫是一个长方形的城池,南北长961米,东西宽753米,占地面积约为72万平方米。故宫旧称紫禁城。"紫"意指天帝所居的天宫,"禁"是说皇帝及其眷属居住的皇宫是个禁地,除了为他们服务的宫女、太监、侍卫之外,只有被召见的官员以及被特许的人员才能进入。故宫四周有高10米多的城墙围绕,城墙的外沿周长为3428米,城墙外有宽52米的护城河,是护卫紫禁

七、旅　游

城的重要设施。故宫有4个门,正门名午门,东门名东华门,西门名西华门,北门名神武门。午门是宫城中最高的一座门,朝中大赦、献俘等重大仪式都在午门举行。面对北门神武门,有用土、石筑成的景山,满山松柏成林。在整体布局上,景山可说是故宫建筑群的屏障。城墙的四角有四座设计精巧的角楼。紫禁城宫殿都是木结构、黄琉璃瓦顶、青白石底座,饰以金壁辉煌的彩画。故宫以乾清门为界,分"外朝"和"内廷"两部分。外朝也称"前朝",由太和、中和、保和三大殿以及东西两旁的殿阁廊屋组成,是皇帝举行朝会、行使权力、举行盛典的地方。内廷是皇帝后妃生活的地方,由三宫即乾清宫、交泰殿、坤宁宫和御花园以及两旁的东西六宫等宫殿群组成,俗称三宫六院。宫城内还有禁军的值房和一些服务性建筑以及太监、宫女居住的矮小房屋等。北京故宫是明代皇帝朱棣于永乐四年(1406年)下令建造,在元大都宫殿的基础上兴建而成的。在此以前明朝的第一任皇帝朱元璋居住在南京皇宫。北平王朱棣当皇帝后，从巩固统治基础，加强国防考虑，开始着手迁都北京的准备。经过十几年有计划的发展，北京的经济得到了繁荣，输送漕粮的运河得到了疏通，北京周边的军事防御力量也得到了加强，这些前期措施使得迁都北京水到渠成。后又经过三年土木建设，1420年（永乐十八年）故宫基本竣工，朱棣遂于永乐十九年（1421）正式迁都北京。以后紫禁城的格局没有什么大的变动。1924年定名为"故宫博物院"。1988年故宫被联合国教科文组织列为世界文化遗产。

故宫所代表的宫殿建筑是随着封建中央集权制度的建立才出现的，具体地说是从秦朝开始，"宫"才成为皇帝及皇族居住的地方，"宫殿"则成为皇帝处理朝政的地方。秦朝以前"宫"指的是居住的地方，只不过是居住的大小与位置有所不同罢了。皇宫的所在地常因朝代的不同而更替，除了北京之外，咸阳、长安、开封、杭州、南京等都是宫殿的所在地。

凡尔赛宫，位于巴黎西南约20公里的凡尔赛镇，建于路易十四时代，十七八世纪是法国的王宫和行政中心，当初是供王室居住的。法国大革命以后，终结了凡尔赛宫作为法兰西宫廷的历史，几年后沦为废墟，1833年经修复后，成了历史博物馆。凡尔赛宫的前身是

七、旅　　游

路易十三(Louis XIII)的一座打猎行乐的猎庄,那是按照传统三合院设计的建筑。1661年,法国国王路易十四(Louis XIV)动用了三万多名工人和建筑师、工程师、技师,开始在这里扩建狩猎宫,并在南北两翼增建新宫,到1682年,路易十四和王室成员,以及官员随从两万多人从卢浮宫迁到这里。1685年至1689年再次修建宫殿和园林。从全部竣工至今已有300多年的历史。全宫占地110万平方米,其中建筑面积为11万平方米,园林面积100万平方米。王宫总长580米。到1756年路易十五时代又新建了教堂和歌剧院,形成了现在所看到的规模。凡尔赛宫从东向西由练兵场、宫殿和园林三部分组成。练兵场呈向东张开的扇形,中心角为60度,有三条放射状的大道直通巴黎。宫殿西面是一座风格独特的法兰西式大花园,风景秀丽,其中轴线长达3公里,大小道路都是笔直的,与花草、水池、喷泉、柱廊组成几何图案,被称为"跑马者的花园"。宫殿建筑气势磅礴、布局严密、协调。外墙的上端,林立着大理石的人物和花卉雕像,造型优美,栩栩如生。凡尔赛宫的室内装饰极其豪华富丽,凡尔赛宫最著名的大厅镜厅一面是面向花园的17扇巨大落地玻璃窗,另一面是由400多块镜子组成的巨大镜面。厅内地板为细木雕花,墙壁以淡紫色和白色大理石贴面装饰,柱子为绿色大理石。柱头、柱脚和护壁均为黄铜镀金,装饰图案的主题是展开双翼的太阳,表示对路易十四的崇敬。路易十四时代,镜廊中的家具以及花木盆景装饰也都是纯银打造,经常在这里举行盛大的化妆舞会。另一个极其著名的看点是大理石庭院,它是三面围合的小广场。中央的建筑原为路易十三的狩猎行宫,路易十四时加以改造,保留原来的红砖墙面,并增加大理石雕塑和镀金装饰。庭院地面用红色大理石装饰,是国王和王后起居生活用房和各种接待厅,也是整个建筑的中心。凡尔赛宫的建筑风格引起俄国、奥地利等国君主的羡慕仿效。像彼得一世(Peter I)在圣彼得堡郊外修建的夏宫、玛丽亚·特蕾西亚(Maria Theresia)在维也纳修建的美泉宫都仿照了凡尔赛宫的宫殿和花园。凡尔赛宫被列入世界文化遗产,世界遗产委员会的评价是：凡尔赛宫"经过数代建筑家、雕塑家、装饰家、园林建筑师的不断改进、润色，一个多世纪以来，一直是欧洲王室官邸的第一典范"。

延伸与点评

故宫与凡尔赛宫是中西宫殿建筑的代表，它们有不少相似之处，最突出的是追求大、追求气派、追求壮丽雄伟，用以象征权力、实力与威严。但是实现的方式是不一样的，具体的文化内涵也是不一样的。世界上最大的宫殿建筑群是故宫，世界上最大的宫殿单体建筑是法国的凡尔赛宫。同样是大，凡尔赛宫以单个宫殿为王室权力的象征，而故宫突出的是整个建筑群，它通过一连串空间和实体的组合来凸显主题，而不依靠某一个独立的建筑。故宫中的太和殿，俗称"金銮殿"，是故宫中最大的一座，但大小还不一定超过一些有名寺院的大殿，它的艺术力体现在群体中。在风格上，故宫以木材为主要结构框架，通过一条中轴线，突出了三大殿的地位，使整座建筑均衡对称，它以灰（砖）白（玉）为底色，结合红色的墙面和金色的屋顶，显示出金碧辉煌的气势。凡尔赛宫则以石材或砖块为主要材料，将立面划分为纵、横三段，建筑左右对称，造型轮廓整齐、庄重雄伟，呈几何图形，被称为是理性美的代表。宫后的三条放射性大道是凡尔赛权力的体现，整个建筑气势恢宏，具有秩序的含义。故宫的布局有严格的等级、内外与宗族观念，有前朝后寝之说。"前朝"是帝王上朝治政、举行大典之处，"后寝"是皇帝与后妃们居住生活的所在，为全封闭状态。外朝的三大殿有等级之分，由高到低依次为太和殿、中和殿、保和殿。由于中国的礼制思想里包含着崇敬祖先的内容，就有"左宗右社"的做法，在宫殿的左前方设祖庙，右前方设社稷坛。而凡尔赛宫的布局没有特别的等级差别，国王的起居处与贵族大臣的休息办公处在同一个楼面，大厅不像太和殿那样有供皇帝专用的通道，宫里举办的各种宴会，被邀者都携带夫人一起参加。故宫的公共面积不大,君臣同乐的可能性小,而凡尔赛宫内的公共大厅特别多。路易十四时代,凡尔赛宫还定期对外开放供百姓参观,这在古代中国是难以想象的。故宫与凡尔赛宫后来都成了博物馆,有很多珍品,不过珍品的类型不同,故宫多的是世界各地罕见的金银饰品、玉器、玩具、钟表和奢华的生活日用品,凡尔赛宫多的则是油画、雕塑之类的艺术品。

有一个现象值得注意,故宫建成后,虽多次加以改建、重建,但基本格局未变,迄今尚有许多殿宇属于明代遗物,而且,明清以后其他宫殿建筑的格局也基本如此。而西方宫殿自18世纪以后在保留大的框架基础上产生了变异,例如重装饰的洛可可艺术的引入。这种差别,主要源于中西宫殿建筑文化在理念上的不同:中国比较注意稳定,西方比较强调变革。

讨论与思考

1. 请介绍故宫与凡尔赛宫的气势。
2. 故宫与凡尔赛宫有什么区别?
3. 中国宫殿的宗族意识有哪些表现?

秦始皇陵与先贤祠

公元前246年,秦王嬴政13岁即位,就开始为自己在骊山修建陵墓。统一六国后,又从各地征发了十万多人继续修建,直到他50岁死去,共修了37年。这便有了现在举世闻名的秦始皇陵及兵马俑陪葬坑。秦始皇陵位于陕西省西安市以东35公里的临潼区境内,外观上为一座方锥形的夯土台,南北长350米,东西345米,台高达47米。陵体四周有两层城墙。内城呈方形,周长3000米左右,外城呈矩形,周长6200余米,内、外城之间有葬马坑、珍禽异兽坑、陶俑坑;陵外有马厩坑、人殉坑、刑徒坑、修陵人员墓葬400多个。这是中国历史上第一个、也是最大的皇帝陵园,其巨大的规模,丰富的陪葬物居历代帝王陵之首。

秦始皇为造此陵征集了70万个工匠。尽管秦始皇陵尚未打开,充满悬念,但据史料记载,秦始皇陵墓内建筑有各式宫殿,陈列着无数的奇珍异宝,以人鱼膏为灯烛,水银为江海,还装置有许多弓弩,以便射杀入墓的人。秦二世在埋葬秦始皇时,始皇宫内没有子女的宫女全部殉葬。上世纪70年代以来,在陵园东1.5公里处发现作为秦始皇陵的陪葬兵马俑坑三处,成品字形排列,面积共达20000平方米以上,出土陶俑8000件、战车百乘以及数万件实物兵器等文物,是世界最大的地下军事博物馆。其中一号坑埋葬着和真人真马同大的陶俑、陶马约6000件;二号坑有陶俑、陶马1300余件,战车89辆;三号坑有武士俑68个,战车1辆,陶马4匹。后来还出土了青铜铸大型车马2乘。这组彩绘铜车马高车和安车,是迄今中国发现的体形最大、装饰最华丽、结构和系驾最逼真、最完整的古代铜车马,被誉为"青铜之冠"。1987年12月,秦始皇陵及兵马俑被列入世界文化遗产名录。

先贤祠(le Pantheon)位于巴黎市中心塞纳河左岸的拉丁区,是永久纪念法国历史名人的圣殿,1764年开始建造,1790年全部完成。它原是路易十五(Louis XV)时代建成的圣热内维耶瓦教堂,但竣工后一年,大革命时期(1789—1794年)的制宪会议就决定把它从教堂改为存放国家名人骨灰的祠堂——先贤祠。后来又经过几次反复,直到第三共和国时期

七、旅　游

（1870—1940年），从安放雨果（Victor Hugo）骨灰开始，再度改成国家名人祠墓并保持至今。先贤祠的外表就是一座罗马式的教堂，正中高耸着一个圆圆的金顶，主体建筑呈希腊十字形，长100米，宽84米，高83米。沿着正面的一道台阶可进入这座圣殿的门廊。廊前有22根立柱支撑着三角楣。1831年，大卫·当热（David d'Angers'）在这块三角楣上创作了浮雕"在自由和历史之间的祖国"：中央台上站着代表"祖国"的女神，正把花冠分赠给左右的伟人；"自由"和"历史"分坐两边，下面是著名的铭文"伟人，祖国感谢你们"（Aux grands hommes la patrie reconnaissante）。先贤祠里面分上下两层。上层正中是一个大厅，穹顶上是拿破仑1811年命人绘制的巨幅壁画，四周则挂着法国的历史题材的油画。下层是墓室。先贤祠的四个侧翼，每个又都呈十字形并且被多立克式柱子分割成许多廊道。至今，共有72位对法兰西作出非凡贡献的人长眠于此。他们中有科学家、思想家、文学家、音乐家等，仅有11位政治家。地位的显赫并不是进入先贤祠的依据，对于每一个拟移墓于此的名人，法国国民议会都要进行长时间反复讨论研究才能最终确定。能够进入先贤祠的名人享有的荣誉很高，进入先贤祠的仪式很隆重。第二国际和法国社会党的活动家让·饶勒斯（Jean Léon Jaurès）的灵柩是由几十名矿工抬进先贤祠的。雨果逝世，有200万人为他送葬，人们用穷人的马车运载遗骸，直接送入先贤祠。2002年法国政府给大仲马（Alexandre Dumas）补办国葬，时任法国总统的希拉克亲自护送大仲马的灵柩入住先贤祠。相比之下，他们居住的条件却很简单。有的是2个人一个墓室，有的是4个人或者6个人一个墓室，最多的是13个人同"住"一起。享受最奢侈待遇的是文艺复兴时期的思想家伏尔泰（Voltarie）和卢梭（Jean-Jacques Rousseau），他们各占一个墓室。

类似秦始皇陵与先贤祠的墓葬绝非唯一，它们代表着两种不同的丧葬方式。从中国历史上第一个奴隶制王朝夏开始，作为最高统治者的历代帝王不仅生前营造豪华的宫殿，还要建造死后享乐的宏大的陵墓,他们按照家族血缘关系,实行"子随父葬,祖辈衍继"的埋葬制度,集中在一个地区。在陵墓和附属建筑的周围通常还划出一定的地带作为保护、控制的范围,称为陵区。陵区占地通常少则十数里,多则百多里,陵区的各种建筑都有周密的规划布局。商代后期人殉的现象已经相当普遍。为王室贵族殉葬的人,有陪臣、妻妾、侍卫、亲信和仆役等。除人殉外,还有各种随葬品,以各种青铜器为主,包括酒器、乐器、饮食器、兵器、车马器、工具等,配备成套种类齐全。汉代厚葬之风最盛,珍宝、明器、陶俑、车马、粮食等,身前身后的用品无所不有。中国从第一个奴隶制王朝夏到最后一个封建王朝清,历时三千余年,其间汉族和其他少数民族建立的统一王朝和地方政权,共有帝王五百余人。至今地面有迹可寻、时代明确的帝王陵寝共有一百多座。这些陵寝大多布局严谨、建筑宏伟、工艺精湛,具有独特的风格。而在西方,闻名于世的不是个人的陵墓,而是众多死者聚居在一起的公墓。除了法国的先贤祠外,还有拉雪兹神父公墓(Cimetière du Père-Lachaise),奥地利的欧洲最大的墓地维也纳中央陵园(Wiener Zentralfriedhof),俄罗斯莫斯科的新圣女公墓(Novodevichy Cemetery),美国的阿灵顿国家公墓(Arlington National Cemetery)等。在欧洲文化中,教堂往往是举行婚礼的地方,同时也是下葬死者的地方。比如英国,在王室生活中起重要作用的是伦敦西部温莎堡(Windsor Castle)的圣乔治教堂(St George's Church)。500年来,英国的10位君主埋葬在这里,其中有现任英国女王伊丽莎白二世(Her Majesty Queen Elizabeth II)的父亲乔治六世(King George VI)国王。建造于16世纪的威斯敏斯特教堂(Westminster Abbey)一直是英国历代国王或女王加冕典礼和王室成员结婚的场所,也是英国的国家墓地,记载着英国历史的发展过程,安葬着多名统治者、王公贵族和社会名流,竖立着莎士比亚(William Shakespeare)、狄更斯(Charles Dickens)、牛顿(Isaac Newton)和达尔文(Charles Darwin)等人的纪念碑。意大利佛罗伦萨的圣十字教堂(Anta Croce)葬有但丁(Dante Alighieri)与伽利略

七、旅　游

(Galileo Galilei)、米开朗基罗(Michelangelo Buonarroti)。位于以色列东耶路撒冷旧城的圣墓教堂(Church of the Holy Sepulcher)是耶稣基督遇难、安葬和复活的地方,是耶稣坟墓所在地。圣墓教堂成为基督教圣地。

延伸与点评

　　不同的丧葬方式体现的是不同的文化理念。中国人讲究的是厚葬久丧,历史上虽然有一些有识之士倡导薄葬,但厚葬仍为主流。唐代之后,厚葬的形式有了变化,由原先的以大量的随葬品为主转为随葬与奢华盛大的仪式相结合的方式。不仅帝王丧仪如此,民间殡丧中也十分盛行。诵经设斋、超度亡灵等习俗,成为不可或缺的内容,仪式繁杂奢侈且呈程式化。尽管中国各地各民族各历史时期在丧仪上都有差异,但按照民间风俗,丧仪的主要程序大致可以分为寿命告终(包括送终、更衣、点引路灯、停尸、招魂、告丧等)、入殓成服(包括浴尸、入殓、成服戴孝、守灵、吊丧等)、出殡安葬(包括择出殡日期、用乐、启灵送丧、入土埋葬、答谢亲友)、做七祭祀(水陆道场)等项。与中国人厚葬久丧不同,西方人讲的都是薄葬简丧。西方殡葬礼俗主要以基督教丧仪为主,信徒在离世之前,有神父的祈祷陪伴,死后在神父主持下洗尸,亦即洗去生前的罪过,干干净净地进入天国。尸体一般停在教堂,由神父主持追思会。追思会有眼泪,为生死的离别;有悲伤,为生者的孤单;但追思会上更有期盼,为死者的复活;有庆祝,为灵魂的回归。丧仪注重安宁与肃穆。在西方的公墓或者教堂墓地里,绿草如茵。我们看到的通常是墓碑、鲜花或者死者的塑像,墓碑或者统一形式、大小,或者突出死者个性,张扬死者生前的喜好。除了阅读墓碑上的文字,你无法从这里看出死者生前是享有荣华富贵的有权有势之人,还是普通的平头百姓。看不到特殊的墓葬,看不到死者生前的荣枯,也看不到死者后代的兴衰。

如1963年遇刺的美国总统肯尼迪(John Fitzgerald Kennedy)与夫人杰奎琳(Jacqueline Lee Bouvier Kennedy Onassis)还有他们两个夭折的孩子,与30万在历次战争中阵亡的普通士兵或者经历过实战而后死去的老兵一样,埋葬在华盛顿五角大楼附近的阿灵顿国家公墓。除了供奉在墓前的鲜花,没有中国坟上常见的压着的黄表纸,没有烧过冥币、点过香烛的痕迹,更没有筷子及盛着果蔬鱼肉的碗盘。前来祭奠的亲人,或者默默地伫立在墓前,或者俯身整理墓边的花草,不闻痛哭声。一些著名的墓园还常有来自世界各地的游客,慕名前来瞻仰名人遗迹,墓园呈现的是清朗轻松而又宁静安详的气氛。

丧葬的出现源于古人所持有的"人有灵魂、灵魂不死"的认识,而选择厚葬久丧还是选择薄葬简丧与中西方人对灵魂、对死亡的认识有关。中国古人认为,灵魂在冥界仍和生前一样生活,而且能祸福子孙。所以,死去的亲人是生活在另一个世界灵魂和肉体分离了的"活人",他们也需要生产工具,需要生活用品,需要关心和爱,需要美的妆饰,"事死如生,事亡如存"。随着生产力不断发展,物质内容不断丰富,信仰观念不断深化,厚葬习俗日渐盛行,糅合了儒佛道的内在要求。孝是儒家思想的特征,对长者死后的处理追念,是孝的一大内容。孔子认为孝与悌是仁的根本,应该"生,事之以礼;死,葬之以礼,祭之以礼"。到孟子的时候,他明确提出应在财力仪礼许可的条件下对父母实行厚葬。儒家的看法是,厚生薄死是奸人之道,是对家族的背叛。为了行孝,即便成为生者的巨大负担,影响生计,卖房卖地,也要实行厚葬。儒家还要求生者遵循丧服制,以不同的丧服及守丧时间的长短来表明个人与死者在血缘、姻亲方面的亲疏远近,以体现中国宗法制度中长幼有别、尊卑有别、男女有别的原则。从印度传入中国的佛教强化了先民"灵魂不死"的观念,认为人死后,灵魂会根据人生前的善恶行为而轮回转生,有因必有果。因果报应、轮回转生的概念,使人们更重视生前的行为规范,也更重视死后灵魂的归宿。佛陀、菩萨、天王、观世音、阎罗王、恶魔、夜叉、饿鬼等等或善或恶的形象让人们对死后的世界有了一个清晰完整的认识。这些新的观念,反映在丧礼上,便是增添了新的形式来洗刷死者生前的污垢,请僧人念经,举行水陆法会,为水陆众生供养斋食,诵经礼忏,追荐亡灵等等。土生土长的道教在丧礼中所起的作用也主要是在民间道场超度亡灵。虽然在布置坛场的形式上与佛教有区别,但内容与佛教基本一致。儒佛道三合一的丧礼文化,对中国厚葬久丧之风的形成与流传,起着决定性的作用。

西方对死亡的看法与中国人有很大不同,古希腊的苏格拉底就认为死亡并不可怕,对人来说都是难得的幸福与解脱。它或者是肉体与灵魂俱灭,如同无梦的睡眠一般;或者是肉体毁灭而灵魂永恒。伊壁鸠鲁也说,死亡与人无干,因为凡是消散了的都没有感觉。而基督教更是把"死"作为一个人的"新生",这种"生"不是佛教所说的轮回式再生,而是从尘世到天国、从今生到永恒、从异乡到故乡的"生",宛如中国人所说的"视死如归"。《圣经》说:"尘土仍归于地,灵仍归于赐灵的神。"基督教认为信徒的死是肉身回归泥土,回归自然,而灵魂却回到了上帝身边,信徒经过肉体的死得以复活,得以永生。因此,"死"对于基督徒来说是一种解脱,它洗去尘世的劳苦,卸下俗世的重担,解除肉身的病痛,斩断芜杂的烦忧,生命以全新的姿态在永恒的国度里安憩。因为死者怀着对复活的期盼而离去,与生者只是暂时的告别,所以,死者不怀恐惧,生者也不心碎。一切物质生活用品带来的只是烦恼与累赘,大声嚎哭只会打搅死者赶赴故乡的灵魂。

当代中国的丧葬方式正在发生变化,火葬成了都市人的普遍选择,海葬也开始被人所接受,厚葬久丧的观念正在逐渐被淡化。

讨论与思考

1. 分别介绍秦始皇陵与先贤祠的布局与功能。

2. 中国人与西方人的墓葬方式有什么不同?它与人对灵魂、死亡的看法有什么关系?

安徽的棠樾牌坊群与巴黎的凯旋门

棠樾牌坊群是中国重点文物保护单位,位于中国安徽歙县,古称徽州,由七座牌坊组合而成,周围伴以古祠堂、古民居、古亭居、古亭阁,略呈弧形在棠樾村东的大道上以一字排开,其中明代牌坊3座,清代牌坊4座,前后跨度达几百年,为中国大陆仅有的明清时期的牌坊群。棠樾牌坊群坚实挺拔,高大恢宏,很有气势,几乎全部采用

石料,以质地优良的"歙县青"石料为主,不用钉,不用铆,石与石之间巧妙结合。明代牌坊为三间四柱三楼式。清代牌坊为三间四柱冲天式。棠樾牌坊群所在的古代歙县,地处"吴头楚尾",属边缘地带,山高林密,地形多变,人多地少,开发较晚。依靠耕作难以维持人们生活的基本需要,经商成了徽州人的"第一等生业",成人男子中,经商者占70%。明清时期是徽商发展的黄金时代。成功的徽商返回家乡后,在挥霍享乐之余,从事修祠堂,建园第,修桥补路等公益事业。棠樾牌坊群就是在这样的历史背景下形成的。"棠樾"意为棠荫之处,它是一个古老的村落,自宋元以来已经绵延了八百余年。鲍氏是该村的大姓,是一个以"孝悌"为核心,严格奉行封建礼教,倡导儒家伦理道德的家族。棠樾牌坊群表彰的就是这个家族如何修身治家的。虽然明清两代牌坊的式样、风格不尽相同,但"忠、孝、节、义"是它们的共同主题。7座牌坊中,有两座"孝子坊",两座"贞节坊",一座"乐善好施坊",一座御制"孝慈坊",一座"尚书坊"。顾名思义,这些牌坊的立意除了个别的,例如"尚书坊"是皇帝为记载表彰鲍灿之孙鲍象贤的政绩而建的之外,其他大部分是一目了然的。这七座牌坊几乎都有生动的蕴含封建伦理道德的事迹。始建

七、旅　　游

于明代永乐年间的"慈孝里"牌坊,政治待遇极高,它是由皇帝亲批"御制"的,记载了鲍宗岩、鲍寿孙父子争死的一个事件。史书上说,宋代时,当地守军叛乱,将躲避在山谷间的鲍宗岩抓了起来,鲍家的儿子鲍寿孙见父将被人杀害,便求代死。但父亲拒绝了,他为了鲍氏家族不断香火,要求处死自己,不殃子孙。叛军扬言要杀掉其中一人。在这生死关头,父子争死而争执不下时,忽然狂风大作,叛军大乱,最后丢弃鲍氏父子惊慌而逃。明代皇帝为了旌表鲍氏慈孝,遂赐建"孝慈坊"。清朝乾隆皇帝巡游江南时,听了鲍氏父慈子孝、争相赴死的故事,大为赞赏,挥笔写了"慈孝天下无双里,锦绣江南第一乡"的题联。并拨银将"慈孝里"牌坊重新修缮,刻御题对联于其上。还有一座牌坊叫"节劲三冬坊",立于乾隆三十二年(1767),是为了表彰族人鲍文渊的续弦、嘉定人吴氏的"模范事迹"。她22岁远嫁到棠樾,29岁开始守寡,直到60多岁死去。在漫长的30多年里,吴氏先是独自将丈夫前妻的孩子抚养成才,后又倾其家产,修了鲍家九代的坟茔,安葬好丈夫和族属中没钱安葬的人。族人深受感动,为她立了这块牌坊,既颂扬她的贞节不二,又表彰她养育继子的尽心尽力。由于她是继室,按儒家之道是不能立坊的,尽管当时的官员为她破了例,但还是不彻底,在牌坊额上的"节劲三立"的"节"字上,把"節(节)"字的竹头与下面的"即"错位雕刻其上,以示继室与原配在地位上是永远不能平等的。

巴黎凯旋门(Triumphal Arch/Arc de Triomphe)是世界最大的凯旋门,法国巴黎建筑物之一。坐落在巴黎西北面的戴高乐广场(Place Charles de Gaulle),面对爱丽舍田园大街(Champs Elysées)。戴高乐广场也称星形广场,以它为中心12条大街呈放射形散开。1806年2月22日,拿破仑一世在奥斯特利茨(Austerlitz)战役中打败了奥俄联

军,凯旋回国,为迎接日后得胜归朝的法军将士,拿破仑决定在星形广场建筑一座城门。当年8月15日,城门按照法国建筑大师夏尔格兰(Chalgrin)的设计方案破土动工,中间几经波折,时建时停,经历了30年,到1836年7月29日,这座高50米、宽45米的凯旋门才全部竣工。这座法国著名的标志性建筑物四面有门,门上刻有1792年至1815年间的法国战事史,门内刻有跟随拿破仑远征的386名将军的名字。在凯旋门的正下方,是1920年11月11日建造的无名烈士墓,墓是平的,地上嵌着红色的墓志:"这里安息的是为国牺牲的法国军人。"据说,墓中安放着在第一次世界大战中牺牲的一位无名烈士,他代表着在大战中死难的150万法国官兵。墓前有一长明灯,每天晚上都准时举行一项拨旺火焰的仪式。另外还有4块记载重大战役的浮雕,以"凯旋"、"抵抗"、"和平"和"远征"为标题,分别由四个艺术家完成。其中"1792年志愿军出发远征"(le Départ des Volontaires)名气最响,它面向爱丽舍田园大街,由法国著名雕刻家弗朗索瓦·吕德(François Rude)设计,他没有具体描绘1792年法军从马赛出发的具体情节,而是赋予了当代革命者以古罗马共和主义者的英雄形象。他塑造了6个志愿兵和一个寓意的女神。女神凌空飞腾,右手持剑振臂高呼,号召人们为保卫新生的共和国而战斗。在女神之下,老军人与裸体小孩处于突出的位置;4名战士剑拨弩张,斗志昂扬。整个画面不过7个人物,却反映出千军万马、一往无前的气势,洋溢着法兰西人民的爱国主义和争取自由的思想。后来的法国国歌《马赛曲》就是由此产生的。这块浮雕在19世纪的法国以至世界雕刻史上,都处于重要的地位。

延伸与点评

　　牌坊与凯旋门都是一种建筑形式,它们有不少相似之处。首先它们的形成都有悠久的历史。中国的牌坊是由棂星门衍变而来的,

七、旅　游

开始用于祭天、祀孔。根据《中国大百科全书》的说法，牌坊起源于汉代坊墙上的坊门，门上榜书坊名以为标记，宋以后随着里坊制的瓦解，坊门的原有功能消失，但坊门仍然以脱离坊墙的形式独立存在，成为象征性的门，即为牌坊，立于大街、桥梁的显要位置。再之后，牌坊才被赋予更多的功能。凯旋门的建造始于古罗马，当时统治者以此炫耀自己的功绩。后为欧洲其他国家所效仿。一般单独建立，常建在城市主要街道中或广场上。用石块砌筑，形似门楼，有一个或三个拱券门洞，上刻宣扬统治者战绩的浮雕。位于意大利罗马帝国大道上的提图斯凯旋门（The Triumph of Titus），为世界上最早的凯旋门。高 14.4 米，宽 13.3 米，上面装饰有浮雕，是为纪念罗马帝国前期提图斯皇帝（Titus Flavius Vespasianus）东征耶路撒冷的胜利而约于公元 81 年建造。其次，牌坊与凯旋门具有一种用于表彰的共同功能。中国的牌坊可以用来标明地名，可以用来祭祖，一些宫观寺庙以牌坊作为山门，也有用作祠堂的附属建筑物，但重要的是表彰纪念功能。牌坊上反映的很多是为某人记功记德的内容，封建社会为了表彰在"忠孝节义"等各方面"功勋显赫"的官员，当朝政府常常批准在他们的家乡修建"功德牌坊"，作为人们报效朝廷的榜样。棠樾牌坊群中的鲍象贤尚书坊建于 1622 年。据县志记载：鲍象贤嘉靖八年进士，初授御史，后任兵部右侍郎，死后封赠工部尚书。牌记因旌表他镇守云南、山东有功而建。而西方众多的凯旋门几乎都与表彰、纪念有关。君士坦丁凯旋门（Arco di Constantino），是公元 315 年为纪念君士坦丁大帝（Constantine the Great）在 312 年打败一起执政的马森奇奥（Maxentius）而建造的；位于德国柏林菩提树下大街西端柏林勃兰登堡凯旋门（Brandenburg Gate），由普鲁士国王腓特烈·威廉二世（Frederick William Ⅱ of Prussia）下令于 1788 年至 1791 年间建造，以纪念普鲁士王国统一德国，纪念在七年战争取得的胜利；位于米兰市古城堡旁意大利米兰凯旋门（Arco della Pace），是 1807 年为纪念拿破仑征服意大利而建。奥朗日（Orange）的凯旋门（Arc de triomphe），是为了纪念当年恺撒(Gaius Julius Caesar)在普罗旺斯(Provence)所取得的胜利而修建的,门上所刻的浮雕表现了罗马第二军团的功绩,罗马军士全副武装、精神抖擞,上面还描绘有许多为恺撒歌功颂德的战斗场面和抵御外来侵略的斗争史实。巴黎的凯旋门外墙上的雕刻全部以法国大革命及拿破仑第一帝国时期的战绩为主题。从凯旋门建成到今天,巴黎人民始终保留着这样的传统:每逢重大节日盛典,一个身穿拿破仑时代盔甲的战士,端着锋利的劈刀,守卫在《出征》雕像前,以此鼓舞法国人民为自由而战斗。

　　从对牌坊与凯旋门的上述分析中,就可以看到两者之间存在的本质区别。西方凯旋门的建立基本上是对军功的纪念,对勇士的赞扬,对战斗英雄的表彰。而中国的牌坊把弘扬传统的伦理道德作为主题,宗法关系的影响很大,所谓的贞节牌坊就是一例。贞节牌坊通常是古时用来表彰一些死了丈夫而不改嫁,或自杀殉葬,流传特异事迹的女性而兴建的,它符合封建时代的要求。在统治者眼里,妇女的忠贞有助于国泰民安。所以,雍正时期就会有这样的规定,一个年轻的妇女失去了丈夫,如果她能守寡,不再嫁人,在她去世前至少守寡20年;或者妇女为了保持贞操,受到逼迫不屈而死,家人不管在如何条件下都要报告地方官,核实后皇帝将下旨从国库里下拨银两,在她的家乡为她树碑立传。

讨论与思考

1. 棠樾牌坊群与巴黎凯旋门是怎么建立的?
2. 牌坊与凯旋门有什么共同的特征和本质的区别?

八、体育与其他

麻将与扑克

麻将也称之为"麻雀"或"雀牌",原属皇家和王公贵胄的游戏,在长期的历史演变过程中,麻将逐步从宫廷流传到民间,先流行于闽粤沿海地区,光绪年间由宁波流向津沪商埠。麻将可算是中国的国粹。有人说世界上有中国人的地方就有麻将,也有人说有四个人的地方就有麻将,都说明麻将的普及程度。麻将是中国最具规模和影响力的一项智力体育活动,全副牌共144张,含42种图案。制牌材料逐渐由原来的竹片、骨料,发展成为今天的硬塑料与有机玻璃。麻将游戏为四人,他们坐在桌子的四方,分别为东、南、西、北。游戏的第一步先洗牌,参加者把牌全反扣过来,牌面朝下。双手搓动牌,使牌均匀而无序地运动,以避免相同或相连的牌集拢在一起。洗牌时,主要是搓动自己面前的牌,并推向中央,在牌桌中央搓动。然后每人拿36张牌,两张牌上下摞在一起为一墩,各自为18墩,并砌成牌墙摆在自己门前,四人牌墙左右相接成正方形。每人手里抓13张牌,通过吃牌、碰牌、杠牌等方式,使手牌按照相关规定的牌型条件和牌。和牌为胜。

麻将牌始于何时尚不能确定,但可以断定是由明末盛行的马吊牌、纸牌发展、演变而来的。马吊是一种纸制的牌,全副牌有40张,分为十万贯、万贯、索子、文钱4种花色。十万贯、万贯的牌面上画有《水浒》好汉的人像,索子、文钱的牌面上画索、钱图形。打马吊牌有庄家、闲家之分。庄无定主,可轮流坐。因而三个闲家合力攻击庄家,使之下庄。清初时渐遭禁绝,后变为"默和"牌,因在玩的过程

中始终默不作声而得名。纸牌也是供四人打,由纸制成的牌长二寸许,宽不到一寸。纸牌开始共有60张,分为文钱、索子、万贯三种花色,这三色都是一至九各两张,另有幺头三色(即麻将牌中的中、发、白)各两张。赢牌叫"和"(音胡)。后来,人们感到纸牌的张数太少,玩起来不能尽兴,于是把两副牌放在一起合成一副来玩,从此纸牌就变成120张。在玩法上,除了三张连在一起的牌可以成为一副以外,三张相同的牌也可以成为一副。也就是说,上手出的牌,下手需要还可以吃、碰。这时牌的组合就有了"坎"(同门三张数字相连)、"碰"(三张相同)、"开杠"(四张相同)。此时的纸牌又叫"碰和牌"。大约到了清末,纸牌增加了东、南、西、北四色风牌(每色四张),这与方桌的使用有关。后来增加了中、发、白各4张牌,有人猜测可能是人们对升官发财的向往。中就是中举,发即发财,白板可能是空白、清白之意。由于纸牌的数量一多,在取、舍、组合牌时十分不便,人们从骨牌中受到启发,渐渐改成骨制,把牌立在桌上,打起来就方便了。正宗的麻将牌从此开始。

麻将对以前的西方人来说显得相当陌生,他们喜欢玩的是扑克游戏。扑克牌英文中叫游戏卡片,其标准名称扑克是 poker 的音译。扑克牌的诞生至今已有数百年历史,但确切的发明日期,由谁发明,已经无法查考。有说是法国人发明的,时间在1392年;有说是比利时人发明的,时间提前到1379年;有说是意大利人发明的。欧洲扑克牌的造型、规格、张数,早期各国不一,意大利为22张,德国为32张,西班牙为40张,法国为52张。现在的54张扑克牌是由1392年法国创始出现的52张扑克牌的模式,外加大、小王演变而来的,它

八、体育与其他

分黑桃、红桃、梅花、方块四种花式,每系列13张牌,这四种花式在不同的国家具有不同的文化意义。一种比较有代表性的说法是:黑桃是橄榄叶,象征和平;红桃象征智慧与爱情;梅花是欧洲的三叶草,象征幸运;方块是钻石的标记,象征财富。它们都源于欧洲古时占卜所采用器物的图样。54张牌中有12张花牌,分成J、Q、K三组,J为Jack,意指侍从;Q为Queen,意指王后,K为King,意指国王,每组四张。在扑克牌发展的进程中,这12张代表过历史上不同的人物,例如,四张K在意大利和西班牙的早期扑克中曾代表中世纪四个王国的君王,而在英国的扑克牌中,亨利八世是四张K的图案的模型,18世纪后半叶法国资产阶级革命后,封建王朝被推翻,许多民主哲学家和欧坛新贵替代了扑克牌上的王室。

延伸与点评

麻将与扑克作为世界上流行最广的娱乐工具,有着不少共同的特征。无论是麻将还是扑克,中国的纸牌都被看做是他们的前身,说中国的纸牌在13世纪的时候传到欧洲,扑克就是在中国纸牌的基础上形成,这几乎成了世人的共识。它们都是竞争性、趣味性很强的智力游戏。比较有趣的是它们都被看做与天文历法有关。54张扑克牌,被解释成大王代表太阳,小王代表月亮,52张牌代表一年有52个星期;红桃、方块、梅花、黑桃四种花色分别象征着春、夏、秋、冬四个季节;每一花色的13张牌表示每个季节有13个星期,如果把J、Q、K当作11. 12. 13点,大王、小王为半点,一副扑克牌的总点数恰好是365点。而闰年把大、小王各算为1点,共366点,相当于1

年的天数。而麻将,民间有趣话说,打麻将用四方桌,既是指东西南北四个方位,也是指春夏秋冬四个季节;每人13张牌,因为一季有13个星期,四季合52周,共364天,加上赢了时的那一张,代表一年最后一天,共365天,恰好一年。

扑克的玩法很多,打百分、争上游、21点等。扑克的高级游戏是桥牌,桥牌是一种西方非常普及的扑克牌游戏,源于英国的惠斯特牌戏。桥牌由4人参加,其中两个人为一方,另外两个人为另一方,同一方牌手相对而坐。桥牌很讲究配合,讲究人际关系的改善和协调,这与麻将有很大不同,打麻将要眼观六路耳听八方,不但要盯住上家,管住下家,还要注意对家。中国麻将的精髓是千方百计地给他人设计障碍,布置陷阱,最大限度地提高赢牌概率。西方桥牌有一个很大特点是设置了一个"叫牌","叫牌"在出牌开始以前进行。发牌者优先开叫,他可以叫也可以不叫,然后由他左边一家叫,这样依次往左就像发牌和打牌一样轮流进行。叫牌由一个数字和一个将牌花色(或无将牌)组成。数字表示赢六墩牌以上的墩数(墩为计量单位,4赛员依次打一张牌的总和构成一墩),将牌指将牌花色,无将牌的意思是指没有将牌花色。按照顺序某家轮到叫牌后,随之就是竞叫,直到叫牌最高的那家得胜为止。叫得最高的那门牌就是将牌花色(或无将),而特定的数字就是赢牌的墩数,完成定约者受奖,完不成定约者要受罚。这样,桥牌的基本过程类似于签订合同的全过程:投标、竞标,双方讨价还价,最后由一方签得合同,然后此一方为完成合同任务而制定计划,而另一方则为其设置障碍、阻止其完成计划。这一游戏规则体现了近代西方的契约精神。契约意识由来已久,古希腊的伊壁鸠鲁(Epicurus)就提出国家起源于人们的契约。契约理论的基本观点是,人类最初处于自然状态,由于某种需要,人们自愿结束自然状态,制定契约,形成国家和社会。这一理论的著名代表17世纪英国的霍布斯(Thomas Hobbes)讲到,在自然状态下人人享有同等的自然权利,支配人们行动的基本动力是自我保存,为了保存自己的生存和利益,常常侵犯别人的利益,因此人对

八、体育与其他

人像狼一样,竞争、猜疑、荣誉使人与人之间经常处于战争状态中。为了摆脱这种状态,寻求有组织的和平生活,契约应运而生,它把每个人的自然权利转让、托付给契约的掌握者,它让人明白,契约是实现人的自然权利的保证。霍布斯的叙述还对如何履行契约作了规定。契约论是摧毁封建专制制度的强大理论武器。与契约意识不同,中国古人比较讲究做人的智慧、谋略、艺术。以田忌赛马为例,田忌与齐国公子赛马,分三场进行,尽管双方实力相差无几,但田忌采取这样的策略,用下等马对付他们的上等马,用上等马对付他们的中等马,用中等马对付他们的下等马。结果田忌胜两场、败一场。对此,中国人会赞赏田忌的聪明,西方人会说田忌不讲游戏规则,评价的不同就源自中国人与西方人的视域不同。

不管是麻将还是扑克,现在都已经走出了自己的国界,西方人玩麻将、中国人打扑克已经不是什么稀罕的事了,其中所蕴含的文化内容已经或正在进入彼此的精神世界。

讨论与思考

1. 为什么说麻将是中国的国粹?扑克上的符号有什么文化意义?
2. 麻将与桥牌的玩法有什么本质不同?你怎样解释这种不同?

蹴鞠与足球

蹴鞠是中国古代的一种足球游戏,"蹴"指的是踢,"鞠"则是指球,球用皮革缝制,里面塞满毛发。东汉有人对这一游戏用12句话作了介绍,大意是:圆的足球方的球场,这是仿造阴阳的道理天圆地方,两边的球门如月相对,一队有12个人上场,场上有正副裁判执法,规则条例可作法章,执法人员要大公无私,虽被处罚也无话可讲,球场比赛裁判公正,朝廷执法也该如此。当然这只是一般的介绍,

元《宋太祖蹴鞠图》

实际游戏还不尽相同,当时的球场分为有球门的和没有球门的两种。如果是进行不设球门的球场比赛,双方就各派六人,以连人带球进入对方底线为胜,球场设裁判员一人。如果在有球门的球场比赛,则仿照一年12个月,共设12个球门,在球场东西遥相呼应,每个球门设守门员一人,比赛双方人数相当,有裁判长和副裁判长各一人执法。显然,汉代蹴鞠是直接对抗的竞赛方式。蹴鞠还有其他的形式,如"踏鞠舞",表演者在音乐伴奏下,一边踢球,一边舞蹈。再一种是"白打",比赛踢球的花样,可以两人对踢,也可以两队对踢。蹴鞠在长期的发展中不断有所变化。唐代的时候发明了充气的球,用动物的尿胞充上气,周围用八片皮子缝起来作为足球,跟现在的足球基本一样。球门也作了改进,其中有一种是两个球门的形式,在场地两端各竖两根竹竿,上面扎网作为球门。

蹴鞠的起源很早,历史上有很多人认为是 5000 年前的黄帝时代,不过真正有文字记载的是 2500 年前的战国。《史记》说,大政治家苏秦介绍齐国首都的繁荣景象,说那里的居民生活富裕欢乐,经常斗鸡、走狗、蹴鞠,显然,那个时候蹴鞠就已经在民间普及了。汉代刘邦当皇帝,把老父从楚国丰邑搬到宫中,但老人并不高兴,原因是远离了踢球这类活动。蹴鞠的起源与军事有关,1973 年在湖南长沙马王堆三号西汉墓出土的帛书记载说,黄帝擒杀敌军首领之后,割其发绑在杆上当旌旗；将其胃塞满毛发制成球，让士兵去踢。汉代的统治者很重视作为军事训练的蹴鞠，在宫殿附近建造鞠城，皇帝经常到球场看比赛，以便选拔身怀奇技的人才。蹴鞠被列入兵家技巧之类，但它不是直接操作的军事技能，而是锻炼身体，增强体力，有效使用兵器的手段。不少老百姓为了征召入伍，常在穷巷踢球，这被认为是社会的一种毛病。唐宋时期，蹴鞠就更普及了，宫廷民间都很流行，《水浒传》里的那个高俅，就因为球踢得好，被宋徽宗提拔做了高官，这些都是蹴鞠盛行的一个标志。宋代以后，蹴鞠的发展出现几个特点，妇女踢足球越来越多，儿童也加入了踢球的队伍。更突出的是，竞技性衰退，娱乐性增强。随着西方足球逐渐传入中国，中国古代的蹴鞠，到了清代末年基本上消亡了。

足球运动是以脚支配球为主，两个队在同一场地进行攻守的体育运动项目。足球比赛时间长，观众多，竞赛场地大，是世界上最受人们喜爱，开展最广泛，影响最大的体育运动项目。足球比赛每队由11人上场参赛，足球是圆形的，用皮革或其他合适的材料制成。足球运动对抗性强，运动员在比赛中采用规则所允许的各种动作包括奔跑、急停、转身、倒地、跳跃、冲撞等，同对手进行激烈的争夺，身体常常直接接触。足球运动有很多专用术语，也说明了足球比赛竞争的激烈性。像全攻全守、插上进攻、鱼跃扑球、密集防守、撞墙式、篱笆式等，在某种程度上都可以看做是关于比赛强度的概念。

现代足球产生以前，世界各国就有各种类似足球的形式存在，例如，公元前3世纪流传于古希腊和古罗马有一种足球游戏。在一

个长方形场地，将球放在中间的白线上，用脚把球踢滚到对方场地，当时称这种游戏为哈巴斯托姆（harpaston）。不过根据国际足联的说法，足球起源于中国，经波斯、埃及、意大利后辗转传播到英国，然后得

到发展。现在世界公认现代足球的诞生地是英国,它对古代足球有了质的突破。19世纪初的英国大学将球赛传进了学校。1841年英格兰伊顿公学第一次出现了11人制足球比赛。1863年10月26日这一天被全世界公认为现代足球的诞生日,英国人在伦敦皇后大街弗里马森旅馆成立了英格兰足球协会(English Football Association)这一世界上第一个足球协会,会上制定和通过了世界第一部较为统一的足球竞赛规则即《剑桥规则》,其中最重要的规定是队员不能用手触球,并以文字形式记载下来。"Soccer"足球,就是取自"协会"的英文(Assoc),是对该协会对足球发展的一种认定。19世纪末英国人将足球带入了西班牙、葡萄牙、意大利等西方发达国家,足球运动开始在欧洲盛行,殖民者们又将足球带到了美洲、带到了东方,足球运动开始在全世界普及。大概与此同时,足球由英国人带入香港,1910年南京举办的全中国学校运动会,足球就是其中的一个项目。

延伸与点评

比较蹴鞠与足球,可以看到中西体育文化传统有很大不同,这种不同的一个突出表现就是如何看待竞争。西方传统体育文化的灵魂与核心是突出竞争性,它追求人的力量、速度、耐力、灵敏、柔韧等身体素质,强调勇敢、顽强、拼搏向上的精神,强调肌肉健美,体格健壮,注重对人体外形的称颂,强调通过身体的外部运动,提高人体的机能水平,美化人体的形象,获得精神充实感的满足,来展现生命的完美。田径、游泳、体操、举重、球类游戏等无不体现出人与自我、对手和自然抗争,不断进取的搏击精神。"更高、更快、更强"的竞技体育成为西方体育的主流,使竞争性强的运动项目成为体育活动的主要形式。西方体育文化以古希腊的奥林匹克运动为主要源流,他们崇尚力量,把超人的勇气和力量看做是优秀者的第一标准,凡是

八、体育与其他

在运动会中的竞技获胜者都被认为是杰出人物,他们会站在神像前面,戴上橄榄树枝编成的花冠,接受人们的欢呼与崇拜,在随后的日子里过上舒适的生活。人们认为,竞赛的优胜者已经获得了某种精神意义上的"永生"。相比之下,中国古代的体育文化就不很注重竞争性。这一特点可以表现为以下几个方面:首先,中国传统体育以养生为主,尤其重"养",强调意念的作用和内部修炼,崇文尚柔、以静养生是其活动的特征,中国的太极拳、气功、五禽戏等本质上都属于这一类。中国淡化人体的外在形态,淡化身体的外部运动,很少有大肌肉群参与、肌肉剧烈收缩运动的活动方式,身体运动以内部为主。所以,在中国传统体育中,很少有像西方那样单纯讲究锻炼人体的方法,也很少有专门化的比赛;即使对人体外形的称颂,也总是和人的内在气质联系并论的。其次,中国传统体育文化以道德优先,采取谨慎的娱乐观,体育活动几乎都从属于其他社会活动,主张竞技中政治价值高于胜负,提倡"君子之争,以和为贵",追求身心和谐、人际和谐与天人和谐。将体育视做培养人遵从礼义道德的手段和体现"仁"与"礼"的方式。所以孔子认为"贤者"才能参加竞赛,因为它能真正理解竞赛的意义,不为竞赛所损害。比赛射箭的时候,参加者应该相互作揖,然后登堂比赛;赛后再相互作揖,走下堂来饮酒。这种竞赛是很有君子风度的。第三,中国古代体育强调的是娱乐性,如具有益智特点的盘上棋类游戏、具有民俗特色的各种体育活动和包括蹴鞠在内的具有娱乐特色的球类运动等。汉代的时候,宫廷里经常进行鸡鞠之会,即斗鸡与蹴鞠比赛的观赏,从自娱转向表演,宋代经常有体育商业演出,相扑、举重、使棒常常轰动乡里,中国古代球类等竞技型项目发展至宋以后,竞技性日渐减弱乃至消失,娱乐性、表演性、礼仪性取而代之。那时有宫廷足球队,常在朝廷举办的盛会上进行表演,其中的颠球表演,高手可以用头、肩、腹、臀、胸、膝等部位颠球,上下翻飞球不落地,令人称绝。

有一个仪式很有意思,古奥运会和中国的射箭在比赛结束时都要饮酒,但前者是胜者饮酒,以示鼓励;后者则请败者饮酒,表明君子无所争,这就是中西传统体育文化差异的写照。今天的情况发生了根本的变化,西方的田径、游泳、足球等项目已成为中国体育的主要内容,中国传统的运动方式,也逐渐被西方人所接受。中西体育正在不断地走向交融与契合。

讨论与思考

1. 中国古人是怎样玩蹴鞠的?蹴鞠运动经历了怎么样的历史演变?
2. 蹴鞠与现代足球的最大区别是什么?
3. 怎样理解中西方的体育精神?

人斗牛与牛斗牛

说起斗牛,人们首先想到的是西班牙斗牛,西班牙斗牛有很长的历史,斗牛的历史可追溯到2000多年前克里特岛(Crete Island)的米诺斯(Minos)文明,代表原始的人兽之争。他们先是以野牛为猎获的对象,而后拿它做游戏,进而将它投入战争。13世纪时便有了斗牛节。18世纪以前,斗牛基本上是显示勇士杀牛的剽悍勇猛,1743年马德里(Madrid)兴建了第一个永久性的斗牛场,斗牛活动逐渐演变成一项民族娱乐性的体育活动。历史上斗牛不是男人的专利,在20世纪30年代之前一直都有女性参与这项运动,只是后来女斗牛士遭到了禁止。斗牛一般在星期天或节假日太阳快落山的时候举行,一场斗牛由三个斗牛士出场,角斗六条公牛,每人两个回

合。这三位斗牛士各有一套助手班子,包括三个花镖手和两个骑马的长矛手,形成三个组。表演首先由主席挥舞白手帕,号手吹号,然后三位斗牛士在嘹亮的斗牛士进行曲的伴奏中,各自率自己的一班人马分三列同时上场。他们摆着特有的姿势绕场一周,随后来到主席台前向主席鞠躬,向观众致意。当斗牛士退场后,主席再次挥起白手帕,牛栏大门敞开,牛飞奔而出,斗牛开始。斗牛先由三个斗牛士助手用一面是粉红色一面是金黄色的斗篷引逗牛全场飞奔,消耗牛最初的锐气,让斗牛士观察公牛运动的规律。然后是骑马带甲的长矛手出场,他们用长矛头刺扎牛背颈部,将其血管刺破,进行放血。随后是花镖手徒步上场,孤身一人站立场中,并引逗公牛向自己发起冲击,待公牛冲上来,便迅捷将花镖刺入牛的背颈部。最后是手持利剑和红布的主斗牛士上场,开始表演一些显示功力的引逗及闪躲动作,如胸部闪躲,即在牛冲向自身时侧滑单腿,让牛贴身冲过;或用红布甩向牛的面部,以激怒引逗公牛;或原地不动,引逗着牛围着其身体打转的环体闪躲等。斗牛的高潮是斗牛士以一把带弯头的利剑瞄准牛的颈部,尔后既引逗牛向其冲来,自己也迎牛而上,冲上前把剑刺向牛的心脏,使牛在很短的时间内应声倒地。这时装束着花饰的骡子车即会出场将牛拖走,斗牛士会接受观众的欢呼致意,接受观众的掌声和投来的鲜花,也可将帽子抛向观众,观众与斗牛士形成了充满激情的互动。

同是斗牛,中国的斗牛与西班牙斗牛有很大的不同,西班牙的斗牛是人斗牛,中国的斗牛却是牛斗牛,比较有名的是金华一带的斗牛习俗。对此,中国文人多有叙述,可以鲁迅为证,他在《观斗》一文中写道:"看今年的《东方杂志》才知道金华又有斗牛,不过,和西班牙却是两样的,西班牙是人和牛斗,我们是牛和牛斗。"(《鲁迅全集》第五卷)斗牛一般是为庙宇开

光的一项娱神活动。每年稻秧插竣"开角"(第一次斗牛),至次年春耕前"封角"(一年最后一次斗牛),除农事大忙或风雪相阻外,几乎是一月一大斗,半月一小斗,斗满一周年,称"一案"。斗牛场有四五亩地的大小,设在周围有小山的水田之中,以便群众观看,场之两旁扎着彩门,披红挂绿,壮丽夺目。参斗之牛,必须身体健壮,未经阉割,赛前要把牛角修削得相当锐利,并用绳捆扎,露出角尖,以防折断。斗牛的选养十分讲究,要选颈短、峰高、后身短小,生性凶悍的"黄牯牛"。平时教以斗法,经常训练,使之善斗。对牛的护理也十分精细,驱蚊降温,粪尿随拉随扫,饲以优质草料,角斗前甚至还喂以鸡蛋、桂园酒、人参汤。斗牛的整个过程分三个环节,首先是入场。入场的场面非常壮观,斗牛头扎彩牌戴上金花,身披红绸插上彩旗,锣鼓开道,鞭炮轰鸣,热闹异常,由牛主及护牛壮士护送着斗牛,威风凛凛拥进斗牛场。接着是格斗厮杀,号炮一响,预先约定的斗牛,从对角两座旌门入场,让两牛相对而视,继而眼红耳竖,牛性大发,箭一般地奔向对方,夹尾低头,四角相架,撞、挂、顶、抽、落头等招数频出。格斗中有一个重要程序叫劝架,劝架由拆手实施,拆手多为20岁左右的年轻力壮的小伙子担任。当牛斗得难解难分时,"拆手"立即上场将牛分开,稍息,又令相斗,双方观众、亲友都呐喊助威,当胜负分明时,拆手即一拥而上,将牛拆开。也有双方牛主事先商定,未待胜负大显时,即令拆开。最后是决出胜负。当出现一方血肉淋漓、仓皇逃跑,一方飞起四蹄,穷追不舍的精彩场面时,表明胜负已定。此时,全场观众轰动,喊声震天,斗胜之牛,则身价百倍,它们重整丽装,众人护送,显得非常威风,获得冠军的牛身上还用印有"帅"字的大旗作披挂,牛主则大宴亲朋,庆祝胜利。斗败之牛主,则垂头丧气,有的斗牛贬为耕牛或出卖宰杀。

金华斗牛始于宋仁宗明道年间,延续至今。斗牛不只是金华才有,彝族人就很喜欢这项活动。斗牛恐怕也不是在宋代才开始的。中国历史上有一个传说叫"李冰斗牛",说李冰为治水变为牛在江岸边与残害百姓的另一牛江神相斗,最后杀死江神。而李冰的原型是春秋战国时期带领百姓修筑都江堰水利工程的蜀守李冰。关于这一传说的记载可以见于公元 500 多年的《水经注》，而《水经注》的前身《水经》成于汉末，据此中国斗牛的起源还可以推得更早。

延伸与点评

　　一个是人和牛斗，一个是牛和牛斗，这种差别从深层次上说牵涉到对英雄文化的看法。西班牙斗牛是一种既娱人又残酷的人兽争斗游戏，它被称为"死亡芭蕾"，"每一个优秀斗牛士背后，都有数百名斗牛士倒在通向顶峰的路上"。斗牛士面对的是受到专门培养的凶猛公牛，斗牛士的刺杀是需要极大的勇气、超乎寻常的速度、力量和准确性，需要最大程度地发挥个人意识，最终的结局难以预料。尽管斗牛士奋力厮杀，丝毫不敢懈怠，努力把握获胜的良机，但不少人失败了，即使那些在历史上十分出名的斗牛士也有不少死于牛角之下。因此，在西班牙乃至整个西班牙语世界里，斗牛士被视为英勇无畏的男子汉，备受国人的敬仰与崇拜，他们的地位高出一般的社会名流和演艺界人士，人们视他们为独特的人群，集勇敢、高雅、技巧、体力、敏锐、浪漫及疯狂于一身。西班牙诗人加西亚·洛尔卡（Federico Garcia Lorca）曾为血洒沙场的斗牛士写下这样的诗句："塞维利亚（Sevilla）的王子，哪一个能与您相比，您的剑锋利坚韧，您的心真诚豁达。"对斗牛士的崇拜体现了西方人的英雄观。西方人眼中的英雄有几个基本条件，首先要有力量，要有超人的勇气和力量。按照赫拉克利特（Heraclitus）的说法，一个人如果是最优秀的人就应该抵得上一万个人。希腊神话中的众神与英雄大多是以其拥有的超人力量与智慧而获得人们的尊崇，即使在品行上有所欠缺，例如淫荡好色的众神之王宙斯就是一例。其次注重外王事功，以雄才大略、东征西讨，创立以巴比伦为首都的庞大帝国的亚历山大（Alexander the Great），重新统一罗马国家的恺撒（Gaius Julius

Caesar),曾经占领过西欧和中欧的大部分领土的奇迹创造者拿破仑(Napoleon)都被列入英雄的行列。第三强调个人本位,崇尚个人本位。西方人对英雄的评价都是从个人功绩、力量、作为来考量的,即使西班牙斗牛中的小组具有集体的形式,但彼此并不密切合作,而是各自施展本领将公牛杀死。相比之下,中国人的英雄文化就大不一样了,中国人认为英雄主要不在于勇敢、胆量与气力,不是以力服人,以力服人不能使人心服口服,而是道德上的完美,要以儒家的伦理纲常为行为的准则;英雄应该注重内心的修炼,内圣在先,外王在后;英雄应该以国家民族为中心,以社会认可的规范习俗为价值取向。这样一来,对具体人物的评价中国与西方可能会截然相反。建立全新的中央集权的军事独裁国家的恺撒大帝,被西方人认为是英雄,但中国人却并不以为然,因为恺撒有许多中国人难以接受的缺陷,生活奢侈、放荡不羁、玩弄女人、玩弄权术。历史上的曹操、吕布、关公中国人是很熟悉的,曹操颇有英雄气概,但所作所为不合儒家正统,被说成是千古奸雄;吕布武艺超群,勇力过人,但为人势利,只能算是小人一个;而关公,讲忠孝仁义,被称为道德楷模,虽然败走麦城,大意失荆州,但仍被称为武圣,与孔子文圣并列。如果按西方人眼光,评价可能会改写。

讨论与思考

1. 介绍金华斗牛与西班牙斗牛的一般过程。
2. 中西方是怎样解读英雄的?

皇帝乾隆与总统乔治·华盛顿

1799年2月7日,大清国的太上皇乾隆驾崩,举国披麻戴孝。再过两天,就是乾隆禅位三周年了。然而,在这禅位后的三年里,已经卸了皇位的乾隆并未搬离皇帝的寝宫养心殿,真正的现任皇帝嘉

八、体育与其他

庆,也还是住在皇子的居所毓庆宫。用"朕"自称的还是乾隆,在太极殿受百官朝贺的仍是乾隆,嘉庆皇帝只能侍坐一侧。乾隆当政的时间很长,他25岁继位登基,到了1778年,乾隆已经做了四十三年皇帝,那年他做了一个重大决定,对天下宣召说,他的祖父康熙皇帝在位61年,自己不敢与祖父相比。如果老天眷顾,能在位60年,我已经85岁了,应当传位给太子,自己退居二线,过逍遥自在的悠闲生活。1795年,85岁的乾隆皇帝在位已经整整60年了。他来到圆明园勤政殿,召见皇子皇孙、王公大臣,宣示立皇十五子颙琰为皇太子,以明年为嗣皇帝嘉庆元年,届期归政。嘉庆元年(1796年2月9日)正月初一日,乾隆帝御太和殿,举行内禅大礼,把"皇帝之宝"国玺授予38岁的儿子颙琰。儿子即皇帝位,改年号为嘉庆,乾隆自然成为太上皇帝。

然而,就在那年,一个更大的宝玺"太上皇帝之宝"制成,摆放在宁寿宫皇极殿的御案上。宁寿宫是乾隆为自己归政后养老而扩建的,但他并没有从养心殿移居到宁寿宫。国玺虽然移交了,但却有了更大的宝玺。宁寿宫建了,却只由大宝玺镇宅,主人并不现身。太上皇虽然归了政,国家大事却还放不下,38岁的儿子在他眼里也许还不够成熟,不够老练,不足以处理国政,所以他必须要"训政"。其实乾隆早年册立皇太子的时候就说过,归政后,凡是遇到军国以及用人行政等大事,他不能不过问。他必须亲自指教,嗣皇帝要朝夕聆听训谕,这样将来才不致错失。在禅位的诏书里,他又重申,所有军国重务、用人行政大事,他都不敢有所懈怠,部院衙门及各省的题奏事件,一概遵照以前的做法。因此,禅位后的乾隆以85岁的高龄依旧把持国家大权,至死方休,实际上又继续执政了三年。

在乾隆驾崩那年的 12 月 14 日，美国第一位总统乔治华盛顿（George Washington）病逝，此时距离 1796 年 12 月华盛顿结束第二任总统任期，并坚决地退出候选总统行列，也差不多是三年。卸任后的华盛顿在举行与共同工作了八年的官员们的告别宴后，就带着

全家离开了当时的首都费城，回到自己的家乡弗吉尼亚芒特弗农山庄（Mount Vernon），在葡萄树和无花果树的绿荫下享受宁静的田园生活。他在芒特弗农冒着风雪巡视自己的农场时患了急性咽喉炎而于次日病逝于自己的山庄。华盛顿有着光荣的历史。1775 年至 1781 年，华盛顿以美军大陆军总司令的身份率领美军反击英军及英政府的殖民统治，经过几年的浴血奋战，从弱势转为强势，特别是 1781 年 10 月 19 日，华盛顿统率美法联军一万六千余人对约克敦（Yorktown）实施围攻，歼灭英军主力七千余人，取得了美国独立战争的决定性胜利，约克敦战役胜利导致了英国内阁的倒台。1782 年 11 月 30 日，英国新政府与美国达成停战协议。次年 9 月 3 日，双方在巴黎签订和约，英国被迫承认美国独立。美国独立战争的伟大胜利，华盛顿的作用无疑是不可替代的。然而，战争一结束，硝烟还未散尽，华盛顿就郑重地向大陆会议提出辞呈，要求他们收回对他的信任，允许他不再为国家服务，允许他交出任职令，结束公职生活中的一切工作。他交出了一个国家的最高军权，以普通人的身份回到自己的农场，过普通的农场主生活。

1776 年 7 月 4 日大陆会议发表了《独立宣言》(the Declaration of Independence)，宣告 13 个殖民州脱离英政府，成为独立合众的美国。大陆会议，虽然是当时美国的最高权力机构，却是一个由 13 个殖民州的代表组成的软弱无力的机构。直至战争结束，除了这个

八、体育与其他

大陆会议,除了华盛顿,并无其他更强有力的领袖人物及政府部门。由此许多人认为共和制并不适合独立的美国,还是应该有一个人物独揽大权,能号召全部13个州的300万人民。这块新大陆没有世袭的贵族,《宣言》称"造物主创造了平等的个人",那么谁是这位众望所归的领袖?除了受到全民拥戴的大陆军总司令、开国元勋华盛顿,再无其他人物适合作为一国之君。1782年5月,华盛顿的老部下刘易斯·尼古拉(Lewis Nicolas)上校致信华盛顿,劝他坐上这个"君主"的位子。华盛顿没有答应,坚定地拒绝了这一请求,并称设立君主是对这个新的国家最为祸害的事。因为华盛顿的拒绝,新美国没有走旧君主的路。1787年5月以华盛顿为主席、由全美13州的代表组成的制宪会议在费城举行。经过长达四个月的商讨和辩论,代表们依据孟德斯鸠(Charles de Montesquieu)的三权分立学说,制定出实行共和制的美利坚合众国宪法。新宪法制定后,华盛顿被一致推选为第一任总统。宪法规定总统的任期为四年,至多连任两届。1789年华盛顿获悉自己当选为首任总统后就表示,他会竭尽全力为民效力,但也希望能在适当的时机尽早解除这一职务,能够再次隐退以享天伦,安度晚年。1796年在第二届总统任期结束前,他便发表了告别演说,坚决地退出了候选总统的行列。

延伸与点评

乾隆与华盛顿的不同做法,反映了两种社会的不同政治理念。首先乾隆实施的是中国古代儒家称道的禅让制,禅让制是传说中的部落联盟首领传袭制度。据说尧年老时,经民主推举和自己长期考察,确认舜才德出众,将首领位置让给舜;舜老时,就自动让位给大禹。实际上,乾隆并没有改变清朝王权专制的本质,大权还是独揽。在中国,皇权天授,皇帝即天子、人间之圣,他拥有至高的权力,无人可以限制,无法可以约束。"普天之下,莫非王土;率土之滨,莫非王臣。"拥有皇权,便拥有天下。个人意志便是全民的意志、个人喜好便是全民的喜好。而华盛顿领导制宪会议明确无误地将权力制衡写进了美国的宪法,他本人也坚持不接受大部分人要他当终身领袖的提议,在任期满后毅然卸甲归田,安心于自己的农庄生活,再不插手国事。他给后人留下了一个政治透明、制度健全、高度民主的国家,创造了共和制总统主动用体系的绳索进行自我束缚,主动让权给别人,主动放弃权力,以求一个社会长治久安的先例。其后的美国总统,除了战时的罗斯福总统外,无一例外,最长任期不超过两届八年。

其次,乾隆并没有改变王位世袭制。"世袭制"通常指奴隶制和封建制国家君主和贵族的职位,以父子相承,世代相传的一种制度。世袭的,必然是终身任职的,所以,世袭制是同终身制联系在一起的。乾隆的帝位实际上是终身的,王位的继承也是世袭的,清朝还是爱新觉罗一家的天下。而1787年制定的美国宪法,确立了总统的选举和任期,明确了总统的权利和义务,并且早在《宣言》中,美国人已经提出:"为了保障这些权利(指生命权、自由权和追求幸福的权利等),人类才在他们之间建立政府。而政府之正当权利,是经过被治理者的同意而产生的。"所以那时的美国,共和制的政体使得统治可以说是自下而上地进行,由人民选举总统,由人民认可政府的权利。

第三,由于古代中国君君臣臣父父子子的儒家礼制学说深入人心,人人都是作为集体中的"君"、"臣"、"父"、"子"而存在,子服从父、臣顺从君是天经地义的。对统治者,人们只能要求他"修身"、"齐家",实现圣人统治。而事实上以"德"制约权力只是一种不切实际的空想。而1787年制定的美国宪法把国家权力妥善地分散到组成全国性政府的立法、行政和司法三个部门中,意在防止退化为君主政体、寡头政体或其他任何形式的专政体制。新宪法体现了华盛顿等开国元勋们反对君主制、赞成共和制,主张建立一个统一的和强有力的中央政权的政治思想。尽管总统的权力很大,但同样受制于"三权分立与相互制衡"的原则,例如总统对立法具有某种否决权,反过来,议会又有权推翻总统的否决;法院有权独立审理案件,但联邦法官要由总统任命并经参议院同意。

谈到这里,很容易想到先秦的墨子,墨子主张"尚贤",他要求王公大人能够做到:不偏私父兄,不偏护富贵,不宠爱美貌的人,把贤能的人选拔上来,赋以重任;撤免不称职的人,剥夺他的财产,让他听从别人的奴役与使唤。要明白,做官的不会永远尊贵,人民不会始终低贱,没有能力的人要受支配。墨子的这种主张,与西周以来沿袭几千年的的宗法礼治传统是背道而驰的。墨子的学说后来所以成了绝学,与他的"离经叛道"是分不开的。

讨论与思考

1. 简叙乾隆的禅位与华盛顿的退隐。

2. 乾隆与华盛顿代表的是什么样的政治文化?为什么墨子关于"尚贤"的主张只能是一种空想?

参考书目

陈华文（2007）《丧葬史》，上海文艺出版社。
陈向明（2004）《旅居者和"外国人"》，教育科学出版社。
陈序经（2005）《文化学概观》，中国人民大学出版社。
杜莉、孙俊秀、高海薇、李云云（2007）《筷子与刀叉中西饮食文化比较》，四川科学技术出版社。
杜石然等（1982）《中国科学技术史稿》，科学出版社。
方汉文（2003）《比较文化学》，广西师范大学出版社。
费孝通、〔法〕德里达等（2003）《中国文化与全球化》，江苏教育出版社。
傅雷（1998）《世界美术名作二十讲》，三联书店。
高福进（2003）《由独享到共有：西方人的习俗礼仪及文化》，上海辞书出版社。
葛兆光（2006）《古代中国文化讲义》，复旦大学出版社。
顾嘉祖（2000）《跨文化交际》，南京师范大学出版社。
海明威（2006）《老人与海》，上海译文出版社。
杭间（2001）《手艺的思想》，山东书画报出版社。
何天爵（1998）《真正的中国佬》，光明日报出版社。
胡飞著（2007）《中国传统设计思维方式探索》，中国建筑工业出版社。
江新建（2008）《佛教与中国丧葬文化》，湖南人民出版社。
蒋雁峰（2006）《中国酒文化研究》，湖南师范大学出版社。
居阅时、瞿明安（2001）《中国象征文化》，上海人民出版社。
克劳塞维茨（2007）《战争论》，北京出版社。
李约瑟（1979）《中国科学技术史》，科学出版社。

李亦园（2004）《文化与修养》，广西师范大学出版社。

林孔华（2007）从此生死两相依——浅思基督教丧礼，《天风》第15期。

刘百吉（2005）《女性服装史话》，百花文艺出版社。

刘秉果（2003）《（插图本）中国体育》，上海古籍出版社出版。

刘红星（1999）《先秦与古希腊：中西文化之源》，上海古籍出版社。

刘红婴（2006）《世界遗产精神》，华夏出版社。

刘天华（2005）《凝固的旋律：中西建筑艺术比较》，上海古籍出版社。

〔美〕洛伊斯.N 玛格纳、李难等译（1985）《生命科学史》，华中科学院出版社。

吕大吉（1998）《宗教学通论》，中国社会科学出版社。

马林诺夫斯基（1987）《文化论》，中国民间文艺出版社。

〔英〕梅森、上海外国自然科学哲学著作编译组译（1980）《自然科学史》，上海人民出版社。

孟悦、罗钢主编（2008）《物质文化读本》，北京大学出版社出版。

米歇尔·芒松著、苏启运、王新连译（2004）《永恒的玩具》，百花文艺出版社。

〔美〕明恩溥（1998）《中国人的特性：西方人眼中的中国》，光明日报出版社。

潘宝明、朱安平（2005）《中国旅游文化》，中国旅游出版社。

钱苑、林华（2003）《歌剧概论》，上海音乐出版社。

阮炜（2002）《中国与西方》，社会科学文献出版社。

沈驷（1999）《错误的礼仪》，复旦大学出版社。

盛景荃（2008）"太空内急"造就巨大产业，《华东科技》第3期。

隋晓明（2002）《积习：中国人和美国人的概念与心态对比》，中央民族大学出版社。

〔美〕孙隆基（2004）《中国文化的深层结构》，广西师范大学出版社。

孙武（2006）《孙子兵法》，上海古籍出版社。

汤晓山、翟灿编（2007）《广告表现与设计》，清华大学出版社。

王力等（2007）《中国古代文化史讲座》，广西师范大学出版社。

王连海（2006）《玩具之旅》,中国旅游出版社。

王石满主编（2002）《中国文化精要丛书》,安徽教育出版社。

魏小杰、解少勃（2006）《三维世界的翱翔》,郑州大学出版社。

吴昊著（2008）《中国妇女服饰与身体革命》,东方出版中心。

吴燕编著（2007）《落霞——中华文明落后于西方的18个瞬间》,上海文化出版社。

肖东发、周悦（2006）《四库全书》与《大百科全书》编纂出版比较,《学术交流》第7期。

徐城北（1999）《京剧与中国文化》,人民出版社。

薛明扬主编（2003）《中国传统文化概论》,复旦大学出版社。

杨存田（1994）《中国风俗概观》,北京大学出版社。

杨德峰（1999）《汉语与文化交际》,北京大学出版社。

杨乃济（2002）《吃喝玩乐中西比较谈》,中国旅游出版社。

杨荫深著（1986）《事物掌故丛谈》,上海书店。

杨真（1979）《基督教史纲》,三联书店。

叶立诚（2002）《中西服装史》,中国纺织出版社。

张侃著（2006）《郑和VS哥伦布》,新星出版社。

张再林（2004）《中西哲学的歧异与会通》,人民出版社。

赵林（2006）《赵林谈文明冲突与文化演进》,东方出版社。

郑春苗（1994）《中西文化比较研究》,北京语言学院出版社。

郑刚（1997）《中国人的精神》,广东旅游出版社。

朱希祥（1998）《中西旅游文化审美比较》,华东师范大学出版社。

朱永涛（2002）《美国价值观——一个中国学者的探讨》,外语教学与研究出版社。

后　记

本书为"中外文化聚焦系列"中的一本，由陶黎铭、厉琳合作撰写。本书得以完成要感谢北京大学出版社的胡双宝、沈岚等编辑，他们为本书的出版付出了辛勤的劳动；要感谢部分图片的提供者，他们是王一先生（算盘、芭比娃娃）、王小曼女士（维纳斯、凡尔赛宫）、许静女士（巴黎圣母院、罗马遗址）、刘鑫民先生（老君岩）、谈峥先生（古琴）、顾爱民先生（麻将）、章世玉女士（红盖巾），以及用漫画的形式将主题巧妙地表现出来的尹靓小姐（男左女右与女士优先、伯父与 uncle、张三李四与马修福克斯）。在写作过程中，我们参阅了大量资料，这些资料主要取自所列的参考书目，在此谨向这些作者表示我们的谢意。由于本书涉及的领域相当广泛，受水平与材料的局限，选材、评述不足在所难免，恳请广大读者与同行不吝赐教。